［魂からの癒し］チャクラ・ヒーリング

望みどおりにあなたが輝く超潜在能力

精神科医＆ヒーラー
ブレンダ・デーヴィス
三木直子＝訳

THE RAINBOW JOURNEY

徳間書店

THE RAINBOW JOURNEY

SEVEN STEPS TO SELF HEALING

［魂からの癒し］チャクラ・ヒーリング

カバーデザイン：坂川事務所

カバー・フォト：©TAKESHI ODAWARA／A.collection／amana

本文デザイン・イラスト：BOTANICA（水崎真奈美）

図版作成：浅田恵理子

編集協力：小林久美子

校正：麦秋アートセンター

イントロダクション
ユニバースを受け入れ、成長の旅路へ
――さあ、共に踏み出しましょう

『レインボウ・ジャーニー』（本書の原題）は、長い長い妊娠期間を経て生まれた子供のようなものです。何度も生まれそうになったのですが、患者さんを診《み》ることに専念したかった私が完成させることを放棄したからです。けれども1996年の夏も終わる頃、肉体的に健康を害し、長いこと避けてきたメッセージにとうとう耳を傾けざるを得なくなった私は、臨床精神科医としての仕事を三ヶ月休み、そしてついにこの本『レインボウ・ジャーニー』が生まれたのです。私の二人の子供のときと同様に、その誕生は非常な喜びでしたし、私の人生に大きな変化をもたらしました。

そのときは気づきませんでしたが、この本の誕生によって、それまで行ってきた臨床医としての仕事から、半ば引退することになったのです。でももしかしたら意識のどこかでは、私は前からそのことを予想していて、そのための心の準備ができていなかったのかもしれません。長いこと本の完成をためらったのは恐らくそのせいだったのです。

続いて私のキャリアに起こった変化は計画されたものではありませんでしたし、私にはそのための心の準備もできていませんでした。けれども私は神――あるいはユニバース――のすることはいつでも正しいと心から信じていますし、このときもまた、いつも通り、それは正しかったのです。

1996年の春、二十年近い追放の時を経て、70年代に医師として働きながら暮らした愛するザンビアを再び訪れました。ザンベジ川のカヌー下りのインストラクターが出発前に安全についての注意点を説明するのを聞きながら、私はその言葉が人生におけるとても貴重なレッスンであることに気づきました。

「カヌーから落ちたら」と彼は言います。「足を上に上げて体を後ろに倒してリラックスすること。ライフジャケットにはどっちが上かはちゃんとわかっています。川に体を預ければいいんです。溺《おぼ》れるこ

とはありませんから」。それは間違いなく、いつも私が人に教えていることを再確認するために、神が私に送ったメッセージでした。神には、間もなく私自身がこのことを思い出さなくてはならない状況になることがわかっていたのです。

この旅行のあとに起こった数々の出来事は、私自身に計画できる範囲をはるかに超えていました。

その結果、私は自分がふだん人に教えていることを、実践しなくてはなりませんでした。つまり、今この瞬間に集中して生きること、必要なところには無条件の愛とヒーリングを届けること、そして予期せず与えられた機会に感謝することです。

この時期は私に、自分もまた、肉体、知性、感情、そして精神のすべてのレベルにおいて、自分の内面の声に耳を傾け、自分自身の価値観に忠実に、私が私自身であることを阻害《そがい》する妥協を許さずに生きていかなければならないということを教えてくれました。

それまで通りに、愛し尊敬するスタッフや患者さんたちとともに仕事を続けたい、という気持ちのせいで、私は私自身の成長の過程を見失い、その結果、より健全なあり方を形作る機会を逃していたのです。いったんそのことを思い出し焦点が定まると、あとはずっと簡単でした。

自分が欲しいと思い込んでいるものにしがみつくことは必ずしもベストな選択ではありません。より大きな叡智《えいち》をもってユニバースが私たちに差し出してくれるものを受け入れることで、私たちの世界は広がり、私たちはまた一つ新しいレッスンを学んで成長の過程を前進することができます。

心の傷や痛みのほとんどは、過去を手放すことができず、過去にしがみつこうとしていることが原因です。

私たちは、自分のいるべきところが見つかるまで、人生という川の流れに身を任せなくてはならないのです。

『レインボウ・ジャーニー』は私自身が辿ってきた旅路です。素晴らしい両親としっかりした強固なルート（根）に恵まれたおかげで私は、大きくコースを外れることはありませんでした。

しかし、私にも、今生《こんじょう》に生まれてくるはるか以前に自分に課した課題があり、今もそれを果たす努力は続いています。学ぶべきことをすべて学び、教えるべきことをすべて教え、与えるべきものをすべて与え、受け取るべきものをすべて受け取ったとき、今生での私の旅路は完了します。そのとき私には、この肉体を離れ、もともと私がそこから来た自由なる場所へと戻っていく用意ができているでしょう。

旅の行程は必ずしも安易ではありません。けれどもそれは心躍《おど》る旅路ですし、進めば進むほど楽なものになり、いずれは人間と霊魂という二つのレベルで同時に生きることができるようになります。進んでいくうちに私たちは驚くような素晴らしい贈り物に出会います。それは、あまりにたくさんのガラクタに埋もれていたために、そこにあることに気づかなかったか、あるいは使い方を知らずにいたものです。

あなたがあなた自身をよりよく理解し、あなた自身に対しても他の人に対しても今より批判的でない、今とは違う場所に、この旅があなたを導いてくれることを約束します。

そこでは喜びがあなたの人生における動かぬ住人となり、名前は何であれ最も高次元の力、その驚くような力に容易にアクセスすることができます。

積極的に成長の努力をしていようが、何もしていないように見えようが、成長の過程は進行しています。それなら毎日を精一杯使うことにしませんか？

このサンスクリット語の讃歌がすべてを語っています。そしてこの詩があなたの旅路の始まりを応援してくれるかもしれません。

今日この日を見よ、それこそが人生、人生の最良のもの。
そのつかの間にあらゆる現実と真実がある——
成長の喜び、
行動の輝き、
力の栄光。
昨日は記憶にすぎず、
明日は空想にすぎぬ。
だが今日をよく生きればすべての昨日は幸福な記憶となり、
すべての明日は希望の光景となる。
されば、今日この日をよく生きよ。

［魂からの癒し］

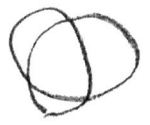

チャクラ・ヒーリング

もくじ

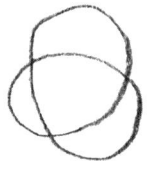

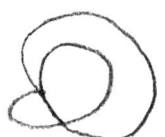

第2章　Before you Embark…

第3章　The Basics of Spirituality
オーラ（海）とチャクラ（渦）：ヒーリング・エネルギーの基礎　63

第5章 Sacral Chakra : Sexual Healing

第7章 The Heart Chakra : Healing the Heart
ハート・チャクラ：〔恋する関係の持続と決別〕次元を高めてくれる愛のエネルギー 189

第8章　Throat Chakra : Speaking Our Truth

第9章 The Brow Chakra : A Way Forward with Wisdom ブラウ・チャクラ：叡智を持ってチャクラ全開への道を歩みましょう 261

第1章

Self-Discovery

魂のヒーリング

あなたがなり得る最高のあなたになる

肉体、マインド、精神のすべてを癒してこそ真の健康が得られます

私の医師としての仕事は、時とともに変化してきました。私が医師になったのは比較的遅く、薬剤師としての仕事、また家庭での二人の子供の子育てを経てからのことです。初めのうちは主に患者さんの体を治療し、のちに精神科医になってからは患者さんの精神的な部分を主に診《み》てきました。けれども私は同時にスピリチュアル・ヒーラーでもありました。

かつて私はヒーリングの仕事を医師としての仕事から完全に切り離していました。同僚に馬鹿にされたり、医療関係者に嫌な顔をされるのを避けるためです。けれども私は自分の経験から、ヒーリングが私の患者の治療には欠かすことのできない、効果的なツールであることを知り、この十年ほどは、ヒーラーであることを公《おおやけ》にしてきました。そして三つの分野を融合させることに成功したのです。私が全力を投じているのは、患者が前向きな健康を手に入れることであり、そのためには体、マインド、そして精神のすべてを治癒することが必要であると思います。

ヒーリングは、私や私の患者にもう一つ別の可能性を与えてくれます。マインドが平静でない限り体の治癒はあり得ませんし、感情的な混乱があるうちはマインドは健全な状態ではいられません。そして精神的なものが考慮されなければ全体的な完全さは望めないのです。ホリスティックなアプローチとは、所詮《しょせん》内面の痛みの表象にすぎない症状をなくすというだけのものではありません。それは、もっと広い意味での向上を意味します。このアプローチは具体的な成果を出すのに時間がかかることがあるのは事実です。けれどもそこから得られる癒《いや》しはより完全なものですし、その過程で学ぶことは計り知れない価値があります。ときには患者さんが自分の痛みを追体験しなくてはならないようなこともあり、そんなときこのアプローチは、たとえば薬だけに頼る療法と比べて、よりつらいものであることもあります。けれどもヒーリングがきちんとなされれば、同じ問題を二度と繰り返さずに済みます。

精神的な健康こそ私たちにとって自然な状態であり、それは私たちの誰もが手に入れることができるものです。私たちがしなくてはならないのは、今現在、その状態を妨げているガラクタを取り去ることだけです。必要なものはすべて私たちの中にあります。私たちは皆、賢明《けんめい》で素晴らしい存在です。何を学ぶにしてもそうですが、精神的な学びというのは単に、私たちが元々知っていることを再発見するというプロセスにすぎません。私たちの外側にあるものは、私たちを完全で幸せな存在にできないのです。これは、大胆な飛躍であり、受け入れるのは恐ろしいと感じるかもしれません。でも、私たちはもうすでに、完全であり、幸せです。本当の幸せ、喜び、平安と安心感は私たち一人一人の中にあります。私たちはただそれを見つけるだけでよいのです。

愛情に満ち、似たような考え方をする人が周りにいれば、私たちの旅路はより満ち足りたものになるでしょう。でも、人生を生きる強さ、気品、力はあなただけのものです。その力を、セラピスト、精神科医、恋人、家族、あるいは国家など、誰か他の人に委《ゆだ》ねてしまうのは、私たち自身の精神的な価値をおとしめることになります。自分自身の強さを祝福するのと同じように、愛する相手を力づけることこそが本当の愛です。自分の知識をあなたと分かち合うことを拒《こば》み、弟子自身に力を与えることをしないグル（導師）には気をつけましょう。

オーラとチャクラ——科学的に証明された新しい視点

私たちのほとんどが子供の頃に教え込まれている、偏狭《へんきょう》で頑《かたく》なな考え方を捨て去る意思があなたにない限り、この本は意味をなしません。この本はあなたに、古い考え方を組み立て直し、新しい視点を受け入れることを要求します。私たちは、物事にはすべて論理的な理由がなければならない、と教えられています。何かが存在することを信じるには、その証拠がなくてはならないというのです。

でも、考えてみてください。虹というものがあります。虹はずっと昔から、私たちが虹の仕組みを理解するはるか以前から存在していました。そこに虹があるということを信じるのに、それがどうやってできるのかを理解する必要はありません。虹が本当に存在すると私たちが知るために、それがいつもいつもそこにある必要もありません。

準備が整えば、私たちは虹がどうやってできるかを証明することができます。光について勉強すれば、光はスペクトルのすべての色に分解することができ、様々な波長の光が分散することで虹ができる、ということがわかります。けれどもそれは、私たちがその仕組みを完全に理解する以前には虹は今より正当性に欠けていた、ということにはなりません。虹は、それがどうやって存在するのかを人間が理解するのを待たずして、その前から存在していたのです。この本に登場する概念《がいねん》のいくつかはそれに似ています。

まずあなたにお願いしたいのは、物事を違った角度から眺めるということです。人生には、あなたがこれまで考えていた以上の何かがもしかしたらあるのかもしれない、という可能性を受け入れることです。私たちは基本的に、秩序だった方法で物事に注意を払い、考えるように教えられています。それはよいことですし、生きていく上では欠かせません。私が提案しているのは、どんな時でももっと物事の全体像を見る方法を身につける、ということです。

たとえば今この瞬間、あなたの目はこのページの文字にフォーカスしています。あなたは印刷された文字を見つめています。でも同時にあなたは周辺視野に何が入っているかもわかっていますね。目の焦点を緩《ゆる》めて、視野の全体が一度に見えるようにすれば、あなたには視野の全体が視覚に入ってくるようになります。これは見るというプロセスが逆になったのに近く、あなたが外を見るというより、視野の中にあるものをあなたの中に流れ込ませるのです。見ること以外の経験も、フォーカスを緩め、それらが自分の中に流れ込むがままにすることによって、より豊かなものになります。

物事を違った角度から見る、というのはこういうことです。いろいろな可能性を頭の中に流れ込ませてください。あなたはただリラックスして、思考、記憶、概念がぷかりぷかりとあなたの中に入ってくるのに任《まか》せればよいのです。そうすると、現実というものについて以前よりもずっと大きな理解を得ることができます。初めのうちこうした新しい概念はすぐに消えてしまうかもしれません。ある考えが漂ってきても、それを摑《つか》むことができないでいるうちに消えてしまうこともあるでしょう。あなたはフラストレーションを感じるかもしれませんが、同時に奇妙な高揚感《こうようかん》をも感じるでしょう。何かいつもと違う、特別なことが起こった、ということがあなたにはわかるのです。

　コツは、何かを摑もうとか手に入れようとか思わないことです。あなたが見たこと、感じたこと、一瞬でも到達した理解はいずれ戻ってきます。それは同様の高揚感を伴ってあなたの意識にまた漂いながらやってきます。それが起きるがままにさせる、というコツをあなたが十分に摑めば、それはあなたのところに流れ込み、あなたは特に何の努力もなしに新しい理解を得ることができるのです。そして最終的には新しい概念はきちんと形を持った知識としてあなたに訪れ、あなたの人生をよりよいものにしてくれます。

　最近のことですが、友人が私にとても便利な贈り物をくれました。車に装着する装置で、車が近づいてくることを鹿に知らせるためのものです。外見はただの金属片にしか見えません。グリルにくっついているだけで、何をしているようにも思えません。でもそれは、私たちの耳に聞こえるよりもはるかに高い周波数の音を発信し、私と鹿の両方を衝突の危険から守ってくれるのです。その機能は私の日常の経験の範囲を超えています。私にはその音は聞こえませんが、その音が何かをしてくれていることは認めます。

　あなたがもし、私がこれからお話しすることを見たり聞いたりできないとしても、私を信じようとしてみてください。私の車に装着した装置が発信する音は、テストによってたしかに存在するということを証明できます。それと同じく、私がお話しすることのほとんどが証明できるのです。

　アメリカのヴァレリー・ハント博士は過去数年にわたって厳格な条件の下《もと》に研究室でリサーチを行っており、現在では人間のオーラとチャクラが存在するという科学的な証拠が存在します。あなたがこれから学ぶものです。けれども、こうした証拠が手に入るはるか以前から、多くの人々が自分自身の個人的な体験としてそれを語り、自分が何を見、聞き、感じるかを他の人と共有しようとしてきたのです。バーバラ・アン・ブレナンは著書『光の手——自己変革への旅』（訳者注：河出書房新社、１９９５年。原題『Hands of Light』）の中で見事な科学的分析をしていますし、シャフィカ・カラギュラとドラ・ヴァン・ゲルダー・クンツの共著『チャクラ』（訳者注：原題『The Chakras and the Human Energy Field』Quest Books １９８９年刊。邦訳未出版）もあります。

　この本の中で私がお話しし、説明することは、私にとっては虹が存在するのと同じくらいごく当たり前のことです。私よりももっとはっきりとチャクラが見える人はたくさんいます。ですが私はそういう人のことを羨《うらや》ましがるまいと努めています。なぜなら私は私なりの旅路を辿《たど》っているわけですし、一日一日と私の理解は深まり、昨日よりもそれをきちんと把握《はあく》できるようになっているのですから。

臨床精神科医としての確信——病気とは魂のバランスの欠如のこと

　これから皆さんにお話しすることは、二十年以上にわたって私が医師として、臨床精神科医として、またヒーラーとして患者さんに行ってきた仕事の集大成です。長年の間に私は病気というものについて、一風変わった、人によっては奇異と思うかもしれない見方をするようになりました。それは伝統的な医学や診断の域を超えるものです。私は病気というのは私たちの魂の健康状態、というよりその不健康状態を映し出したものだと考えます。ですから、治療は肉体と同じように魂をも癒すものでなくてはなりません。

　病気とは、何かがバランスを欠いている状態のことです。どこかのレベルで何かが不健全なのです。そして、体と心が私たちに伝えようとしていることを理解するためのいくつかの新しいルールと新しい見方を身につけることさえできれば、どこにどんな問題があるのかを、病気の症状はかなり具体的に教えてくれます。

自分に何が起こっているのかを真剣に調べる気になる頃には、すでに健康がかなり損なわれてしまっているのが普通です。今のあなたの状態もそうかもしれません。ときとして私たちは自分に起きていることに対してなかなか真剣に取り組む気になれず、その気になったときにはバランス不良が引き起こした結果を完全に拭《ぬぐ》い去ることが不可能な状態になっているかもしれません。けれども、どんな問題であれ、その病気の責任が自分にあり、つまりまたそれを治すことも自分にはできるのだ、とあなたが決めたとき、程度の差はあれ、症状は必ず改善されるのです。

ですから病気の症状は、私たちが進むべき道を示してくれる道標《みちしるべ》のようなものです。もし私が熱いお湯の中に手を入れれば、皮膚の疼痛《とうつう》受容体がこれはしてはいけないことだ、と教えてくれます。疼痛受容体は非常に便利なもので、もしそれがなかったら私は自分にとんでもない傷を負わせてしまうでしょう。私の感情の中にある疼痛受容体もまた同じことを教えてくれます。感情的に危険な状態に置かれると、感情疼痛受容体がそっちへ行ってはいけない、とはっきり教えてくれるのです。

私は肉体的なレベルではすぐに学習ができ、熱いお湯にはもう手を入れることはなくなります。それなのに、どういうわけか感情的な危険信号からレッスンを学ぶにはずっと長い時間がかかります。

魂の場合も同様です。何かが間違っている、自分のしていることは魂にとって賢いことではない、という警告がずっと前からあるかもしれません。それなのに私たちの多くは、魂の中にある疼痛受容体の警告にもまた、なかなか耳を傾けられないのです。

残念ながら私たちは、知力、感情、肉体がまずメッセージを受け取り、私たちがいやでも理解でき、見落としようのない形にして見せてくれて初めてそのレッスンを学ぶ、という可能性が高いのです。多くの場合、私たちは体の具合が悪くなるまで、本当に立ち止まって警告に耳を貸そうとはしません。

けれども、もし私たちが警告に耳を傾ける時間と場所を用意しさえすれば、早い段階で警告を受け取って病気になるリスクを軽減することが可能です。

『レインボウ・ジャーニー』がその方法をお教えします。この本に載《の》っているエクササイズやテクニックを使うことで、過去を清算するだけでなく、あなた自身を癒し、前進するための新しい方法を身につけることができるでしょう。魂のレベルで「聞き」、受け取ったメッセージに従って行動することをいったん始めると、私たちは起こることのすべてについてより意識が高まり、よりよく準備ができるようになります。さらに、自分の人生に存在して欲しいものを引きつけ、要《い》らなくなったものを手放して、もっと速く前進することができるようになるのです。

このことを理解しているのは私だけではないことを、私は知っています。魂が、私たちの肉体的、精神的両面の総合的な健康において果たしている重要な役割を誰もが受け入れる日は、間違いなく遠からずやってきます。すでに多くの才能あふれる内科医、外科医、婦人科医、そして精神科医が、従来の方法と古代の知恵を融合させて治療に当たっています。彼らの仕事においては祈りが非常に重要な役割を果たしています。患者は自分の霊的側面を、そしてそれが病気の回復のプロセスにもたらす特別な力を認識することを奨励されます。この付加的な要因によって、回復はより容易になり、回復に要する期間は短縮され、患者はより完全に回復し、癒されるのです。

現に今、祈りという現象について研究を行っている大学の研究室があります。信仰を持つ、あるいは手術の前にその人のために祈る人がいる患者と、そうでない患者の回復の仕方の違いを、研究と評定を目的として、きちんと設計された実験が行われています。ここでは、勇気づけられる結果が出ていますし、中には驚くような結果もあります。

この本は特に祈り、少なくとも通常私たちが理解している祈りについてのものではありません。でももしあなたが、優しい気持ちで尊厳を持って生きることが祈りであり、子供に微笑《ほほえ》みかけその子の幸せを願うのが祈りであり、愛し合う二人の性的な交流が祈りであり、自分の子供を優しく愛撫するのが祈りであり、愛情いっぱいの電話をするのが祈りである、ということを受け入れられるならば、この本は祈りの要素も含んでいると言えるでしょう。心から愛のエネルギーを送り出し、それを誰かが元気になるのを助けるための癒しのエネルギーに変化させる術《すべ》を学ぶことは、生きた精神修養です。そして、それもまた祈りなのです。

ヒーリングの力にあなた自身が心を開く準備は、できていますか？

あなたは自分自身のヒーリングの力に心を開く準備ができていますか？ あなたの人生を最大限に生き、あなたの可能性を実現する準備ができていますか？ 外界のどんな力も奪えない自信を自分の内側に持ち、心静かに生きる準備ができていますか？ 自分自身を癒す方法を学ぶ準備はありますか？ すべてのレベルにおいて健康になるために、積極的な役割を果たす準備はできていますか？ あなたがなり得るベストのあなたになる準備はいいですか？

この本は、あなたがあなた自身を癒す方法についてのものですが、かといってあなたが他の手助けを求めるのを止《や》めさせようとしているのではありません。またこれは、与えることと受け取ることについての本です。なぜならその二つの作用が開かれた状態で動いていて初めて、確固とした健康のために誰もが必要としているエネルギーが手に入るからです。ヒーリングにおいて重要なのは受け入れることです。病《やまい》の主なる原因の一つは、エネルギーが滞《とどこお》ってしまっているために、受け取るべきものを受け取れないでいることなのです。

ですからこの本は、自分の責任についての本でもあります。自分が自分の面倒をきちんと見、それが自分の責任であることを受け入れること。独立した人間でありながら、他の人が私に何かを与えたかったら、それが健全な、私のためになるものである限り、与える喜びを味わわせてあげる賢さを持っていること。もちろん、差し出されたものが自分のためにならないという確信がある場合には、ノーと言う勇気も持っていなくてはなりません。今は見えなくても、虹は存在するということを受け入れるだけの度量の大きさも必要ですし、他の人が見たいものを見、信じたいものを信じる自由を、その人を批判したり自分の見方を押し付けることなく、与えることもできなくてはなりません。

　結局のところ、あなたは何を信じるのも自由であり、それはあなたの権利です。でもちょっとの間だけ判断するのを待ってみてください。あなたが今この本を読んでいるのには何か理由があるはずです。そしてあなたは、自分の人生の舵《かじ》を取り、自分自身をより深く知り、自分自身や他の人をより大きな思いやりを持って見ることができるようになるにつれ、あなたの人生のすべてが変化するのを感じることでしょう。あなたに起こるべきことが起こる、それを私は確信しています。

ヒーリング・パワーを受け取るためには高い次元の動機が必要なことを忘れないでください

　あなたの旅はもう始まっています。そう、これがそうなのです。でも今あなたには、この先の人生を計画的で効果的なやり方で進んでいくか、あまりコントロールが効《き》かない状態のまま躓《つまず》きながら進んでいくか、という選択肢が与えられています。あなたが、ほんの少し自分を信頼し、自分にチャンスを与える気があれば、違ったやり方で生きていくことができるのです。自分の向上を妨げているいつものパターンと向き合う気さえあれば、そういうパターンに気がつき、防げるようになります。

　あなたが癒されるにつれて手にする自信や力は、あなたを喜びと明瞭な理解に満ちた瞬間に導くでしょう。それは初めは捉《とら》えどころのないもののように感じられるかもしれませんが、いずれはすべてのものがそうした喜びと理解に満たされるようになります。中には癒し続けることが必要な深い痛みもあるかもしれませんが、それすらもあなたの中で大きくなっていく平安と自由を損なうことはできません。そしてあなたはいつでも、必要なとき、好きなときにその平安と自由にアクセスすることができるようになるのです。

　特別に危機的な状況が起きたときは、受けた傷の痛みに打ちのめされて、そういった気持ちを忘れ、後退するかもしれません。でもそれもまたこの旅路の一部です。私たちは完璧《かんぺき》でなくてもいいのです。私たちの躓きは、なぜ私たちがまだここにいるかを思い出させてくれます。私たちにはまだすることがあるのです。自制を失って古い痛みを思い出したり、昔の行動パターンに戻ってしまったからといって、あなたが行ってきた癒しのプロセスが否定されたり無駄だったということにはなりません。それはただ単に、さらに癒しが必要なのがどの部分で、まだ癒されていない痛みがどこにあり、今注意を集中しなければいけないのはどこか、それを具体的に示してくれます。そして、心のバランスを取り戻すまで、私たちが愛と思いやり、理解、配慮、そして十分な時間を自分に与える必要があることを思い出させてくれるのです。

この旅路の目的は、バランスの取れた心の状態に到達し、その状態を維持できるようになること、そしてあらゆるレベルにおいて、自分が本当の自分であることとの中に喜びを感じることができるようになることです。進んでいくにつれてあなたは、あなたと同じような旅路を辿っている人の近くにいたいと感じるようになると思います。そしてそうすることで、あなたにとってもその人にとっても、旅路はさらに豊かな経験になることでしょう。

自分には優しく、そして我慢強くあってください。初めのうち成長は易《やさ》しいプロセスではありません。古い習慣を変え、これまでずっとそうやって生きてきた考え方を変える。現実的であり続けながらネガティブな思考を排除する。物事がよりよい方向に変化できるという可能性を認めながらも、必要なときには健全な疑いも持ち続ける――それは生易しい仕事ではないのですから。私たちがこれからしようとしているのは、私たちのエネルギーを目覚めさせ、浄化し、活性化させて、どうしたらそれが常に私たちを癒し、励ましながら自由に流れて私たちを充たし、調和とバランスの取れた状態に保ってくれるかを学ぶということです。

あなたがなぜこの旅をしたいのか、その動機もまた重要で、旅を始める前に確認する必要があります。この自己発見の旅は非常に大きな力を与えてくれます。でもその力は、あなたの役に立ち、そしてまた他の人への愛と奉仕の精神を持って使われなくてはなりません。高いところであなたの意識を超えた高い次元での幸福に対するコミットメントがない限り、あなたは失望するだけでしょう。ほんの少しの間、あなたがなぜこの旅路に加わりたいのか、その理由を考えてみてください。それが済んだら始めましょう。

現代医学とシャーマンの霊的癒しのはざまで私に起こった一大変化——

私が自伝を書くとしたら、そのタイトルは『ネズミ捕りの娘』と名づけるつもりですと、よく冗談を言います。なぜなら、それが私だからです。

今生での私の旅は、英国北東部の小さな村で、二人姉妹の妹として生まれたところから始まりました。母は看護婦でしたが、私たちが生まれてからは仕事はしませんでした。父は大学に進みたかったのですが、十四人兄弟でしたからそれは無理でした。代わりに父は腕のよさでひっぱりだこの鉄鋼建設者となり、高い建物の煙突や尖塔《せんとう》などで仕事をしていました。二人は第二次世界大戦前に結婚し、将来に夢を馳《は》せていました。ところが第二次世界大戦中、三十歳に満たない父は頭に重傷を負い、働き盛りに職を失ったのです。帰宅した父には側頭葉てんかんがあり、元の仕事に戻れませんでした。父は、その後の人生を村のネズミ捕りとして過ごしました。けれども父には一人でできないことはほとんどありませんでしたし、自立した人間でいたいという思いが父に多くの困難を乗り越えさせたのです。父は私たちに勇気と尊厳、そして北英人特有の知恵を与えてくれました。そしてそれは今でも私にとってのインスピレーションとなっています。

母はとても情愛の深い人で、母を想うとき、笑いと愛にあふれた優しい、幸せな日々を思い出しますが、同時に母親として尊敬もしていました。私たちの成長を母はとても誇りにし、母が私たちのことを高く評価してくれていることは疑いようがありませんでした。そのことが、私たち姉妹が成長して世の中に出ていくに当たって自信を与えてくれました。父は母よりも情愛表現に乏しく、私たちに触ったりキスしたりすることは滅多にありませんでしたが、父なりのやり方で私たちへの大きな愛を示してくれました。父がおおっぴらに愛情を表現するようになったのはずっとあと、私が四十代になってからのことですが、そのときですら愛していると口にすることはほとんどありませんでした。私が父と過ごした最も貴重な時間は父が亡くなる少し前のことで、いつものように私が、父を愛していると言うと、父が「そりゃそうさ。わしらは死ぬまでお互い愛してるんだ。当たり前だろ?」と言ったのです。

父と母は二人ができる限りの最良の育て方をしてくれました。それは私たちにしっかりした力強い根と、健全な価値観と、自分に対する自尊心、そして自主独立の気風を植えつけてくれたのです。

まだ四つか五つの幼い少女だった頃、私は興味深い現象を経験するようになりましたが、それは説明のしにくいものでした。まるで、愛が私の周りにあふれ、私の中を流れ、そして私から外に放射されているような感覚でした。母とか家畜の一頭とか、誰かに触れることで、それを外に放出しなくてはなりませんでした。強い、明確なものが私の中を流れ始め、エネルギーが一瞬止まってまた流れ出すポイントが、私の内側や周りにあるのを感じることができました。これはチャクラについて知るはるか以前のことです。

こうして私の霊性が生まれました。私は素晴らしくいい気持ちで、愛にあふれていました。私は動物たちに対してこの力を使うことができ、しばしばそうしていました。今から思えばその頃にヒーリングが始まったのですが、そのときには私も私の周りの人たちもそれがヒーリングであるとは認識していませんでした。

何年も経ち、私が結婚して二人の子供を持ち、大学に戻って医学の勉強をしているときのことでした。一緒に仕事をしていた産婦人科の医師に、私の患者との接し方には何か普通と違うところがある、と指摘されたのです。私が診察し、手を触れた女性は、鎮静剤や無痛処置をほとんど必要としませんでした。でもそのときですら私は、私の治療法においてヒーリングが重要な位置を占めるようになったことに、本当には気づいていなかったのです。

三十代でザンビアに住んでいたとき、しばしば現代医学が対応できない問題を解くことができる心霊治療家の力に、私は強い関心を持ちました。たとえば交通事故で背骨を負傷した患者がいました。彼は車椅子で退院し、二度と歩けるようになる希望はありませんでした。ところが数週間後、彼は車椅子を押しながら歩いて来院したのです。彼は私たちができるだけのことをしたと感謝し、でも村のお医者さんが悪い魔法を取り払ってくれたので今では元気だ、と言うのです！　これと似たエピソードはたくさんありました。それらは私に決して忘れることのないレッスンを教えてくれましたし、再び私をヒーリングの力に目覚めさせてくれたのです。

薬剤師から外科医、そして精神科医への転向は、私の旅路のステップとしては完璧でした。それは、自分で道を切り拓《ひら》きながら進んできた私自身の成長のプロセスの中で、肉体から出発して精神へと進み、そしてぐるりと円を描いて魂へと立ち返る道程だったのです。私の二人の子供はすでに成長して手を離れていました。1984年、私と夫は互いに相手に対する役割を終え、長い結婚生活を円満に解消することで合意し、こうして私は本来の自分になる自由を手に入れたのです。

ようやく私は、同僚の冷笑に臆せず、スピリチュアル・ヒーラーであることを「告白」する勇気を得ました。私は自分が受けた医師としての従来のトレーニングと、古代から伝わるシャーマンの創造的な技能とを融合させ始め、私の診療所は驚異的な成長率でそれに応えました。はるか以前、心の底から医師になることを熱望していたときに、私は神に対して、神が私に送ってくれた患者は一人残らず診察する、という誓いを立てていました。そして私はそれを守ったのです。ときにはそうするための時間もエネルギーもないように思えることもありましたが、神はいつでもその両方を何とか私に与えてくれました。

何かを変えなくてはいけない、と認識したのは1996年のことでした。当時私は臨床精神科医としてロンドンで自分の診療所を経営する傍《かたわ》ら、ロンドン郊外にある素晴らしい病院で臨床開発部長を務め、同時に時間の許す限りスピリチュアル・ワークショップを行い、世界各国で教えるなどして、多忙を極めていました。私の精神科医としての治療は二つの世界の間で均衡を保っていました。一方には西欧医学の伝統に則《のっと》った精神医学があり、他方にはヒーリングと代替医療《だいたい》があったのです。そしてまた私自身、霊的により成長したいという思いはいつもありました。

自分の診療所ではすでに何年もヒーリングを取り入れており、患者はそれがもたらす自己実現と自己コントロールを付加価値として享受《きょうじゅ》していました。私にとってもまたそれは自分が自分らしくいられる手段であり、私を元気づけ、満ち足りた気持ちにしてくれたのです。けれども勤めていた病院では、私は現代医学だけを使うようにしていました。代替医療は効果があるとわかっていても、病院の方針と合わないことはしたくなかったのです。

霊的なことやヒーリングに取り組む場を与えてくれたのは、十五年にわたって行ってきたワークショップでした。私はそこで霊的なエネルギーと古代から続くヒーリングの手法、そして愛の力を使うことができました。薬物の助けなしに参加者はめきめきと健全さを取り戻し、それにつれて物事への反応の仕方が変わるのが私にはわかりました。固まっていた感情は動きだし、古い傷は癒され、エネルギーは解放されて前に進むことができるのです。こうしてたくさんの愛がワークショップで生み出されたことは私の何よりの喜びです。しかし残念なことに病院では、多くの人が望んでいた霊的な癒しを続ける方法がありませんでした。

私が必要としていること、私の患者が必要としていること、そして病院が必要としていることのすべてを満足させ、前進できる方法を模索しながら、長いこと私は自分の本当の気持ちと闘っていました。それは魂からのメッセージだったのですが、私はそれに従うことができずにいたのです。また私は、自分が本当にするべきことをできず、そのことからくる感情的な痛みと向き合うことを避けていたため、その痛みはついに肉体レベルに到達してしまいました。私は肉体の健康を害し、もはやそれ以上メッセージを無視することはできなくなったのです。

私は二十年以上働いてきて初めて仕事を休まざるを得なくなって、やっと、一歩引いたところから自分の苦痛の原因を眺《なが》めることができました。長年私の患者がするのを見てきた、それと同じことを私は自分に対してしていたのです。つまり私は、自分以外のすべての人のために最良のことをしようとしていました。患者のため、病院のため、そして素晴らしい病院のスタッフのため――そうして結局、私は自分が必要としているものを無視していたのです。

霊性を日常的に使えるように状況を変えなくてはいけないことを、ついに私は受け入れました。たとえそれが、一緒に仕事をしてきた素晴らしい人たちとの関係を絶つことになっても。私生活だけでなく仕事でもそうすることを受け入れたのです。他の人がその可能性を実現するのを助けるために、私自身の可能性を制限し、自分自身に妥協を強《し》いることはもうこれ以上私には、できませんでした。つまり私には、人を助ける前にまず、真に自分自身を助けることが必要だったのです。病院を去ることは、経済的にも精神的にも非常に大きな転換を意味しました。それはまた自分自身の本来の姿に立ち戻り、私が私らしくありながら、長年の間に失ってしまっていた医療の自由を取り戻した、ということでもありました。

このことをここに詳しく書いている理由は、当時私と働いていた人、私を知っていた人たちの多くが、このときの一連の出来事に愕然《がくぜん》としていたからです。

まず、私が病気になったということは、私が教えていたヒーリングに疑問を投げかけるものでした。次に私が三ヶ月仕事を離れて休養し、考える時間を持ったこと、そしてそれに続いて起こった大きな変化は周囲を驚かせました。でもそれだけではありませんでした。私の患者の中には、私の人生はすっかり計画ができ上がっていて、私は常に、教えていたことそのままに生きていると思っていた人たちがいたのです。このときの出来事は、その人たちにはショックだったでしょう。

これを読んで、不健康な生き方の影響は、誰にでも、ほとんど何の前触れもなく忍び寄るものだということ、そして唯一それに気づくには、一歩下がって状況を判断する他には、方法がない場合もあるということをわかっていただければ、と思います。

こうした変化のまっただ中、まだ痛みを感じながらサウス・カロライナ州で回復に努めていたときに、私はヘレン・バリー博士という臨床精神科医と知り合いました。七十代後半だったにもかかわらず、六十五歳以上にはとても見えないその人は、私に様々なことを教えてくれました。あるとき彼女は、絵を習っていたときのことを話してくれました。彼女の先生が、後ろに下がって自分の絵をよりよく見るように指示したというのです。「鼻を絵に突っ込むのは止めなさい」と。

以来この言葉はとても役に立ち、私は今もよくこの言葉を思い浮かべます。病気になってそうせざるを得ずに、自分の人生から一歩下がってそれを眺めたのは、私がそれをよりよく理解するのに必要なことだったのです。

私はいつも、メッセージはまず魂のレベルに届き、私たちはそれを慢性的な不快感として感じる、と教えてきました。何かが違う、ということが私たちにはわかるのです。自分が自分の中に持っている基準や価値観に則って生きていないこと、自分に妥協を許していること、正しいとわかっていることを実行する勇気がないこと――私たちは往々にしてこういうことに気がついています。

恐らく私は1993年にはすでにメッセージを受け取っていたのですが、私はそれでも従来の現代医学による診療法を続けました。私自身のため、また私の同僚たちのため、波風を立てることはできる限り避けたかったのです。職場で驚かれるのを防ぐために私はヒーリングの話さえしませんでしたし、ワークショップは遠い場所で行いました。そうすることで私は時折、自分の望み通りの仕事ができる一週間を過ごすことができたのです。でもそれは十分と呼べる変化ではありませんでした。

長年にわたって他の人がそうするのをサポートしてきたように、私自身もまた、ユニバースを信頼し、状況が変化しても自分は大丈夫だ、と信じなくてはなりませんでした。それだけではなく、他の人たちもまた大丈夫だ、と信じることも必要でした。自分がいなくなったらみんなはどうするのだろう、という懸念の原因である、相互依存的な態度を私は手放さなくてはならなかったのです。

この本は、私の人生の方向転換の結果生まれました。私が医師として働いてきた年月のほとんどを費やして教えてきたことのまとめであり、精神科医としてのブレンダ、スピリチュアル・ヒーラーとしてのブレンダ、そして一個の女性としてのブレンダが同じだけここには存在します。この変化の前の二、三年間に比べ、今ブレンダは幸せです。そしてこの変化の期間に学んだことがこの本をより豊かなものにしてくれていればよいと思います。

私が最も気に入っている言葉の一つに、ユニバースはいつでも正しい、というのがあります。私が今お話しした過程もそうなのです。明らかに、1993年の時点でも、それに続く二年間も、私には最終的に私が通過した一大変化を実行する準備はできていませんでした。その変化はすべての準備が整うまで待たなくてはならず、でもその準備が整ったとき、それは容易でした。それまで障害として立ちはだかっていたものは一切姿を消して道は開け、何の努力も必要とせずに私はその道を歩き出したのです。

正しい時期が訪れるのを待っていたらいつまでも人生は中断したままになる、と言う人もいます。私は必ずしもそれには同意しません。自分のための真の変化を自分から始めることなく、ただ自分に起きる出来事に反応するだけでは確かに人生を先送りにすることになります。一方、自分の人生の運転席に座り、意図したゴールに向かって車を進めることも私たちにはできます。けれどいつそれをするかは、あなたに選ぶ権利があって当然です。友人、親族、パートナー、セラピストや精神科医など、善意とはいえ、まるであなたの人生を、あなたより上手に生きられると思っているかのように振る舞う人がよくいます。でも実際は、私たちはまさに学ぶべきことを学んでいるのであり、今自分が置かれている状況以上にそれに適した状況は恐らく存在しないのです。今日学ぶことは、私たちがどの段階にいるとしても、重要であり、必須です。無駄なことは一つもありません。そう、何ひとつ。

七つの主要なチャクラを癒しつつ巡るウェル・ビーイングの旅

今この本を読んでいるという事実は、あなたが何らかの変化を起こしたいと望んでいることを示しています。たとえ今日はこの本を読むだけで他には何もしなかったとしても、それはそれでいいのです。あなたの準備が整ったとき、変化は続いて起こります。

　どちらの方向へ進めばいいのか、どんな変化を起こせばいいのか知りたかったら、ときどき立ち止まって、あなたの体の中、感情の中で何が起こっているかに意識を向けてみてください。疲れてはいませんか？　会うとそのあと必ず気分が落ち込んだり、無気力になったり、気分が悪くさえなるので会うのが嫌だ、という人はいませんか？　そこにいると頭が痛くなる場所や、一緒にいると頭痛がする人はいませんか？　特に何の理由もないのに不安だったり怖いと感じることはありませんか？　迷子になったような、どちらに進めばいいのかわからない、という感じはありませんか？　自分がどこにも帰属しておらず、これまでもどこにも属したことがなかったようには感じませんか？　虐待《ぎゃくたい》的な状況にあまりに長く留まっているため、事実上自分で自分を虐待する結果になってはいませんか？　もっとよく理解して症状を軽減したいと思っている疾病《しっぺい》を抱えてはいませんか？

　もしこれらの質問の多くにあなたが「イエス」と答えたとしたら、何かを変えることを考えるべきです。

　それともあなたの気分は軽やかですか？　一緒にいるとエネルギーが満ちるように感じる人があなたの周りにいますか？　気持ちを高揚させ、心を広げてくれる場所、活動がありますか？　自分は安全であり、安心だ、と感じられる瞬間がありますか？　体の調子はいいですか？　答えがイエスなら、それもまた、あなたがいるべき場所はどこか、そこで誰と、何をすべきなのかについてのはっきりしたメッセージです。

　変化を起こすことを決めたら、罪の意識を持つことなく、その変化が影響を与えるすべての人に対する愛と、あなたがこれからすることが何であれ、それはあなたのためだけでなく、最終的にはすべての人にとってよい結果をもたらすものである、という確信を持ってそれを実行してください。そうすればあなたの行動は軽やかで容易なものになり、あなたにはそれが自分に可能な限り最も高尚で純粋な意図によって支えられているのがわかるでしょう。

　それでも、ときにはどこか、たいていの場合ソーラー・プレクサス（第6章参照）のあたりに良心の呵責《かしゃく》を感じることがあります。ときには私たちのプランはまだ焦点が定まっておらず、自分の尊厳が損なわれるように感じることもあります。そう感じたら、立ち止まって、自分がカメラのレンズを覗《のぞ》いているところを想像してください。どこをどう静かに調整すれば、焦点が再び合い、画像が鮮明になるでしょうか？　焦《あせ》らずにその答えを求めれば、あなたにはもっとゆっくり進まなくてはいけない部分、あるいはもっと大胆な変化を起こさなくてはいけない部分が見えてくるはずです。でもそれがあなたの罪の意識、また、自分の気持ちよりも他の人の気持ちの面倒をみなくてはという心理的欲求から出たものでないことを、あなたの中で明確にしてください。調整に満足できたらさらに進みましょう。誰もそれにかかる時間の記録をとっているわけではありません。誰も、あなたが自分に可能だと感じる以上の速度で変化を起こしたり、エクササイズやメディテーションをしろ、とは言いません。全く何もしなくても、それを咎《とが》める人はいません。

『レインボウ・ジャーニー』は、エネルギーの集中点であるチャクラを巡る旅へとあなたを導きます。ここには、いかにして人生の出来事、苦しみ、感情的な混乱が障害物を作り出し、自由で自然なエネルギーの流れを遮断《しゃだん》して、それが私たちの総合的な健康を共同で司る肉体、感情体、霊体のdiseaseすなわち病気に結びつくかが示されています。初めにそれぞれのチャクラの詳しい説明をし、それからそれぞれの箇所に障害があるとどんな影響があるかをお話しします。

七つの主要なチャクラを、ベースからクラウンに向かう自然な流れに沿って進みましょう。メディテーションと実用的なエクササイズを使えば、あなたはより健康で、生命力にあふれた状態に進むことが可能です。もちろん、すでに診断が確定された疾病が治るとは主張しませんが、この本を病気の予防とセルフ・ヒーリングの促進の役に立てることはできます。どんな場合でも、この本にあるステップを忠実に守って進めば、自信、自尊心、そして健康と幸せ（ウェル・ビーイング）が促進されるはずです。

この本では、自分のすることに責任を持つことと、精神的な慣行を日常生活に取り入れた、新しい生き方を確立することの重要性が強調されています。ただしこれは、必ずしも宗教的なという意味ではありません。長い間私たちのほとんどは自分自身の健康に対する自分の責任を放棄してきました。そして、何らかの疾病が発生したとき、それを医師などの手にすべて委《ゆだ》ねてきました。この本は、あなたが自らを癒し、自分をより完全な存在にするための力を、取り戻すためのものなのです。

完全性に向かう旅路は、ときにそれが痛みを伴うものであろうとも、楽しいものであるべきです。もし痛みを感じたら、それに抵抗しないようにしてください。痛みとは抵抗することで増すものです。あなたが痛みの中に滑り込み、痛みに寄り添い、痛みに息を吹き込むことができれば、それは一過性のものとなり、あなたの成長の過程に多くをもたらすでしょう。今のあなたができる限り精一杯、あなた自身を愛し、慈しんでください。愛と慈しみのどちらも、この旅路を進むにつれ、あなたのためだけでなく、人類全体のために大きく育っていくのです。

さあ……あなたがなり得る最高のあなたになってください。

よい旅を！

第2章

Before You Embark...

七つのチャクラと向き合い、
あなた自身をチェックしてみましょう

セルフ・ヒーリングへの完全ガイド

本書は、セルフ・ヒーリングのための完全ガイドです。あなたが、医師、あるいはその他の医療関係者や代替医療のセラピストと連携しながら、自分で自分の健康を管理する手助けをするのが目的です。そしてあなたがあなたの全体像を——肉体面に限らず、また感情、知性、あるいは霊性だけに限るのでもなく、あなたの存在のすべてをよりよく知るお手伝いをしたいのです。

なぜなら、そのうちのどれか一つに障害があったり健康でなかったりすると、その他の部分のバランスをとることは難しいからです。ある部分に問題があるように見えて、実際は本当の問題は別のところにあることもあります。

たとえばあなたが背中に痛みを感じているとしても、実は心理的な意味であなたが何を背負っているのかに着目し、どうしたらその重荷を降ろせるかを考えなくてはならないかもしれません。あるいは、涙もろく、悲しい気分で落ち込んでいるとしても、実はあなたに必要なのは怒りを発散させることだったり、またはあなたの人生をもっと包括《ほうかつ》的な見方で捉えることかもしれません。霊性を持たない、あるいは霊性の発達していない人は、孤立感を感じたり自暴自棄《じぼうじき》になったりすることがあります。二度とそんなふうに感じないためには、内側からその部分を癒さなくてはなりません。

私たちの多くは、自分の全体性について非常に限られた視点しか持たず、自分は知性と感情を持った肉体にすぎないと思っています。中には感情さえほとんど持ち合わせず、私たちが霊的な存在であるなどというのはおよそ聞いたこともない、馬鹿げた概念だと言う人もいます。それは知性や教養の有無とは関係ありません。もしかしたらあなたは若い魂で、地上の物質界で学ぶべきことがたくさんあり、まだ今は全体像が見えないのかもしれません。あるいは、傷ついた経験が原因であなたは心を閉ざして皮肉な人間になり、非常に狭い視野の中で全体像を見失っているのかもしれません。あなたのいる状況がどんなものであれ、この本を読むことで、すでにあなたはあなた自身の、より高次の知恵を手に入れる道程を踏み出しているのです。

この本を読み進むにつれ、あなたには、あなたという存在の全体を大事にし、これまで生きてきたすべての生涯の中で、積み重ねてきた経験の結果生まれた障害を取り除くことができるようになります。あなたはまた、エネルギーを感じ、エネルギーを解放してそれをあなたにとって最も有益に使い、真の健康を手に入れる新しい方法を学びます。

「健康」という言葉を私は単に「病気がない」という意味で使っているのではありません。それは、前向きな健康、つまり、エネルギーが満ちあふれ、一日中、いえ必要ならば夜を徹して元気でいられる、ということです。目の前の道に目を落として他のものが目に入らなくなり、感覚が鈍《にぶ》っていると、日々私たち一人一人に贈られているシンプルな贈り物に気づくことができません。真の健康を手にしたとき、あなたはそうしたものの中に、喜びを見出すことができるでしょう。人生とはもっとずっと豊かなものなのです。

どうしたら人生を自分の望む方向に導き、その道に沿ってずっと続いている霊的、感情的、肉体的そして精神的な道標に常に注意を払いながら、思いっきり生き、楽しむことができるのか、それを学びましょう。

私たちが今よりもっとずっと健康になってはいけない理由はどこにもありません。セルフ・ヒーリングによって完全に回復してしまう病気も中にはあるかもしれません。どんな病気もある程度はよくなりますし、あなたの人生そのものもそうです。ヒーリングとは、すでに起こってしまった病気をなくす、というだけのことではありません。それは病気の予防や、積極的な意味での健康を促進することでもあるのです。

でも最も重要な目標の一つは、私たちが自分のなり得る最高の状態を手に入れ、真に進むべき道を見出して自分の可能性を実現することです。何かがどこか違っている、ということを知らせる早期警戒システムを持ち、その警告に耳を傾けることも有用です。けれど私たちはしばしば道標を無視します。それ１９９６年に私が自分に何をしたかを見れば、それがわかりますね。知識や理解もときには失敗を防いではくれないのです。

活《い》き活きと活発であること。油断をしないこと。自分を成長させ、喜びに包まれて生きる新しい方法を学ぶこと。これはそのための本です。

この本の使い方――自分のレベルに合わせてワークしましょう

この本は10章から成っています。第3章ではヒーリング、オーラ、そして七つの主要なチャクラの基本概念を説明します。残りの七つの章はそれぞれチャクラの一つ一つを取り上げ、そのチャクラに関連した問題点に焦点を当てたエクササイズとメディテーションが含まれています。付録A（主にセラピストのために書いたものですが、誰に読んでいただいてもかまいません）は体の主たる分泌腺と神経叢《そう》とチャクラの関係について説明し、また付録Bはオーラ体の存在の証《あかし》について述べています。

まず一度全部を読み、それからまた前に戻って一章ずつ消化していってもいいでしょう。素早く理解・吸収できる章があるかと思えば、長い時間がかかる章もあるかもしれません。それでいいのです。あなたにとってやり易い方法でこの本を使ってください。ただし……必ず全部を読み終えることが必要です。たとえあなたの一番大きな障害があるのがルート・チャクラだったとしても、もっと上のチャクラにも必ず、どんなに小さくても何らかの歪《ゆが》みはあるはずです。同じように、スロート・チャクラが詰まっていれば他のチャクラにもある程度の影響は出ているでしょう。どこかが詰まっていたために他の部分がそれを埋め合わせしようと無理をしていたことに気づくかもしれません。私たちが目指しているのはバランス・調和ですから、たとえほんの少しであろうと、すべてのものを調整する必要があるのです。

このセクションの最後に、自己診断のための質問リストがあります。これであなたの一番大きな障害がどこにあるかが、ある程度判断できると思います。ただし、たとえ全部のチャクラに問題があるように思えてもあまりがっかりしないでください。同様に、ほとんどが問題なくきれいな状態にあるように見えたとしても、あまり得意にならないようにしてください。どんなに霊的に進歩している人であろうと、微調整は大切です。

また、一ヶ所をクリアにしたのに、気がついたらまたブロックされていた、というときにも、あまり心配したりがっかりしたりしないでください。それは特に驚くことではありません。仮にあなたが長いことエネルギーが滞《とどこお》った状態で生きてきたとしたら、エネルギーが完全にクリアな状態はしばらくはつらいかもしれません。クリアな、まばゆいばかりのエネルギーの流れは栄養たっぷりで、消化するのが大変なのです。

ヒーリングは、あなたが対処できるレベルのところまでしか起こりません。奇跡は存在しますが、誰もが奇跡を受け取る準備ができているわけではないのです。結局、その状態が好きでも嫌いでも、今現在の状況、健康状態にあなたは慣れています。また、あなたにはまだその状態から学ぶことがあるのです。ですから変化は徐々に起きる必要があるかもしれません。知っている世界を残して未知の世界に飛び込むのは、ときに恐ろしいものです。ですからあなた自身に優しく、思いやりを持ちましょう。

あなたが魂の旅路を始めたばかりでも、もうずいぶん旅をしているとしても、仕事でヒーリングのテクニックを使っている人でも、あるいはただよりよい生き方を模索しているのだとしても、『レインボウ・ジャーニー』には成長のための提案、手引き、機会があります。中には聞き慣れない用語があるかもしれません。本を読み進むにつれてそれらが明快になっていくことを願っていますが、もし不安なら巻末の用語解説が役に立つでしょう。

この本は、あなたが今受けている他の治療に代わるものでは決してありません。今あなたが受けているセラピーや薬物治療を止めるべきだとは一切言いません。また、あなたが自ら望まない限り、この本にあるワークをすることが、あなたの人生の他の部分の邪魔をしたり、足止めしたりさせないようにしてください。ただし、この本を読んでいくうちに、軽やかな、ワクワクした気持ちを感じたら、その気持ちに従って、何が起きるか見てみるのもいいかもしれません。なぜならそれはあなたの魂があなたのアプローチに反応してあなたの目覚めを歓迎している、ということなのですから。

人生は、驚くような、素晴らしいことでいっぱいにすることが可能です。愛と笑顔で満たすことができるのです。楽しくエキサイティングな人生は、あなたの心を平和と喜びで満たしてくれます。たとえこれまでのあなたの人生がひどいものであったとしても、よりよく変化させることは可能です。でもそれにはしなくてはいけないことがあります。そしてあなたがまだその状態にいないとしても、それはあなたの努力が不十分だからだ、と私が批判しているなどとは思わないでください。

自分の抱える課題に向き合っている人たちが見せる勇気に、私は日々感嘆しています。その気持ちは察しますし、代わってあげたいと思うこともありますが、それは私の仕事ではありません。自分でやる以外にないのです。中には驚くような強さを見せる人がいて、私は驚嘆の念を禁じ得ません。最もつらい過去を持っている人が一番スタミナを持っていて、たいていの人なら諦《あきら》めてしまうようなときにも努力を続けることができます。そういう人は、生き残るために必要だったからこそ、私などは決して手に入れられなかった高い対処能力を身につけたのでしょう。

そしてもしあなたが、もう一歩も進めない、と感じたら、しばらく休んで自分に優しくしてあげてください。きっと自分の中にある予備エネルギーにびっくりすると思います。必要なら、いつでも私たちはその分だけもうちょっと先に進むことができるのです。

少し気分がよくなったら、健康や幸せは、何を持っているかとか、自分の人生の中に誰がいるか、といったことで決まるのではないことに、あなたは気づくでしょう。もちろん、人生という旅路に相性のいい伴侶《はんりょ》がいるのは素晴らしいことですし、豊かである、ということにはよい点もたくさんあります。けれども幸せを決めるのは、あなたの内面にあるあなた自身の努力、あなた自身の成長です。今も、そして昔からずっとそうだった、あなたという見事な存在こそが、健康と幸せの源なのです。私たちは時折、鬱病《うつびょう》、心身症や病気を、着慣れた上着のように身にまといます。けれども私たちはそれを脱ぐことができるのです。そしてその下にあるのが、本当のあなたです。

七つのチャクラと向き合うために用意したいもの——

では、始める前にまず用意するものを見ていきましょう。

＊ノート

エクササイズ・ノートを二冊用意してください。一冊はあなたが作っていくアファメーション（用語解説参照）を書くためのもの、もう一冊は日記として使います。

たいていの場合、二十分も日記を書いていると、自分が本当に感じていることの核心がわかってきます。意外なことが明らかになることもあります。また、自分の過去と対峙《たいじ》していく中で感情を清算するためには、出す予定のない手紙を書くのもよい方法です。その中であなたは言いたいことを言い、感じたことを表に出すのです。それには癒しの効果があります。その手紙は二冊目のノートに書いてもよいでしょう。そうすればあなたの旅路の記録になります。

いろいろと驚くようなことが起きると思います。あなたはそれを偶然と呼ぶかもしれませんが、それは書き留めておく価値があります。そうすることで、あなたは自分の前進の過程の全体像が摑めますし、初めに持っていた疑いもいつかは消えてなくなることでしょう。

＊エンゼル・カード

エンゼル・カードも使ってみるとよいかもしれません。エンゼル・カードというのは小さいカードのセットで、一枚一枚に、そのときあなたが必要としている性質や贈り物の名前が書いてあります。たとえば、平和、信頼、誠意、というふうに。その目的は、あなたの存在の中のそうした性質に光を当て、それに相応《ふさわ》しい天使に手助けをしてもらうことです。

ワークショップでエンゼル・カードのことを口にすると、みんなたいていクスクス笑います。とんでもないところに来てしまった、この精神科医はやっぱりヘンだ、と思うのです。でもそういう人もしばらくすると、この小さなカードが何度も何度もその人にまさにそのとき必要なものを言い当てるのを見て、大きな驚嘆のため息をもらすのです。

　孔子の考案した古い神託『易経』を使ったことのある人ならば、不思議には思わないかもしれません。神託は私たちが問いを投げかけ、またある特定の瞬間にそこに存在する力を引き出して、一つ上の叡智《えいち》を手に入れるのを可能にしてくれるのです。カール・ユングは『易経』を普段から診断の助けとして使っていましたし、私自身、診断には使いませんが、自分が抱えている問題を明らかにするためによく使います。エンゼル・カードも同じ目的で使うことができますが、使い方はもっとずっと簡単です。純粋でオープンな心と善意を持って、今自分に必要なものは何か、と問うならば、その返答の正確さにあなたはきっと驚くでしょう。

　エンゼル・カードは精神世界関係の書物を扱っている書店ならたいていみな置いていますし、パワーストーンや貴石の店にあることもあります。

＊テープレコーダー／CDプレーヤー

　メディテーションは、録音するか、あるいは誰かに読んでもらう必要があります。録音したものを使うときは、それを流す何らかのプレーヤーを用意してください。

＊神聖な場所

　エクササイズやメディテーションを行うための、静かな場所があるといいですね。私たちはこれから自分の内側に安全な場所を作る方法を学んでいくわけですが、もし可能なら、あなた自身の場所と呼べる、誰にも邪魔されない場所を用意してください。そこに、あなたにとって大切なもの、あなたに安心感を与えてくれるものを置きます。たとえばキャンドル（灯《ひ》をともしたときは注意深く扱い、部屋を離れないこと）を数個、パワーストーンを一、二個、本、書き心地のいいペン、花、お気に入りのエッセンシャルオイル（それぞれのチャクラに合ったオイルがあるのですが、それはのちほど詳しく述べます）を垂らしたベポライザー、写真など、あなたが好きなものなら何でもいいのです。

もしこのために使える部屋がなかったら、部屋の片隅、または肘掛け椅子と小さなサイドテーブルがあれば十分です。箱に布を垂らしただけでも、自分の神聖な場所だ、という雰囲気は作れます。

＊パワーストーン

あなたに相応しいパワーストーンを持つことは難しいことでも、お金のかかることでもありません。一個も持っていなくてもそれは構いません。でも欲しい人は、クリアクオーツ（水晶）と小さなアメジスト、それにローズクオーツ（紅水晶）があれば、必要なことはすべてできます。チャクラの一つ一つに合わせた石が欲しいと感じたら、廉価な小さな石から始めてだんだんと増やしていけばいいでしょう。それは絶対になくてはいけないものではありません。

パワーストーンを買うのは楽しいことですし、エネルギーのレベルを高めてくれます。あなたが石を選ぶのではなく、石にあなたを選んでもらうというのが原則です。たくさんの石が並んでいるところに手をかざして、どれを選べばいいかわかった、と感じられるまでちょっと待ってください。それがあなたの石です。石を選んだら、あなたにはその石を大切にして、石があなたのために最大の力を発揮できるようにしてやる責任があります。

パワーストーンは、エネルギーを吸い寄せ、発散させるという両方の作用で効果を発揮するので、清潔にしておくことが非常に重要です。クオーツ時計が時間を正確に刻むのは、時計の中の小さな石が、規則正しく電子の流れを放射しているからです。あなたのパワーストーンを選んだら、海の塩を溶かした水に一晩浸《つ》け、すすいで清潔なキッチンタオルで水気を取ってからあなたの好きな場所に置いてください。クリアクオーツを寝室に置くのは止めたほうがいいでしょう。敏感な人はそのエネルギーのため眠れなくなってしまうからです。鎮静効果があるので寝室にはアメジストのほうが向いています。

パワーストーンを酷使《こくし》すると、定期的にエネルギーを補充しない限りその効果は薄れていきます。セラピストの中には、塩を敷き詰めた上に置いておく人もいますし、海の塩を溶かした水で定期的に洗浄する人や、ときにはしばらくの間地中に埋めておく人もいます。私は観葉植物のポットの土の中に私のパワーストーンを埋めたり、または庭の木の根元に埋めることもあります。（そしてときどき忘れてしまうこともあります）また海の塩を溶かした水で洗ったあと、満月の夜に一晩外に置いておいたりして定期的にエネルギーを補充します。時折、石の一つが土に戻りたがっているのを感じることがあります。そうしたらそれをどこか特別なところに持っていき、それまでよく働いてくれたことに感謝するささやかな儀式のあと、地中に戻すのです。

もしあなたが、それぞれのチャクラのために石を選ぶことにしたなら、各章にお勧めの石をリストアップしてあります。各チャクラについて一つずつあれば十分ですが、一度パワーストーンを使い始めると、あなたはきっとコレクションを増やしたくなるのではないかと思います。

＊水

エクササイズやメディテーションの最後には必ずコップ一杯の水を飲んでください。私は、水晶を一晩、水を入れたジャグに浸けて作ったエネルギー水を使います。あるいは、水を適当な色のボトルに入れ、そのときに私が特にそのエネルギーを必要とするパワーストーンをそこに入れ、日向《ひなた》に置いてエネルギーをチャージします。試して見てください――エネルギーがシフトするのに驚きますよ。

＊気持ちいいもののリスト

理想的にはいつもそうするべきなのですが、自分を優しくいたわる必要のあるときが出てきます。そのときのために、気持ちいいもののリストを作っておくとよいでしょう。当たり前のように、自分を優しくいたわることができるようになるまでは、あなたをいい気持ちにさせてくれるもののリストが役に立ちます。冷蔵庫のドアに一枚、書斎の机に一枚、ベッドのそばに一枚、そしてもちろん、あなたの神聖な場所に一枚、貼っておきましょう。

だんだん自分の全体と向き合えるようになるにつれ、あなたには自分が必要とするものがわかってきます。そうしたら大事にしたいチャクラに合わせてリストを書き直すとよいでしょう。このあとの各章の後ろにあるエクササイズは、どういうものが役に立つかのヒントになると思います。今はまず、リストの叩き台を作り始めてください。私のリストには、次のようなものが含まれています。

●庭、または海岸を散歩する。
●貝殻、落ち葉、その他きれいなものを集める。
●ゆっくりシャワーを浴びて、水が体だけでなくオーラもきれいにしてくれるのを感じる。または、香りをつけたお風呂にゆっくり入る。
●泳ぐ。
●踊る――私は家で一人で踊るのが好きです。目を閉じて、音楽に合わせて体を動かします。
●自転車に乗る。
●誰かに抱きしめられる。
●友達とおしゃべりする。
●静けさに耳を傾ける。
●風鈴の音。
●パワーストーンを洗って並べ替える。
●キャンドルをともす。
●素敵な音楽を流す。
●夜明けに庭に出て太陽の最初の一条の光を見る。
●瞑想《めいそう》して超越の次元に至る喜びを感じる――これは気持ちいいというのでは足りません。言葉を超えた至福であり、恍惚《こうこつ》の境地です。
●セックスする。
●マッサージをしてもらう。
●丸くなって本を読む。
●本屋や図書館で時間を過ごす。

リストはまだまだ続きます。

自由に考えればあなたなりのリストができると思います。楽しんで作ってください。そしていつでも好きなときに使ってください。退屈したとき、口寂しいけれどお腹は空《す》いていないとき、物事がどうもうまくいかなくて、リラックスしてペースを変える必要を感じるときなどにこのリストを見てください。

必要なときに自分の中のエネルギーを変化させることができるのは、とても大切なことです。そしてそれは単純に、自分に栄養を与えてくれる何かをするだけで可能で、その結果はほとんど瞬時に現れます。私が自分自身のヒーリングをするときには、火、土、風、水の四つの要素すべてを何らかの形で使って、自分の場所を清浄な、そして神聖な場所にします。これについては第4章から第7章でもっと詳しくお話しします。最初の四つのチャクラがそれぞれこの四つの要素と関係しているからです。
　私がワークショップをするときには、クリスタルボウル、鐘、ゴング、インセンス（お香）などをみんな持っていきます。それらを使ってワークショップが行われる場所のエネルギーを清浄なよい状態に保ち、痛みを消し去り、ヒーリングの効果を促進させるのです。

必要な道具のチェックリスト

□この本
□ノート二冊
□エンゼル・カード
□テープレコーダーまたはCDプレーヤー
□エクササイズやメディテーションのためのあなただけの場所
□キャンドル
□パワーストーン
□筆記用具
□コップ一杯の水
□気持ちいいものリスト

チャクラの状態を知るための自己診断テスト

　さあ、これでいつでも始められます。でもその前に、ちょっと時間を取って次の質問に答えてください。それほど時間はかかりませんが、あなたはその結果にびっくりするかもしれません。

ルート・チャクラに関する質問

a）自分はどこにも帰属しておらず、どこへ行っても孤独だ、と感じる、または感じたことがある
b）たとえば酒、麻薬、幽体離脱《ゆうたいりだつ》、自殺などの手段で自分の人生から逃げ出したいと感じる

c）人生がどうでもよく感じられ、死にたい、と思うことがある
d）セックスに幻滅している、（肉体的な疾病が原因でなく）インポテンツである、あるいは真のオーガズムが得られない
e）受胎から三～五歳までの間にトラウマ、悲嘆、困難を味わった
f）何かが不安で、その気持ちを他のこと――たとえば不要なものを次から次へと買ったり、逆にお金を使うことを拒否したり――で補おうとしている
g）エネルギーが低く、力が出ない、疲れている、気分が悪いと感じることが多い
h）足に問題がある、あるいは痔、慢性便秘に苦しんでいる

以上の質問の答えのほとんどがイエスであるとしたら、あなたはルート・チャクラに何か問題があるかもしれません。

セイクラル・チャクラに関する質問

a）自分の性的傾向に問題を感じたり、性の喜びを受け取る、あるいは与えることが難しく、興味が持てなかったり積極的すぎたりする
b）優しく触れられたりいたわられたりするのが苦手
c）性欲が低い、オーガズムが得られない、勃起が持続しない
d）基本的に元気がなく、スタミナが弱い
e）性欲を、実際の恋愛関係ではなく空想に向けたり、コミットした関係を避けるために複数のセックス・パートナーを持つ
f）腎臓や膀胱《ぼうこう》に問題がある、または頻尿《ひんにょう》である
g）三～五歳から八歳までの間に、悲嘆やトラウマを体験した
h）味覚に問題がある

以上の質問のほとんどにイエスと答えたとしたら、あなたはセイクラル・チャクラに改善の余地があるでしょう。

ソーラー・プレクサス・チャクラに関する質問

a）潰瘍《かいよう》、胸やけ、繰り返し起こる消化不良など、

消化器官に問題がある

b）気性が激しく、カッとしやすい

c）権威者に対して萎縮《いしゅく》して卑屈になったり、逆に挑戦的・反抗的になったりする

d）ときどき（特に飲酒のあとなどに）爆発するが、ふだんは自分が持っていることに気づかない、激しい怒りを抱えている

e）八歳から十二歳の間に悲嘆やトラウマを味わった

f）あるときは自分はまるで無力だと感じ、またあるときは、自分でも恐ろしいくらいパワフルに感じる

g）どんなに必死に頑張っても自分の可能性を実現できないことがある

h）意志が弱く、人の言いなりになりやすかったり、逆に自分の行動の結果が人に与える影響を顧みずに我を通したり、と意思のコントロールが難しい

　以上の質問のほとんどにイエスと答えた人は、ソーラー・プレクサスをクリアにすることでよりよいパワー、成功、意思を手にすることができます。

ハート・チャクラに関する質問

a）愛する、または愛されることができない

b）物事に対してネガティブで悲観的、あるいは高圧的で独裁的

c）人の問題に首を突っ込みたがり、一線を引いて他人の間違いを放っておくことができない

d）ほとんどいつも疲れきっていてだるい

e）心臓、血圧、血の巡りに問題がある、あるいは喘息《ぜんそく》や呼吸器官の病気がある

f）短気で偏狭《へんきょう》、あるいはあまりにも辛抱強くて寛容なため人に利用されがち

g）十二歳から十五、六歳の間に悲嘆やトラウマを経験した

h）人を許したり、慈悲や思いやりを持てない、あるいは、あまりにも思いやり深く感情移入が激しいため、人の苦しみに巻き込まれて自分も落ち込んでしまう

　以上の質問に対する答えのほとんどがイエスだったとしたら、あなたはハート・チャクラに問題があります。他のチャクラの場合、問題はチャクラが詰

まっているということが多いのですが、ハート・チャクラの場合は逆に開きっぱなしになっていて、周りで起こるあらゆることに影響されてしまう、という可能性も同等にあります。

ヒーラーや、人を助ける立場の仕事に就《つ》いている人の多くがこの問題を抱えています。燃え尽き症候群はこれが原因です。必要なときにはチャクラを閉じることができるということは、チャクラを開いてエネルギーが自由に通れるようにしておくのと同じくらい重要なことです（90頁のプロテクションのエクササイズを参照のこと）。

スロート・チャクラに関する質問

a）聴覚や発話機能に問題がある

b）よく誤解される、あるいは自分の言いたいことを言うのに困難を感じる

c）自分の進むべき道、キャリア、天職を見つけられない

d）甲状腺《こうじょうせん》、喉《のど》、耳、首に問題がある

e）十五、六歳から二十、二十一歳の間に悲嘆やトラウマを味わった

f）自分の創造性は押さえ込まれている、あるいは自分は創造的な人間ではないと思う

g）体の機能や生活の中でリズムを持つもの――たとえば呼吸、心臓の鼓動、月経など――に問題がある、あるいは音楽を聴いたり踊りながらリズムが取れない

h）他の人の意見に注意深く耳を傾けることも含め、コミュニケーション全般に困難が伴う

スロート・チャクラが改善されると、コミュニケーションだけでなく、創造性、天職も明快になります。答えのほとんどがイエスだったとしたら、あなたはスロート・チャクラに問題があるでしょう。

ブラウ・チャクラに関する質問

a）頭痛・片頭痛に悩まされる

b）体内の調整機能――たとえばホルモン、体温、気分の浮き沈み、暴力衝動など――に問題がある

c）悪夢を見る

d）自分の将来を思い描くことができない

e）自分、あるいは周りの人の問題についての洞察

力に欠ける
f）行き詰まった感じがして、解放されたい、自由になりたい、と感じる
g）自分はこんなにいろいろ持っているにもかかわらず幸せでない、と感じ、そのことで罪悪感がある
h）二十一歳から二十六歳の間に悲嘆やトラウマを体験した

このレベルになると、問題はそのチャクラが詰まっているというより未発達であることのほうが多いのですが、ブラウ・チャクラが詰まっている、ということももちろんあります。質問のほとんどにイエスと答えた人はこのチャクラの改善が必要でしょう。ブラウ・チャクラが解放されると、今まで想像もできなかったような可能性が開けます。このチャクラは二十代になって初めて発達するのが普通なので、あなたがもっと若い場合は、焦らないでください。

クラウン・チャクラに関する質問

a）自分にはヒーリングやチャネリング、あるいは他の何らかの神秘的な事柄に携わる使命がある、と感じる
b）より悟《さと》りに近づき、すべてのものとの一体感を感じたい
c）たとえ一瞬ではあっても、外的要因（たとえば麻薬や恋をしている状態など）に起因しない至福感、完全性、絶頂感を味わうことがある
d）物質的なことを通り越して、人生のすべてを学びのための素晴らしい機会である、と見ることができるようになりたい
e）あらゆるものに対する愛で自分が満ちあふれているのを感じる
f）神、ユニバースなど、呼び方はどうあれ、大いなる力と直接繋《つな》がりたい、という願望がある
g）自分を傷つけた、あるいは虐待した人に、慈悲と許しを持ち、その人が自分に教えてくれたことに対して感謝さえすることができる
h）人生を、喜びと尽きることのない愛を持って眺めることができる

以上の質問のほとんどにイエスと答えることができたならば、あなたは今生で学ぶべきことを学ぶ過

優しい聞き役

あなたの「レインボウ・ジャーニー」を始めるに当たり、もしあなたが今セラピーを受けていないならば、誰か話を聞いてもらえる相手を考えておくといいでしょう。この旅を続けていくと、思い出したくない過去の出来事に対峙《たいじ》しなくてはならない場面が出てきます。そういうときにはどうか、あなたはすでにその経験を切り抜けたのだ、ということを忘れないでください。過去の出来事は何一つ、現在のあなたを傷つけることはできません。それはもう終わったことなのです。残っているのは、あなたが閉め出した感情です。

　とてもつらく、痛みを伴う思い出があることがわかっている場合は、今のうちに思いやりの深いセラピストを見つけておくとよいでしょう。思いもかけず突然に、あなたに相応《ふさわ》しいセラピストが、ある日見つかるかもしれません。ユニバースと、ユニバースがあなたに与えてくれるものを信頼することを学ぶにつれ、あなたは与えられたチャンスを見つけるのが上手になるはずです。

程で受けた傷の大部分をすでに乗り越え、調和とバランスが取れた生き方に大きく近づいている、と言ってよいでしょう。ただしその状態には責任が伴います。それは、惜しみなく、ただし押し付けがましくない範囲で、あなたの気づきを他の人と分かち合い、旅路の途中にいる他の人たちの手本となり、そしてより深い悟りを目指し続けることです。あなたの旅はまだ続き、学ぶこともまだありますが、ここまで来れば人生を生きることはずっと易しく、より喜びに満ちたものになります。

この旅路、真のあなたを見つける「レインボウ・ジャーニー」が、驚異に満ち、あなたを高揚させるものであることを願います。旅を始めるに当たり、私からあなたへ愛を送ります。

第3章

The Basics of Spirituality

オーラ（海）とチャクラ（渦）

ヒーリング・エネルギーの基礎

心の傷を癒し完全な健康を得る——人間の本質は霊的エネルギーの流れであると知ってください

セルフ・ヒーリング・ワークを始める前に、まずいくつかの概念を明確にしておきましょう。何でもそうですが、基礎から始めることが大事ですから、まず概念を定義し、それらの関係を見ていきます。それは、本当に存在するにもかかわらず、定義されることを拒《こば》んできた、霊性やヒーリングという素晴らしい事象について話をするときには、より一層重要になるかもしれません。何世紀にもわたって多くの人が自分の中にある霊性、霊的なエネルギーについて気づいていながら、比較的近年になるまで、それを証明することはもちろん説明することすら難しかったのです。

では、霊性とは何なのでしょうか？　それは恐らく一人一人にとって違ったものだと思います。私は私の感じ方をお話ししましょう。

霊的エネルギーは川の流れのようなものです。透き通った、輝く意識の川、光の流れです。それは私と神、私とこの宇宙全体を繋《つな》ぐコネクションです。それは私の中を、私の周りをほとばしり、それは私の一部であり、私を隅から隅まで満たしています。平安と落ち着き、喜びと知恵、そして驚くほどのエネルギーを私に与えてくれます。時間軸の中で私を減速させ、留まらせると同時に、あらゆるものを活性化します。それは私に明晰《めいせき》さを与え、思考や行動をスピードアップする一方で、時間の流れをゆっくりにします。様々な概念——完璧な知識——を途切れなく私に送り込み、しかもそれらはみな、輝き、ワクワクするような静謐《せいひつ》さに包まれているのです。それはとても明快で、とても自然で、並外れて平凡です。

邪魔なものを取り除き、私の魂とのコネクションを開くためには、私もまた努力、熱意、そしてやる気を必要としました。でも一度それができるようになってからは、エネルギーはいとも容易《たやす》く、滑らかに、見事に流れ続けています。それが私にとって自然な状態であり、とても完全で完璧な状態です。私はただそれを求めるだけでいいのです。求めて、心の準備をすれば、あとは簡単です。ちょうど、蛇口をひねると水が流れ出すようなものです。一度流れ始めると、それは穏やかな川の流れのように感じられます。

ときにはその流れはとても速く、ついていくのが難しいほどです。動きがとても遅くて流れが止まってしまったように見える箇所も中にはありますが、そういうときも、エネルギーの流れの存在は感じます。ワクワクする高揚感、透き通るような明晰さ、完全な気づきはまだそこにあって、まるで自分は川の流れの傍《かたわ》らに立っているかのような感覚です。するとまた流れの速さが変化します。ときには泣きたいような気持ちになることもあります。呼吸はほとんど停止し、神のエネルギーの乗り物である私の肉体をほんの微《かす》かな呼吸だけが、維持しています。私は脇によけて奇跡が起きるのを眺めます。素晴らしい光を見つめ、思考の流れに耳を傾けます。それがいつまでも続き、決して終わらないでと子供のように願いながら。感謝しながら。流れが止まることはないのはわかっていながら、万が一止まるといけないので動くことすらできません。畏敬《いけい》の念が私を包みます。

命、光、輝き、若さ、調和、一体感、穏やかだけれど確かな力、知恵、高揚感――そういったものが私の中を流れていきます。それは驚くべき出来事です。そしてそれが終わったあとにはこの上ない喜びと平安を感じます。一人で静かにしていたいと思うときもありますし、ヒーリングを他の人と分かち合いたい、愛を人に伝えたい、と思うときもあります。そして、足がしっかりと地に着き、癒され、完全で、喜びに満ち、健康であるという感覚がやってきます。これが私の霊性の体験です。

霊、あるいは魂はこれまで、様々に定義されてきました。私たちが生きていくのに必須でありながら具体的で目に見える実体を持たない私たちの一部。決して滅することのない、私たちの存在の本質部分。ハイアーセルフ。愛、思考、意思という機能を持つ部分。通常の人間の経験の範囲を超える体験、行為を可能にするもの。それは私たちの中に存在し、私たちを人間という集団として一つにする、神の一部である、と言う人もいます。
苦しんでいる人、悲しみに暮れている人は往々にして宗教の中に霊性を探し求めますが、霊性と宗教は実はあまり関係がありません。悲しいことに宗教は私たちを分断してしまうことが多いものですが、霊性はいつでも私たちを一つにしてくれます。霊的な現象を表現するのにどんな言葉を選ぶにしろ、あなたの中にある霊性を自覚し、あなたの人生に驚くような変化をもたらす強力な道具として使うことを、学ぶことができます。

私たちの霊魂は永遠であり、人間としての体験は一瞬のものにすぎません。それはちょうど真珠のネックレスのようなものです。霊魂が糸で、一つ一つの真珠は地上での人生。それぞれが完結しているように見えて、実は、永遠に続く命の本質のほんの一部にすぎないのです。死滅するものは一つもありません。冬の間は眠り、春になると生き返って花を咲かせ、やがて葉を落としてまた次の春を待つ木々のように、私たちもまた命のサイクルを持っています。今私たちが自分のため、また他の人のために活用することを学ぼうとしているのは、終わることのない霊魂の部分です。

私たちはみな、霊という存在であり、現在は人間という形を取っているにすぎません。私たちの霊性は私たちの日常の中に常に存在している要素です。自分の中のその部分を積極的に認識して活用している人もいますし、まだそれをしていない人もいます。この本は、あなたが自らの霊性に気づくだけでなく、それをあなたの生活のあらゆる面で活用できるよう手助けをするためのものです。その過程で、あなたは癒され、完全で健康になっていくでしょう。

愛が基本――ヒーリングの技術と奇跡について

川の流れはところどころ、人生のガラクタ、過去の要《い》らないものが溜《た》まって流れが詰まったりします。漂流物を取り除き、自分を過去のもつれから解きほどくにあたっては、自分に優しくしてあげてください。私たちの中の自然なエネルギーの流れを滞らせ、私たちに滋養を与えてくれる人間的な愛と神の愛から切り離してしまうネガティブな感情や心の傷、苦しみ――慎重に、そうしたものから自分を解き放つ必要があります。ヒーリングは私たちを解放し、バランスを取り、完全性を取り戻す手助けをしてくれます。

ヒーリングとは、不健康なもの、正常な状態でないもの、本来の姿を失っているもの、具合の悪いものを、本来の姿である健康で正常な状態に直す技術です。それは愛が基本です。そしてそれがどんな形を取るにしろ、ヒーリングは常に私たちを力づけ、私たちの包括的な健康に対して自分自身が責任を持つことを促《うなが》すのです。

どんな病気であれ、回復の過程で最も重要なのはその人の心理的な状態であることが研究によって証明されています。私たちの心理状態は私たちの心がどれだけ平安であるかによるものであり、そしてそれは私たちの魂のあり方に関連しています。ですから病気の回復は、常に霊的なプロセスを含んでいるのです。基本的に、肉体は心と魂とのバランスが欠けていては癒されることはありませんし、愛が存在しなくてはヒーリングは起こりません。

旧約、新約聖書やその他の古い宗教書に、ヒーリングが起こったという事例が示されています。けれどもヒーリングは単に過去のもの、というわけではありません。二十一世紀の今日も、世界中のいろいろなところ――教会、シナゴーグや他の聖域、病院、カウンセリング・ルーム、交通事故の現場、そしてその他のたくさんの場所――で毎日のようにヒーリングは起こっています。病気の子供を抱き、その愛を子供に注ぎ込んでいる母親は、同時に医学的な治療が必要であるにしろ、子供の回復を手助けしているのです。

患者のために祈る医師や、手術室に入る前に祈る外科医もいます。特にヒーラーとして、自宅で、あるいは診療所で仕事をしている人も世界中にたくさんいます。またどこの文化圏にも、自分のため、また他の人のために神の力を借りるシャーマンがいます。ヒーリングとは、誰かが愛と確信を持って自分を超えた善なる力に助けを求めるところには、必ず起きるのです。

どうやって？

ヒーリングは、神聖なエネルギーの源から、その通り道の役割を果たすヒーラーを通じてエネルギーが患者に伝わることによって起こります。ヒーラー自身は、ヒーリングが起こりやすい、安全で愛にあふれた環境を用意することと、ヒーリングのためのできる限り完全な道具であること以外、そのエネルギーの伝達に特に関与しているわけではありません。このことを説明するために、私はときどき、バッテリーのあがった車を、ブースターコードを使ってスタートさせるときのことを比喩《ひゆ》に使います。ヒーラーはいわば最初のエネルギーのブーストを患者に与えてエンジンをスタートさせますが、その後は患者が自分でエンジンを動かし続けなくてはいけないのです。

電気を測ることができるのと同じように、ヒーラーを通して患者に伝わるエネルギーも、その電磁波や静電気は記録が可能であり、キルリアン写真という方法で撮影することもできます。ヒーリングについてはたくさんのリサーチが行われ、証明されているのです。実際、ダニエル・ベノア博士の四巻にわたる著書『Healing Research-Holistic Energy Medicine and Spirituality』(Helix Edition Ltd. 1993年刊）は全巻を通してリサーチについて述べています。

ヒーリングの方法は、「按手《あんしゅ》」だったり、儀式に則《のっと》った、あるいは宗教的な設定の、あるいはまた自然発生的な願い事としての「祈り」だったり、またはチャクラを流れるエネルギーによって、ヒーラーは一切患者に手を触れることなく行われたりもします。

ヒーリングの程度は、その瞬間に何がなされるべきかによって決まります。中には病気が完全に治ってしまう奇跡が起きる人もいますが、ふつうはもっとずっとゆっくりとした過程です。ただ安らぎを感じるだけの人もいるかもしれません。死の床にいる人に対するヒーリングは、病気を全治させることはありませんが、患者やその家族、友人を含めすべての人が、心の平安と尊厳を持って、霊魂の世界への旅立ちを見守ることはできるかもしれません。

ヒーリングを馬鹿にする人はまだ多いですし、否定する人はもっとたくさんいます。でも、心を開いてヒーリングに触れた人はみな（そして疑り深い人もまた）、その力を実感はしないまでも、心の平和を得ています。でも一つ忠告しておきます。奇跡は起きますが、奇跡を起こす、と明言する人には気をつけてください。悲しいことですが、魂や心の導きではなく自我（エゴ）の視点から、自分は奇跡を起こせる、と宣言する人が世の中にはたくさんいます。そういう人はヒーリングを必要としている人たちを失望させ、幻滅させてしまうのです。奇跡を起こすのは神であり、人間の意図やコントロールの及ぶところのものではありません。パワフルなヒーリングの道具として使われるという栄誉に恵まれたとき、ヒーラーが感じるのは謙虚さと驚嘆の念であって、うぬぼれではありません。

遠隔ヒーリング

バーバラ・ブレナンは著書『光の手』の中で、ある人が別の人の健康状態に影響を与えられること、しかも遠く離れたところからもそれが可能であることが、古くは十二世紀にボイラとリエボーによって報告されている、と書いています。この遠隔ヒーリングは強力なツールであり、今日でも多くのヒーラーによって用いられています。ヒーラーの多くはヒーリングを依頼された人のリストを持っていて、毎日、愛に満ちたヒーリング・エネルギーをその人たちに向けて、また大きな問題を抱えている地球上の地域に向けて送っています。

これはあなたにもできることです。恐らく一番役に立つやり方は、今、最もヒーリングを必要としているところに、ヒーリングが与えられますように、という思いを、詰め込める限りの愛を詰め込んで送り出すことでしょう。世の中にはヒーリングという概念に強い反発を抱き、ヒーリングを受け取ることを嫌がる人もいます。その意思は尊重しなくてはいけません。望まない人に向かってヒーリングを送るのは一種の暴力行為であって、避けるべきです。でも、純粋な気持ちで、精一杯の誠意を持ち、ヒーリングが最も必要とされているところにそれが届くように、と願いながら地球に向かって愛を送り出すのは、それとは別ですし、こうやって送り出されたヒーリングは私たちを超えた叡智によって導かれるのです。

この本はセルフ・ヒーリングについてのものであり、他の人を癒すために使う愛とエネルギーは、また自分のために使うことも可能です。多くの場合私たちは、医師、開業ヒーラー、薬物療法、あるいはより具体的な手助けといった、自分以外の人やものの助けを必要としますが、自分自身にできることもまた少なくないのです。あなたにはその力があります。エネルギーをクリアにし、自分の霊性にアクセスし、内面に潜《ひそ》む力を解き放って、自分を癒す術《すべ》を身につけることがあなたにはできるのです。自分の健康に対する自分の責任を放棄して、医師、友人、カウンセラー、教会など、引き受けてくれる人なら誰にでもその責任を転嫁してしまうことによって、多くの人は自分で自分を癒すという生来の能力を失ってしまったように見えます。その結果、個人、家族、団体、様々な社会集団、国家、そして地球という単位で私たちは、もともとはユニバースにあふれていた調和とバランスを失ってしまったのです。それは、愛、ヒーリング、誠実さ、相互支援、正直さ――こうした基本に戻る必要がある、ということを学ぶために、私たちが辿らなくてはならなかった過程であることは間違いありません。それを学んで初めて私たちには、必要なもの、そしてそれ以上のものが与えられるのです。

　私は近代的な治療法を放棄すべきだと言っているのではありませんし、あなたが今かかっている治療をストップすべきだと言っているのでもありません。ヒーリングにおいても、苦痛を和《やわ》らげ、感染症などによる不時の死を防ぐための薬物治療が役に立つことはよくあります。けれども、近代医療がその効果を最大限に発揮するためには、霊的な能力や特性をともに用いることが必要です。そして何よりも、自分の健康に対する患者自身の力と責任が生かされ、活用されることが重要なのです。

　この二十年ほど、医学生に対して、患者を「症例」ではなく人間として見る、という教育が試みられてきました。また患者が自分の治療にもっと主体的に関わるようにしようという動きもあります。けれども残念ながら、今でも時折、患者を「十番ベッドの胆嚢《たんのう》」と呼び、医師を何もかも治すことのできる神、と見る傾向が見られます。これは医療関係者だけの責任ではありません。先にも述べましたが、健康でない人、幸せでない人の側にも、誰かに自分を治してほしいという他力本願的で人任せな願望があるのも事実です。でもそれでは、真のヒーリングは望めません。

私自身は、正統派近代医学とヒーリング、代替医《だいたい》療を融合させることに力を注いできました。こうした総合的な、真にホリスティックなアプローチこそが、私たち一人一人を、肉体的、感情的、精神的、霊的な側面を併せ持つ完全な存在として扱うことができるのです。私は、これ以外に理に適《かな》った前進の道はないと思っています。古代の知恵と近代医学、霊性と肉体を切り離したままにしておこうとするのは、川の流れを押し戻そうとするようなものです。

正しい時、正しい場所

あなたがどんなに本当の問題を避けようとしても、本当の痛みを隠して状況をコントロールしようとしても、ヒーリングはいずれ、必要なところに、必要なときに起こります。

何年か前、背中の痛みを訴えて私のところにやってきた婦人がいました。私の診察室に入ってきたとき彼女は自分で歩くこともままならず、人に手伝ってもらってソファーに横になりました。彼女が症状として訴えているのは、肉体的な痛みと機能不全でしたが、本当の問題は彼女の結婚生活と、虐待《ぎゃくたい》的な結婚関係を彼女に選ばせる原因となった、子供時代のつらい経験である、ということが明らかでした。私は彼女に、痛みを和らげるために私にできることは喜んでするが、本当に彼女に必要なのは精神療法であり、そんなにも虐待的な状況に自分を置いているのはなぜなのかを知ることだ、と言いました。その日、私は彼女にヒーリングを施し、彼女は痛みもなく、自分の足でしっかりと歩いて出ていきました。彼女はまた、精神療法のための詳しい診察の予約をしていきましたが、診察の日には現れませんでした。

その後二年近く経って彼女は再び、前回と同じような激しい背中の痛みを訴えてやってきました。今度も彼女は歩くことさえままなりませんでした。私たちは彼女の現在の状況について、特に、相変わらずお互いに虐待的な関係にある結婚生活について話しました。今回は彼女には心理面での助言を受け入れる準備が以前よりもできていました。この日も診察室を出るとき彼女の痛みは完全に消えていましたが、同時に彼女は一連の診察予約を入れ、自分の生活を変えるために必要なワークを始めたのです。ヒーリングと精神療法の組み合わせによるワークは大変うまくいきました。この八年、彼女に背中の痛みはありませんし、今でも結婚生活は続いていますが、ずいぶん以前からそれはもう、お互いを苦しめる関係ではなくなっています。

子供時代から、自分で責任を持って健康を取り戻そう、と決意したときまで彼女はずっと虐待的な環境で生きており、その過程でエネルギーの流れが遮《さえぎ》られてしまっていました。彼女に対するヒーリング・ワークは、エネルギーの流れを正すことがその大部分でした。それまで彼女は自分の健康に対する責任を、私を含めあらゆる人に転嫁しようとしてきました。手術、鎮痛剤、そしてかかりつけの医師からの様々なアドバイスも受けていました。けれど、エネルギーが遮断されているせいで彼女は肉体的に動きの取れない状態であり、治療の効果はあがりませんでした。背中の激しい痛みは、何かがおかしい、という霊的、感情的なレベルの両方でのメッセージに彼女が耳を傾けられずにいたことの最終的な結果だったのです。

オーラの海に渦巻くチャクラ――回転するエネルギーが肉体に流れるということ

人間の体の大部分は非常に密度が高いため、私たちはそれを見たり、触ったり、匂いを嗅いだりすることができます。私たちのほとんどにとってすぐには見えない部分、オーラと、その中にあるチャクラ（この章の後半で詳述）は、オーラ体と呼ばれます。あらゆる生き物はエネルギー・フィールドを発しており、人間のエネルギー・フィールド、つまりオーラは、常に運動しているチャクラが生み出し、渦を巻いて回転するエネルギーの流れによって活性化されます。チャクラとオーラの関係は、潮の流れと海の関係に似ています。前者は後者を、とてつもない力に満ちた生きた存在にするのです。

この、拡張された身体部分を通して、エネルギーが肉体に流れ込み、肉体に生命を吹き込み、生かします。このエネルギーは私たちが生きて健全であるために、食べ物や空気と同じくらいに不可欠なものです。この生命エネルギーなしには私たちは生きられません。そして、細胞が定期的に生まれ変わることによって肉体が常に変化しているのと同じように、オーラ体もまた、常に変動しています。私たちの周りで渦を巻きながら、エネルギーを肉体に入れたり、出したり、周囲に何があるかを察知して、思考や記憶を貯蔵していきます。

オーラは、肉体と心、生物学と神秘主義、物理療法と精神療法のギャップを埋める、重要な情報を与えてくれます。オーラには思考や感情が実体として存在し、人と人の交流の中で交換される思考や感情の姿を実際に見ることができます。見える人には、それは粘液のような、煙のような、あるいは閃光《せんこう》のようなものに見えます。

スタミナ、忍耐力、肌のきめ、髪の艶《つや》、夕焼けの美しさ、森で過ごす一日の喜び、誰かが成功するのを見る喜び——あなたという人を形作る何もかもが、エネルギー・システムを改善することでよい方向に変化します。そしてそれは、チャクラをきれいにし、バランスを整え、栄養を与えて、その結果平穏で健康なオーラで自分を包むことによって実現できるのです。

オーラは実は肉体のごく希薄な延長なのですが、オーラがはっきりと見える人もいます。それは七層に分かれ、それぞれが異なった濃さと色を持ち、それぞれチャクラの一つと関係し、それぞれに固有の機能を持っています。ときには七つの層の区別がなくなり、全部が一緒になって、光り輝きながら動き続ける色鮮やかな光の塊《かたまり》になることもあります。

オーラを見る能力は、普通の視力の延長にすぎません。世の中には努力しなくともその力のある人がいて、そういう人にとっては、私たちが友人の顔を見るのと同じくらいごく普通のことです。より希薄なエネルギー・フィールドを見る力のある人は、一般より広い範囲のバイブレーションを感知できるにすぎません。オーラを認知することができない人は往々にしてオーラの存在が信じられず、見える人を馬鹿にしがちです。そのため、人間のあり方を理解するための新しいツールの開発に貢献できるはずの経験がしばしば無視されてきました。その結果、平和と調和に満ちた普遍的な状態に向かう私たちの歩みは遅いものになってしまっています。

子供の多くは、オーラやその中に存在する個別のチャクラを見ることができますが、その能力は、育む努力をしない限りごく幼少の頃に失われてしまいます。私の友人の一人がある日嬉しそうに語ったところによれば、彼女の娘が幼稚園から持ち帰った絵を見ると、髪からリボンが流れ出ている母親の姿が描いてありました。娘はそれをママの「色のついてるとこ」と呼び、彼女の目に見える完璧なオーラを説明した、ということでした。

私たちのほとんどは、幼稚園の年頃までには自分が本当は何者なのかを忘れ、古くて賢明な魂として持っていた力も、それと一緒に失ってしまいます。そうした力は、必要な精神的ワークをすれば、のちに取り戻すことは可能ですが、どんな理由にしろ、それを使いたくない人、あるいは自分にはない力を持つ人がいるという事実そのものに脅威を感じるような人にとっては、事実上永遠に失われたも同然です。

仮にあなたがオーラの存在に反論するとしても（オーラ体の存在を証明する情報については付録B参照）、特別な人の周りには何かが存在する、ということなら認められるかもしれません。マザー・テレサやマザー・ミーラ、あるいは別の、非常に強力なヒーラーや神秘主義者の近くにいたことがある人のほとんどは、彼らを取り巻く明確な力に気づかないわけにはいきません。彼らのオーラはとてもパワフルで非常に発達しており、見逃すことなどできないのです。

それと同じ現象は私たちの誰にも起こっています。その輝きが強まるためには、エネルギーの詰まりや、エネルギーの流れを邪魔して私たちの可能性の実現を妨げている心理的、感情的な残骸《ざんがい》を取り除かなければなりません。

逆に、非常に乱れたオーラを持っている人に出会ったこともあるかもしれません。クリアで明るいオーラを持っている人と同様、そういう人もすぐにわかります。そして、精神的に非常に進化した人が発散するヒーリング・エネルギーが他の人を癒すことができるのと同じように、乱れたオーラを持つ人もまた知らず知らずのうちに、ネガティブな影響を与えることがあります。ですから自分を守る方法を学ぶのはとても重要です。オーラをきれいにするワークを始める前に、まず自分を守るためのエクササイズを覚えましょう。

あなたのエネルギーが他の人によって汚染されたり、必要に迫られ必死の思いで、自分より健康な魂からエネルギーを奪い取ろうとする人たちによって吸い取られないよう、エネルギーを守る方法を身につけることの大切さはいくら強調しても足りません。私自身、きちんと自分をプロテクトしないと危険であることは十分承知していながら、うっかりそれを失念したことが二度ほどあります。その結果、不健全な患者を診《み》ている間に発生したエネルギーに傷つけられてしまったのです。

そういったネガティブな影響力に逆らったり、打ち勝ったりできるほどに、自分が強いと考えるのは傲慢《ごうまん》です。どんなときも、愛や善の力は悪の力を超えるものではありますが、私たちはその両方に正しく留意しなければなりません。神が自分を守ってくれるから、と車の行き来が激しい道路の真ん中を歩くのが無鉄砲であるのと同様、危険かもしれないとわかっているときに適当な予防措置を取らないのは愚かなことです。

ヒーラーとして、精神科医として、私がたくさんの苦しみを目《ま》の当たりにするのはやむを得ないことです。プロテクション・エクササイズをしなかったら、私は疲弊《ひへい》し、誰の役にも立たなくなってしまうことでしょう。

この本にはあなたを傷つける内容は何一つありません。けれどもあなたの周りにいる人の中には、これまでにさんざん苦しんだ結果、オーラの中に、受けた虐待の感情的・精神的な傷痕《きずあと》だけでなく、ネガティブな思考を引きずっている人がいます。それはあなたには必要のないものです。私たちが目指しているのは、健康で幸福であるために自分を解放すること、そして愛とヒーリングのエネルギーを世界に流し込むことです。不健全なものはどこからも受け取りたくはありません。霊的なワークを始めたばかりの人は時折、その認識の甘さと行きすぎた熱心さのあまり、患者の苦しみや傷を受け取り、他の人にまで移してしまうこともあるのです。

生命のエネルギー

私たちが幸福であるためにはもちろんのこと、生存そのものに不可欠な生命エネルギーを指す言葉が、ほとんどの文化圏に存在します。中国医学で使う「気」もインドの「プラナ」も、それが意味するエネルギーは同じです。それは生命を構成する基本的な要素であり、オーラとして目に見えるのも同じエネルギーです。

肉体を維持するのは食べ物ですが、この霊的エネルギーは、私たちを育み、単なる肉体という形を超えたところへと上昇するのに欠かせません。この霊的エネルギーがあるからこそ、明晰さ、勇気、慈愛、努力、愛、忠誠心、信仰といった高等な感情が生まれ、そしてときにはそれが、肉体的には絶対に不可能なことさえも可能にするのです。それは私たちの魂の力です。

見えない誰かが自分のことを見つめていることに突然気がついたという経験が、あなたにもきっとあるのではないかと思います。あるいは、誰かがあまりにあなたに近いところに立っているので、自分の領域を侵されたように感じたことがあるかもしれません。誰かがあなたに一歩近づいたときに、そのつもりはないのに思わず一歩下がってしまったことはありませんか？　それはあなたのオーラ、特にチャクラが早期警報システムとして機能し、あなたの周りのパーソナル・スペースを守っているのです。この「スペース」があなたのオーラです。それはエネルギーに満たされ、卵のようにあなたを取り囲んでいます。あなたと密接な関係にあり、あなたに影響を与えます。あなたの思考、言葉、感情、記憶の一つ一つがそれに影響を与えます。

それは実際にあなたの一部です。あなたの体の一部であり、あなたの延長です。ですからたとえば外科手術で肉体の一部をなくしても、その部分のオーラは残ります。これが広く研究されている幻肢《げんし》という現象です。あなたがふだん自分の体として認識しているものとオーラの違いは、単にオーラは普通は目に見えない純粋なエネルギーだけでできており、密度が低すぎて通常私たちが理解している意味では触れることができず、肉体的な感覚を持たない、ということだけです。たとえばオーラが机の尖《とが》った角にぶつかっても痛みは感じませんが、それが肉体の場合は感じますね。でもだからと言ってオーラが実在しないことにはなりません。風も電気も電波も人間の目には見えませんが、その存在を否定する人はいないのです。

人によっては、オーラが損傷していることもあります。たとえば、コカインを使うとオーラに穴があくことがあり、この穴を通って流れ込むエネルギーは、肉体的、感情的、心理的、霊的なすべてのレベルで非常に有害です。不法薬物を使う環境は往々にして不潔で、不健全な雰囲気に包まれ、周りには病気を持った人がいます。その結果、言動が乱れ、それが薬物の乱用を止《や》めてもその後長い期間、ときには何年もの間続いたとしても何の不思議もありません。チャクラをきちんと清掃・調整し、オーラを癒さなければ、生涯そのダメージから回復せず、一見過去の薬物乱用とは無関係に見える様々な問題を、抱えていくことにもなりかねません。その上セラピーによっては、霊的な問題も含め根底にある問題を解決しようとはしませんから、多くの薬物中毒者が、敵意に満ちて見える環境の中でわずかな慰めを求め、自分の気に入りのドラッグに繰り返し繰り返し手を出してしまうのも不思議ではありません。

チャクラ

サンスクリット語で車輪を意味する「チャクラ」という言葉は、オーラだけでなく肉体をも貫くたくさんのエネルギーの渦のことを指しています。メジャー・チャクラは七つ、マイナー・チャクラは二十一個あり、さらに小さなものもたくさんあります。私たち人類の霊性がより高度に発達するにつれて、将来的に認識できるようになるチャクラもまだあります。小さなチャクラの中で最も一般的に使われるのは、手のひらと足の裏にあるものです。

ほとんどの人にとってチャクラは見えるよりも感じられる可能性のほうが高いものです。最も簡単にチャクラを感じる方法は、手を体から十数センチ離したところに置いてみることです。服は着ていてもエネルギーの妨害にはなりませんし、それによってチャクラを感じにくくなることはありません。ですから、ヒーリングを受けるときに服を脱ぐ必要は滅多にありません。

両手のひらを体の前で二十センチくらい離して向

かい合わせ、そっと、ゆっくりその手を近づけてみてください。微妙な、柔らかなクッションのような変化を感じますね。それは片手のオーラが逆の手のオーラに触れているのです。ちょっとこの概念を楽しんで、あなたの新しい一面を探求してみましょう。

チャクラはとても敏感で、他の人のエネルギーだけでなく、ある場所に漂っているエネルギーにも影響されます。一緒にいると疲れてしまう人もいるけれども、一緒にいるだけで気持ちがいい人もいることはすでに確認しましたね。こういう感覚は初めて会った人に対しても感じることがあります。それまで一度も会ったことがないのに、突然、その人と同じ部屋にいるだけでほっとするのです。同じように、会ってほんの数分一緒にいるだけで居心地が悪く、気分さえ悪くなるのだけれど、その理由が見当たらない、という相手もいるかもしれません。私たちはみな、自分を守り、他の人を操り、自分の弱いところを隠すために、様々なエネルギー操作をしています。ただそのことを自分では意識していないことが多いのです。

外界の影響から自分を守ることは大いに可能ですが、本当に必要なのは、私たちを肉体、感情、精神、霊のすべてのレベルにおいて柔軟でいさせてくれる、健康なエネルギー・システムを培うことです。

そのために本書の各章は、特定のチャクラに焦点を当て、その機能、特徴、そしてそこがブロックされているとどんな問題が発生するかを見ていきます。ブロックを取り除くためのエクササイズやメディテーションは、あなたの霊的な成長を促すでしょう。そして最終的にはあなたのエネルギー・システムの全体がより健康に、よりしなやかになるのです。

完全な健康を手にするためにはチャクラ・システムが健全に機能していることが不可欠ですが、たとえば消化器官が詰まって機能が低下し、常にその状態を見張りながらでも人が生きられるように、私たちの大部分は、乱れ、歪《ゆが》んだチャクラを抱えて生きています。けれども、エネルギーの流れが減少すれば、最大限可能な健康は決して得られず、輝きも喜びも感じられません。

チャクラ・システム

各チャクラの正確な場所は、各章で詳しくお話しすることにして、ここではシステムの全体像を見ておくことにしましょう（図1参照）。チャクラは、回転する光の輪のように見えます。健康なチャクラは時計回りに回転し、ユニバーサル・エネルギー・フィールドからエネルギーを吸い込んで、絶えず私たちの全体を活性化しています。それぞれのチャクラは異なった速度で回転するので、それぞれが違った波長の光を発し、それが違った色に見えます。一番下のルート・チャクラは赤、その他のチャクラはスペクトルの各色――オレンジ、黄色、緑、青、紺または紫、そして白――です。そしてこれが、この本の英文タイトル、『レインボウ・ジャーニー』の由来です。

メジャー・チャクラの一つ一つはそれぞれ、七つに分かれたオーラの層の一つと関係しています。最初のチャクラは肉体に一番近い層、二番目のチャクラはその次に近い層、という具合です。理論的にはオーラのそれぞれの層はそれを司《つかさど》るチャクラの色をしているはずなのですが、現実にはそうではありません。実際、たいていオーラは一色で、多いのは黄色です。層の境目がぼやけて部分的に色が濃いところがあるのも普通です。また、古い感情、古い思考など、別の要素によって層の境目が曖昧《あいまい》になっていることもあります。表現されなかった怒りなどの未消化の感情は、何年もオーラの中に留まることがあるのです。

チャクラは必ず下から上へと番号をふりますが、教える人によって呼び方が違い、混乱を招くことがあります。チャクラは場所の名前で呼ばれたり、機能で呼ばれたりするのです。この本では、詳しく見ていく七つのチャクラには次の名称を使います。

＊チャクラ1――ルート・チャクラ

背骨の基部、尾骨と骨盤《こつばん》の間に位置し、赤い色をしています。主要な機能は私たちを物質界にグラウンディング（自分を地球としっかりつなげ、安定させること）させ、生存させることです。肉体感覚と関係があります。オーラの第一層も同様に肉体と関係しています。

＊チャクラ2――セイクラル・チャクラ

臍《へそ》の下の中央線上にあります。色はオレンジで、主な機能は生殖機能と、性の喜びを受け取り、与えることに関係しています。オーラの二番目の層は、同じように感情と関係しています。

＊チャクラ3――ソーラー・プレクサス・チャクラ

ソーラー・プレクサス・チャクラは胃の上、中央線上かやや左寄りのところにあります。色は黄色です。私たちの意見はここで生まれます。可能性、力、意志の中心です。オーラの第三層は知力と関係があります。

＊チャクラ4――ハート・チャクラ

これより下の三つのチャクラが肉体と感情に関係しているのに対し、ここから私たちは霊性に近づき始めるため、ハート・チャクラはチャクラの移行点とも呼ばれます。肉体と霊性という二つの領域の橋渡しをし、人間的な愛の中心点です。また感情の中核でもあり、エメラルド・グリーンをしています。アストラル・ボディーと関係しています。

＊チャクラ5――スロート・チャクラ

名前が示唆《しさ》する通り喉にあるチャクラで、神の領域の一部です。スロート・チャクラがよく発達していると、私たちは勇気を持って真実を述べることができます。また善《よ》し悪《あ》しを決めつけることなく人の話に耳を傾けることができます。私たちの尊厳、使命はここから生まれます。色は青、あるいはターコイズです。対応するオーラの第五層はケセリック・ボディーです。

＊チャクラ6――ブラウ・チャクラ（ときどきこれを第三の目と呼ぶ人がいますが、これは間違いです）

私たちはここから天界へ、そして人間の愛を超越した愛へと入っていきます。霊的な意味での明瞭な視覚が位置するところです。このチャクラと関係しているオーラ層はセレスティアル・ボディーです。色は紫または濃紺です。

＊チャクラ7――クラウン・チャクラ

頭のてっぺんにあり、霊性の領域、神との接点です。ここから霊的なエネルギーを取り込み、自分の

図－1

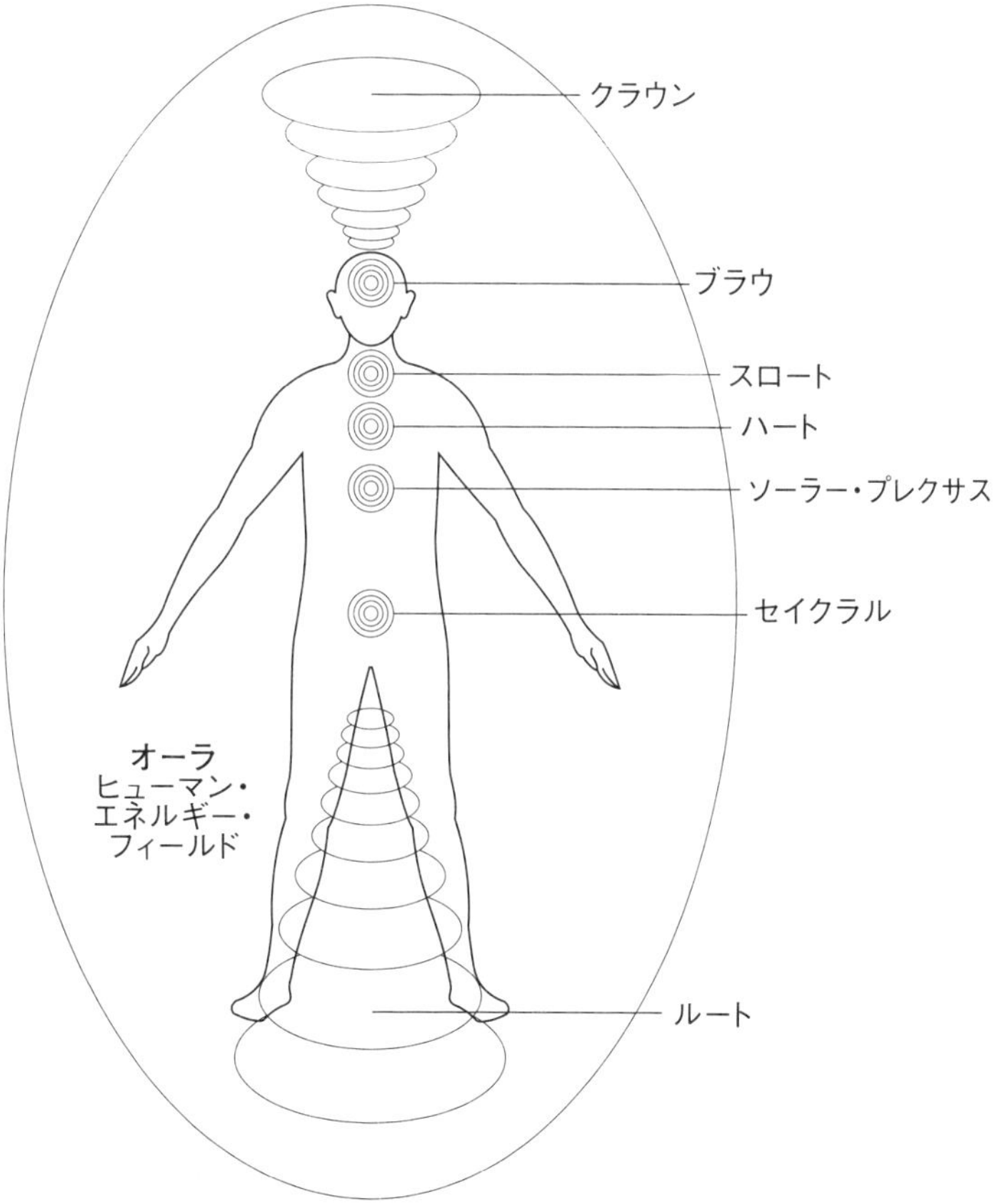

チャクラ・システム。7つのメジャー・チャクラは体の中心線に沿って位置し、それぞれの回転の速度によって、異なる色をした光る渦巻きのように見える。

ため、人を癒すために使うことができます。また、思考でも理屈でもない、純粋な「知」の中心点でもあります。肉体、感情、知性、霊性のすべてはここで統合されます。

マイナー・チャクラは次の場所にあります。

●両耳の前部
●左右の乳房の上
●両手のひら
●両足の裏
●左右の目の後ろ
●卵巣の上、あるいは睾丸《こうがん》の上
●左右の膝の後ろ

この他にもマイナー・チャクラには、胃を司るものと胸腺を司るもの、スロート・チャクラの下に一つ、胸骨の上の左右の鎖骨の真ん中あたり、ソーラー・プレクサス・チャクラと同じ場所にもう一つ、そして脾臓《ひぞう》にも二つあります。もっと小さなものは主に関節のあるところ、基本的に指圧のポイントにあります。

セイクラル・チャクラ、ソーラー・プレクサス・チャクラ、ハート・チャクラ、スロート・チャクラ、そしてブラウ・チャクラは、体の前と後ろの両方にありますが、たいてい後ろのもののほうがわずかに高い位置にあります（図2を参照）。前後のチャクラは体の中央、脊椎《せきつい》の位置で繋《つな》がっており、前から後ろへ、後ろから前へとエネルギーが自由に流れている状態が理想です。クラウン・チャクラとルート・チャクラは、他のチャクラの中央を貫く縦軸を形成し、頭の上と、脊髄《せきずい》の基部から足の間で地面に向かって伸びる漏斗《ろうと》状のエネルギーの渦を作ります。

エネルギーは両方向から流れ込みます。ルート・チャクラは大地からのエネルギーを取り入れ、避雷針が電気を地面に流すのと同じように私たちの霊的エネルギーと地球とを結びます。一方クラウン・チャクラはエネルギーを上から取り込み、高次の霊的エネルギーと私たちを直接結ぶアクセス・ポイントとなります。クラウン・チャクラとルート・チャクラの間を流れるエネルギーの通り道はパワーの縦の流れとか経路《けいろ》などと呼ばれます。チャクラがこのよ

図－2

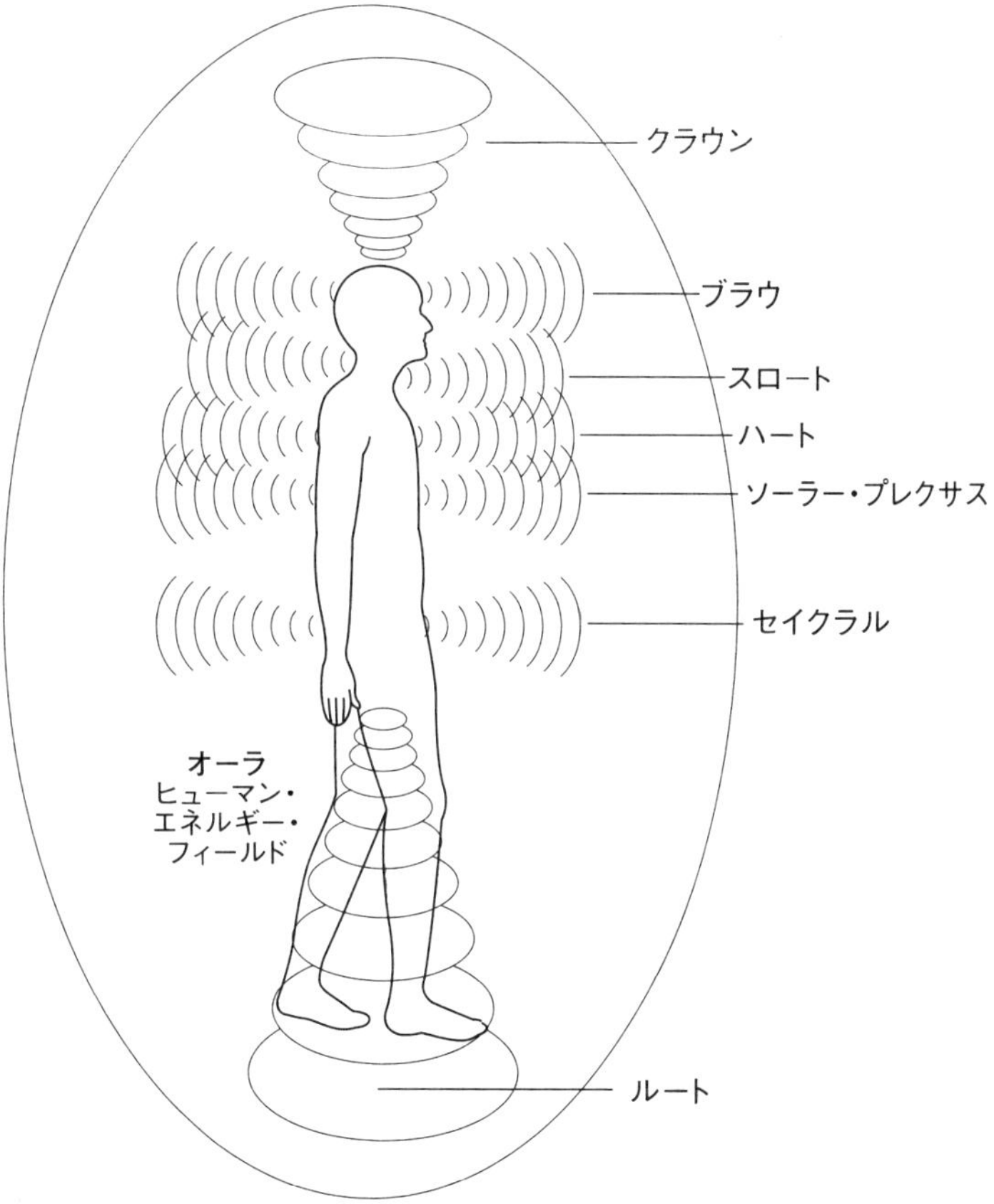

チャクラ・システムを横から見たところ。クラウン・チャクラ（上）とルート・チャクラ（下）以外は体の前とうしろ両方に存在する。たいていは、うしろの方がやや高い位置にあるのが特長である。

うに密接に繋がり相互に依存しているということは、人間としての私たちの総合的な機能にチャクラがどんな影響を与えているかを考えるとき、一つ一つをバラバラに考えることはできない、ということを意味しています。

七つのメジャー・チャクラを流れるエネルギーが「ブロック」するということ

　チャクラがきちんと機能していない状態を指すのによく使われる言葉がブロックですが、それにはいろいろな症状があります。チャクラの回転が遅すぎる場合、回転の方向が間違っている場合、ほとんど静止している場合（「沈黙している」と言うこともあります）、バランスが狂っている場合、また実際に損傷を受けている場合などです。また、活発すぎたり壊れやすかったりして、自分の意思で穏やかに閉じたり開いたりができない場合もあります。

　チャクラが「開いた」状態のとき、私たちは否応なく、エネルギーとそれに伴ってそのチャクラを流れる心理的な要因と、向き合うことになります。流れるエネルギーが多ければ多いほど健康である、というのはある程度事実ですが、とはいえ、ときには私たちが向き合わなければならないエネルギーの流れが、心理的、感情的な苦痛を伴うこともあります。そもそも私たちがチャクラを閉じたり（ただし完全に閉じることは決してないのですが）「ブロック」したりするのはこれが原因なのです。

　ブロックはただ偶然にそこにあるのではありません。それはあなた自身が、そのときには処理できなかったものから自分を守るためにデザインし、作り出したものなのです。けれどもその多くはやがてあなたの現状にはそぐわなくなり、あなたの成長を阻《はば》むことになります。

　ブロックを取り除くのは年末の大掃除に似ています。自分がしまい込んできたものを全部取り出して眺め、要《い》らないものを捨てるのです。その過程でとても美しいものを再発見し、もう一度見えるところに置きたいと思うかもしれません。でもそれにはまず、埃《ほこり》を払い、磨き、幾重にも重なった汚れの膜を

図－3

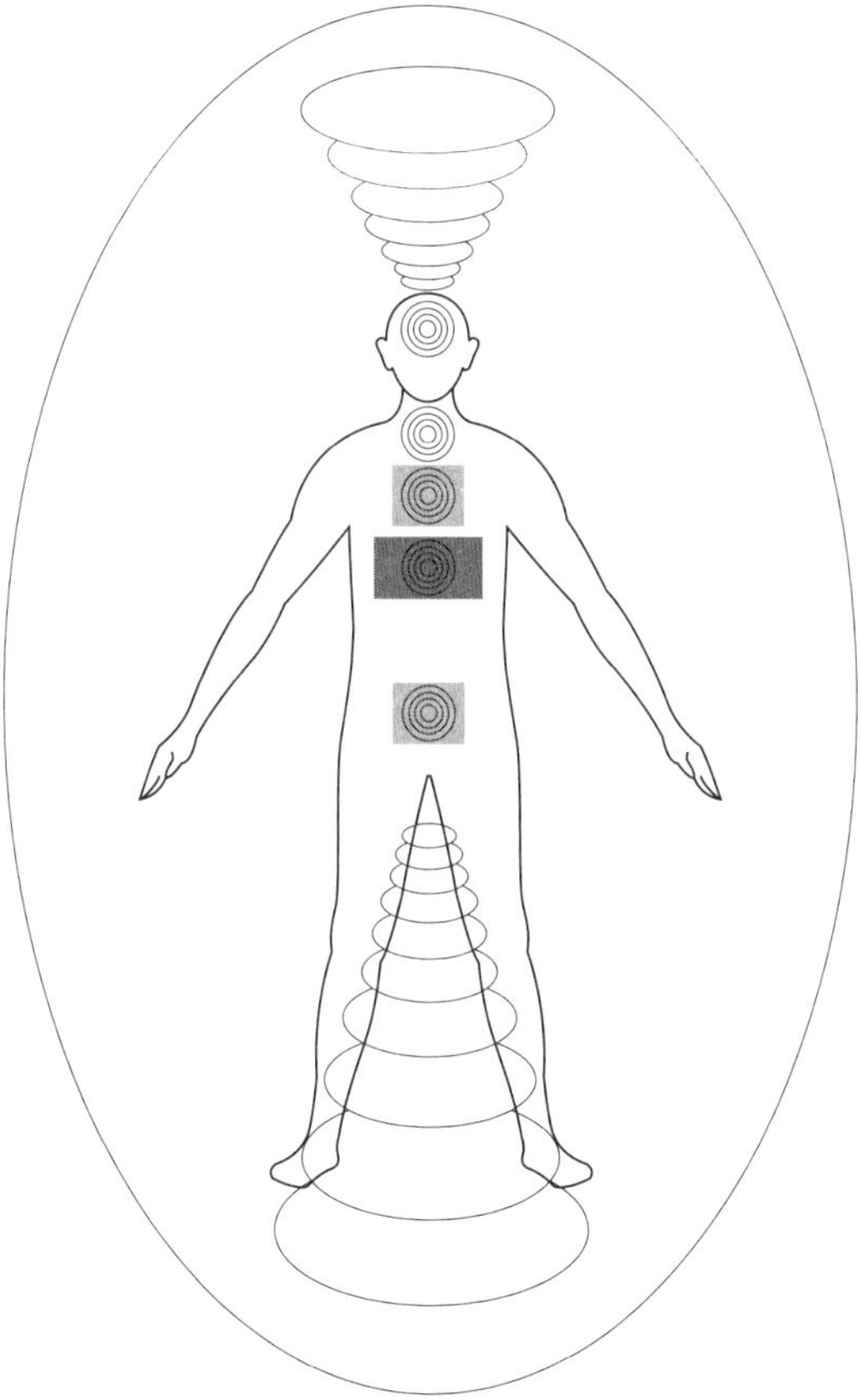

ソーラー・プレクサス・チャクラに古い恨み、怒り、苦痛などが溜まっていると、エネルギーの流れを滞らせ、他の場所に二次的なブロックが発生する。ハート・チャクラは真に愛することができず、セイクラル・チャクラは完全な性的解放を得られない。創造性や可能性、開かれたコミュニケーション、ヴィジョン、気づきも制限されてしまう。

取り除かなくてはなりません。チャクラをきれいにする作業もそれと同じようなものです。

何が原因であっても、あなたのエネルギーの流れの全体が一つの障害によって影響されます。チャクラはみな密接に関連し合っているので、どれか一つにブロックがあれば他のチャクラの機能に影響を与え、肉体的、心理的、霊的な問題を引き起こします。

こうたとえればわかるでしょうか。もし私が脚の主要な血管に閉塞《へいそく》を持っていれば、その先の部分への血液の流れは滞《とどこお》ります。それを補うために私の体は他の経路を利用し、閉塞があるにもかかわらず良好に機能しているように見えるかもしれません。けれども、いずれ問題は無視できないほど深刻になり、私は原因である問題に対処するために、助けを求めなくてはならなくなります。

同様に、単純な言い方をすれば、たとえば私が二番目のチャクラにブロックを持っていると、三番目、四番目、五番目、六番目、七番目のチャクラには最適な流れに十分なエネルギーは届きません。それぞれのチャクラは独立して機能しますが、最大の効率をあげるためには、各チャクラ間の連携は欠かせないのです。

メジャー・チャクラのそれぞれはまた主な内分泌腺と関係していますから、チャクラの機能不全は広範囲にわたって影響を及ぼします（付録A参照）。たとえばスロート・チャクラは甲状腺に関係があり、甲状腺は成長、運動、体温調節の他様々な機能を持っていますから、五番目のチャクラの損傷や機能不全はこうした肉体的機能のすべてに影響を与え得るのです。

ブロックの種類――一時的ブロック（心理的防衛）は時としてとても有効

つらすぎて対処できないことがあると、私たちはエネルギー・ブロックを作り出します。エネルギー・ブロックには、心理的な防御機構に対応した様々な種類があり、それぞれに異なった機能を持っています。たとえば……。

図－4

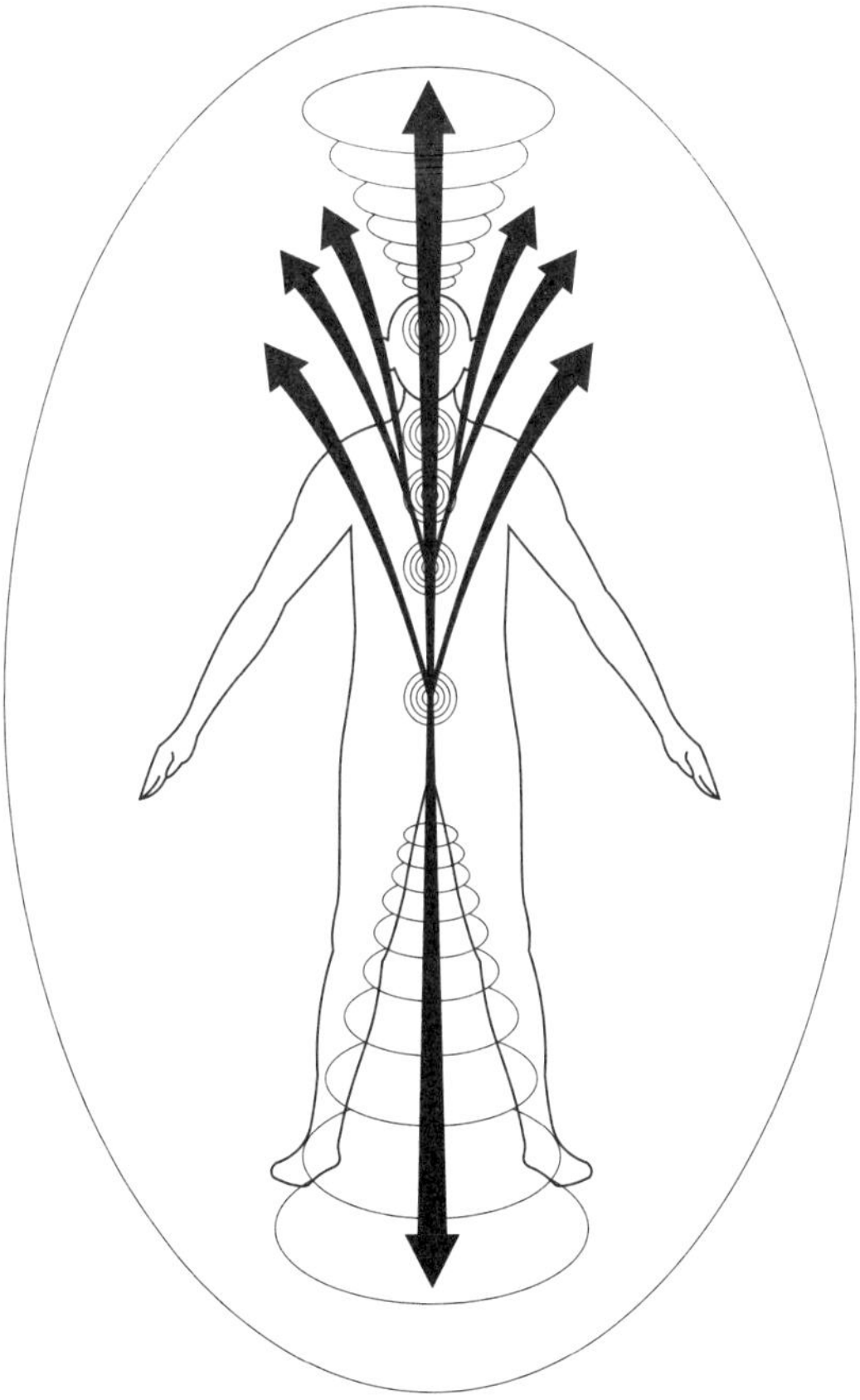

ソーラー・プレクサス・チャクラにあった古い痛みを解放することで、他のチャクラもたちまち解放され、あらゆるレベルでエネルギーが増大する。

●感情の抑圧。その結果、鬱《うつ》状態や絶望感に陥りやすい（ハート・チャクラのブロックが一般的）。
●表面化すると危険と思われる怒りの抑圧（ソーラー・プレクサス・チャクラのブロックが一般的）。
●感情の凍結。緊張を生み、受けるかもしれない攻撃に対して防衛的になりやすい（ハート・チャクラのブロックが一般的）。
●エネルギーの枯渇《こかつ》と能力の放棄。無力で第三者の助けを必要とする状態に自分を置くことで、自分が自分に対して持つ責任を受け入れる必要から身を守る（ソーラー・プレクサス・チャクラまたはセイクラル・チャクラ、あるいはその両方）。
●否認／否定。恐れから来ることが多い。表面上は何の問題もないかのように振る舞うが、内面は非常に混沌《こんとん》としており、どんなことをしてでもその混乱に直面することを避けなければ、神経衰弱に陥りかねない（どのチャクラのブロックによっても起こり得る）。

多くの人はこうしたブロックを組み合わせて使っており、また状況に合わせてブロックからブロックへと移動します。私たちは誰でも、そのとき自分が対処できることとできないことを感じ取り、それに合わせてエネルギーの流れをコントロールするために、ときとしてブロックを使うのです。場合によっては、一時的なブロックはとても有用なツールにもなります。

患者さんを診ながら私はよく椅子の中で姿勢を変えます。手を動かしたり、脚を組んだり、胸の前で腕を組んだり、額に触ったりして、エネルギーを動かし、導かれるままにエネルギーの流れを守り、規制しているのです。ほとんどの人はこれを無意識のうちにしています。私たちがボディー・ランゲージと呼ぶものです。けれども多くの場合、ブロックは恒久的な構造になるか、習慣的なものになってエネルギーの流れをせき止め、自分のある側面を回避する手段になってしまいます。それらはみな、時間をかけ、優しく、心から願えば、取り除き、そして癒すことが可能です。ただし、あなたの許可なしにあなたのブロックを取り除く権利は、誰にもありません。

セラピーを受けるということは、その患者がセラピストに対し、健康を取り戻すのに必要な処置を取る許可を与えるということを意味します。ただし、セラピーの失敗や下手なヒーリングの試みが残した痕《あと》を始末しなければならないこともよくあります。セラピーの主役は患者であるあなたです。セラピーは往々にしてつらいプロセスであり、触れたくないことについて話すことも必要で、初めのうちはあなたは抵抗を感じるかもしれません。けれども、あなたの内面の奥深いところで、何かがうまくいっていないと感じたなら、その声に耳を傾け、せめてセラピストとそれについて話をしてみましょう。

この本のワークの特長はヒーリング・クライシスを回避した穏やかな親しみやすいもの……

この本を通してあなたが行うワークは、穏やかで優しいものです。あなたはときに素晴らしい真理を見つけ、それがあなたを一気に前進させてくれるでしょう。けれどもコントロールを握っているのはいつでもあなたであり、あなたは自分のペースで進めばよいのです。

もしも前進のスピードが非常に速くても、驚かないでください。ワークを進めていく中でオーラの姿はあっと言う間に変化しますし、たった一回のヒーリング・セッションでチャクラがクリアになり回転が完全に変わってしまうこともあるのです。けれどもあなたはこの新しい、激しいエネルギーの流れを維持できず、すぐにまた元通りブロックを作ってしまうかもしれません。そうなってもがっかりしないでください。永続的な変化を起こすための作業はどんなものでも、その新しい状態が定着するまでは、徐々にその状態を確かなものにしていく必要がありますから、それは当然の反応です。飢《う》えた子供が突然栄養価の高いミルクを消化できないのと同じく、エネルギーに飢えた体はパワフルなエネルギーの突然の奔流《ほんりゅう》に対処できないかもしれません。

力はあるけれど経験に乏しいヒーラーが起こしやすいのがこの過ちです。ブロックが突然決壊すると、そのブロックの原因となった感情的、心理的要因が突如として意識の中に噴出します。その結果、未熟なヒーラーには対処できない難しい局面（ヒーリング・クライシス）を引き起こすことがあるのです。この本で私がお勧めするワークはすべて穏やかで親しみやすいもので、あなたが押し殺してきた要因に対峙《たいじ》し、消化していくのを助けます。

プロテクション・エクササイズ——ポジティブなエネルギーの防護膜で自分を守る（プロテクトする）方法

守る、プロテクトする、という行為は、そこに何か恐れるものが存在することを認めることであるから、自分を守ることはすべきではない、と言う人がいます。私はそうは思いません。私たちには、自分のエネルギーを可能な限り純粋に保ち、他の大切なものと同様、それを大切に扱う義務があると思います。

ピュアなエネルギーに満ち、自分を愛してくれる人がいて、自分をオープンな状態のままでいさせてくれる、前向きなエネルギーに包まれた環境にいられたなら、それは素晴らしいことです。が、いつでもそういう環境にいられるとは限りません。もしもあなたが過去の痛みを癒し、あるいは天使にその痛みを完全に消し去ってもらうことができたなら、あなたは自分をオープンなままに保つことによって、自分の周りのエネルギーを浄化することができ、大いに世界に貢献できるでしょう。あなたの周りにいる人はその違いを感じ、前向きな態度であなたの存在に応えるでしょう。

けれどもそういう段階に達するまでは、あなたがあまりにオープンかつ無防備でいると、私が「霊的ガラクタ」と名づけたものを周囲の人から受け取ってしまいがちであることを覚えていてください。痛み、中でも感情的な痛みに留まっている人は、たくさんのネガティブなエネルギーを抱えて持ち歩いていることに、留意しなくてはなりません。中でも怒りは移されやすいエネルギーです。怒りは氷山のようだと考えるといいかもしれません——大部分は水面下にあり、突端だけが表面に見えているのです。あなたの周囲にヘロイン、コカイン、アンフェタミンなどのドラッグを使っている人はいませんか？そういう人のオーラにはよく損傷があって、そこにネガティブなエネルギーが溜まりがちです。それを私たちに移し替えたところで、その人の助けにも私たちの助けにもなりはしません。

いずれにしろ、自分をプロテクトする習慣を身につけるのはいいことです。自分をプロテクトするとはつまり、自分を、そしてもしあなたがセラピストならば患者を、ポジティブなエネルギーの防護膜で包み、そのスペースの中にネガティブなものが侵入できないようにする、ということです。ときには、他の人が侵入できないエネルギーを自分の周りに発散させる一方でチャクラを閉じる、ということが必要な場合もあります。やり方はいろいろあります。いずれはただそうしようと思うだけでプロテクトできるようになりますが、まずは手を抜かずに、時間をかけてしっかりプロテクトしてください。

あなたの周りを常に愛で包むのは、鎧《よろい》を身につけるようなもので、最も効果的なプロテクションであることは間違いありません。いずれはあなたもそれができるようになるかもしれません。でもそれには修練が要りますし、どんなにそれがきちんとできていても、ときにはバランスを失い、自分の中の人間的な側面に失望させられることもあります。私自身その方法を長年使っていますが、時折、子供時代の傷に触れる言葉を浴びせられたときなど、他のプロテクションの方法に切り替えるのが間に合わないことがあります。そんなときは、無防備なままに人の苦しみや怒りを受け取り、それに対して反応を返してしまったことがあるのも事実です。ですから次のような効果的な方法を覚えてください。

＊メソッド【1】
あなたのエネルギーを枯渇させてしまう人と会う前に

自分のヒーリング・ワークのセッションが終わったとき、あるいは外出する前、特に、あなたのエネルギーを枯渇させてしまう人と一緒にいる予定のときには、ちょっとの時間を作って次のことをしてください。

二回ほど深呼吸をします。その間にできるだけリラックスしてください。頭のてっぺんに、美しい白い花があるのを想像しましょう。花びらは大きく開いています。想像の中でその花を閉じてください。堅いつぼみになりました。

次にブラウ・チャクラに焦点を移します。美しい、深い青、または紫色の花があります。想像の中でその花が閉じ、堅いつぼみになります。スロート・チャクラに焦点を移します。空の青、あるいはターコイズの花が咲いています。その花の花びらを閉じてください。焦点をハート・チャクラに降ろします。美しい緑色の花が咲いています。それも閉じてください。

次はソーラー・プレクサス・チャクラです。黄色い花があります。その花びらを堅く、堅く閉じましょう。

焦点をセイクラル・チャクラに移します。オレンジ色の花が咲いています。その花びらも閉じてください。あなたのルート・チャクラは開いたまま、あなたを常に地球と結び、地球からのエネルギーで満たします。胸の前で腕を組んでください。頭を少し前に傾けます。あなたの横に、濃いダークブルーのマントがあるのを想像してください。頭からそれを被《かぶ》ってあなたを守ってもらいましょう。息をします。これであなたはすっかり護られています。

＊メソッド［2］

純粋な金色の光に満ちたピラミッド

二回ほど深呼吸をし、できるだけリラックスします。頭上から美しい白い光が射し、あなたを囲むピラミッドを満たすのを想像しましょう。ピラミッドが光に満たされていくのを感じてください。光を吸い込み、あなたの体の隅々まで行き渡らせます。あなたは光に包まれ、光で満ちています。次に息を吸い込みながら、ピラミッドを純粋な金色の光で包みましょう。あなたはいつでもそのピラミッドの中にいます。それを通して見たりコミュニケーションを取ることはできますが、ピラミッドは外から入ってくるエネルギーからあなたを守ってくれます。気がついたらさらに光を浴びせて補強してください。

＊メソッド［3］

光の筒の中で

これはセラピストやヒーラーの方に特に役に立つ

サポートを受け入れる

もし今あなたが感情的なヘルプや心理療法を受けているなら、それを止めないでください。薬による治療その他、通常の治療を投げ出すこともしないでください。

あなたがこのワークをしていることを人に伝え、必要なら助けを求められるサポート態勢を作ってください。ただし、いつでも必ず誰か、あなたの幸せを邪魔する人がいるということも覚えていてください。そういう人はあなたのしていることを馬鹿にし、芽生えたばかりのまだもろいあなたの霊性の苗が大地に根を下ろす前に、それを殺してしまうかもしれません。ですから話をする相手は慎重に選びましょう。あなたの直感に従ってください。

そう、あなたには直感というものがあります！　今こそそれを取り出して使ってください。あなたの直感の声はたいていあなたを優しく穏やかに導いてくれます。基本的には、何々をすべきだ、という親からのような声が聞こえたらそれはあなたの直感ではありません。それはずっと昔にあなたの一部になってしまったあなたの親の声なのです。

さあそれでは最初のチャクラに進みましょう。素朴で力強く、私たちをどっしりと安定させ、生かし続けることが目的のルート・チャクラです！

方法です。まず初めに、外に向かって流れる愛であなたのエネルギー・フィールドをきれいにします。愛をあなたのオーラの中に吐息とともに送り出し、金色のエネルギーでそれをオーラに閉じ込めてください。次にあなたの周りに光の筒を作り、この中でセラピー／ヒーリング・ワークを行いましょう。この筒を広げて患者／クライアントをその中に含んでも構いませんが、その場合は必ず、セッションの終了時に二人のエネルギーを完全に分け、あなたのエネルギーをしっかり閉じて、患者／クライアントがその場を去る前にプロテクションのマントを掛けてあげてください。あなたは守られています。

第4章

Root Chakra : The Crimson Base

ルート・チャクラ

大地の根(ルート)よりエネルギーを吸い上げるシステムの土台

天の喜びすべて地にあふれたり。

（作者不詳）

安定と健康の基礎となる土台——ルート・チャクラの働きは大地と大地の恵み、そして本能を司ります

この人にはなぜこんなに存在感があるのだろう、と不思議に思ったことはありませんか？　このカリスマ性はなぜなんだろう？　一体なぜ、どんな状況に置かれてもいつも楽天的でいられるんだろう？　自信喪失のクライシスを味わうことなどほとんどなく、自分に自信を持っていられるのはなぜだろう？　必要なものは手に入り、不足を感じることが滅多にない人、いつも必ず何かに助けられる人が確かにいます。こんな人たちは、運がいいのでしょうか？　性格でしょうか？　生まれ持った星のせいでしょうか？

そうかもしれません。でもその後ろには、こんな事実があります。そういう人は、地にどっしりと足をつけ、しっかりした基盤を持ち、母親や育ててくれた人との間に深い絆《きずな》があり、そして自分自身の肉体についてきちんと把握している、ということです。実はそういう人たちは、健康でバランスがよく、高速度で回転する、滞《とどこお》りのないルート・チャクラを持っている、ということなのです！

ルート・チャクラをいたわり慈しむことに時間と努力を惜しまなければ、安定性、安心感、帰属意識、そして自信に大きくプラスになって戻ってきます。でも二十一世紀に生きる私たちは、生活の中で大地と直《じか》に接触することがほとんどありませんし、自分自身をいたわる時間もほとんど取れないため、そうした性質がなかなか手に入りません。生まれたときは非常に安定していた人でさえ、自分の根っこを無視したりないがしろにしたりすることによって、内面に持っていた安心感を失うことがあるのです。

この第一のチャクラが持つ強く逞《たくま》しいエネルギーに欠けていると、私たちの霊的な上昇は遮《さえぎ》られてしまいます。その上、本当の意味での満足感や、肉体的、感情的、あるいは霊的な健康も手にすることはできません。生きていく上で必要な様々な試練に耐えることはもちろん、生きていることに喜びを感じることさえ難しいでしょう。ルート・チャクラが弱っていたり閉じてしまったりしていれば、私たちは

迷子になったような、地に足がついていない感じがします。まるで風の中の木の葉のように、何の意図も持たず、何の値打ちも目標もなく彷徨《さまよ》い、自分に自信を持つことができないのです。

つまりこれはサバイバル・ゲームです。ルート・チャクラは、何があっても私たちを生かしておこうとします。食欲、睡眠欲、性欲、自己防衛、種《しゅ》の保存といった、私たちが持つ基本的な本能を司《つかさど》るのがルート・チャクラなのです。ルート・チャクラは、私たちが生まれてきた目的を達成するまで私たちを生かしておくためにあります。副腎《ふくじん》と関係があり（巻末付録Aの内分泌腺との関係を参照のこと）、危険にさらされたときに私たちが我が身を守るために本能的にする「戦うか、逃げるか」の判断にも関係しています。

ルート・チャクラは、私たちが自分自身を大切にし、慈しみ、健康な状態に保ちたいという欲動を司り、私たちの持つ最大の可能性を引き出させようとします。

それによって私たちは、人生が与える試練に耐えるだけでなく、繁栄することができるのです。私たちが、危険を避けるのに必要な判断力を持ちながらも一方で冒険心をなくさず、リスクを負うことができるのもルート・チャクラの働きです。

大地は、私たちの肉体と食べ物だけでなく、私たちが生活に用いるあらゆる物質を提供してくれます。ルート・チャクラは、物質、つまり大地と、大地が与えてくれるすべてのものに関係しています。

つまり、私たちの摂食パターン、自分を大事にする方法、不足なく暮らすために収入を得ようとする意欲、必要なものを手に入れる能力、などに関係しているのです。

ルート・チャクラは七つの主要なチャクラのうちの最初のチャクラであり、それが安定した健康な状態になければ、私たち自身の安定と健康は望めません。

心の安らぎと霊性を追い求める人の多くは、精神的であるためには物質的なことに興味を持つべきでないと信じ、物質的なもの、現実的なものを切り捨てようとしますが、それはとんでもない間違いです。もちろん物質的なものを神の如く崇拝するのは不健全ですが、私たちは物質界に存在し、肉体を持ち、食べ物、住居、衣服その他、生活に必要なものはいろいろあります。私たちはそれらを持っていて然《しか》るべきですし、またそれを楽しんでいいはずです。

私たちは霊的な存在であり、この惑星に滞在している間、人間でいることにベストを尽くしているのです。

私の肉体は私の人間化の目に見える証拠であり、私の霊性、感情、知性の住処《すみか》でもある、私という存在の一部です。肉体の持つ複雑な神経系統や感覚器官によって、私は物質界を解釈することができるのです。

私の肉体はまさに、私が今生《こんじょう》で自分がなすべきことと定めた任務を果たすための手段です。教えるべきことをすべて教え、学ぶべきことをすべて学び、与えるべきものをすべて与え、受け取るべきものをすべて受け取ったとき、私たちは今生を去り自由な魂へと戻ります。

けれども今は、私たちはここにいます。そして、単に生き残るためだけでなく私たちの持つ可能性を最大限に生かすために、私たちは肉体を大切にしなくてはなりません。

チャクラ・システム全体を開き、悟りと自己発見に向かうこの旅を支えてくれるエネルギーの泉

あなたが家を建てると仮定しましょう。当然あなたはまず、建物を支えるしっかりとした堅固な土台を作るための基礎工事から始めますね。ある意味で、家の中で最も大事なのが土台です。それがなければ家は長持ちしませんし、風雨に耐えることもできません。私たちの健康や霊的な成長のためにも同じように、確固とした土台が必要です。

ルート・チャクラは、虹色の梯子《はしご》の最初の一段であり、家を建てるときの、地中深く埋め込まれた土台に相当します。この段階で手抜きをして、より高いところにある、感情、思考、ヴィジョンや理解を司るチャクラ——人によってはそれらのほうが面白いし魅力的なわけですが——に進んでしまうのは危険なことです。なぜなら、基礎となる土台がなくては、前途に待つ試練を乗り越えて、真に満足すべき前進を遂げることなどできないからです。ルート・

チャクラをきれいにし、癒すことをしないと、私たちは地に足がつかず、大地との繋《つな》がりが脆弱《ぜいじゃく》で、まるで根を持たない木のように、大きな嵐が来たら一発で倒れてしまうでしょう。

この逞しいエネルギーに満ちた素晴らしいチャクラこそ、悟りと自己発見に向かう私たちの旅の過程において、すべてのものに生命を与えるエネルギーをこんこんと湧《わ》き出させる泉なのです。

ルート・チャクラは回転する光の輪、地面に向かって開く光の漏斗《ろうと》です

ルート・チャクラは直径七、八センチの円形をした光の輪で、回転しながら、背骨の一番下、より正確には会陰《えいん》(肛門と膣あるいは陰嚢《いんのう》の間の組織)から地面に向かって開く光の漏斗《ろうと》を形作っています。チャクラの中ではスピードが最も遅く、赤色の光と同じ周波数で回転するため、独特の深紅《しんく》の色をしています。宝石のルビーもこれと同じ周波数の光を放ちます。

ルート・チャクラは体の中心を貫くパワーの通り道の一番下にあり、他のチャクラすべてに強い影響を与えます。揺るぎのない、基礎となるエネルギーの流れを常に保つのがルート・チャクラの役目です。また、他のチャクラがパワーを必要としており、それに反応できる状態でいる場合は、いつでも大きなパワーを送り込む用意があります。私たちの活力にとって、その影響は不可欠です。このチャクラを癒すことによって全身のエネルギーが改善され、それまでになかった調和と健康が得られることが少なくありません。安心感が高まるにつれて、心配事が減り、安眠も訪れます。

状態を改善することで生活のすべての面によい変化が現れるのはどのチャクラも同じですが、本当に地面に足がついていない限り、短期的には状態がよくなってもその状態を長期的に保つことはできません。ヒーラーは、患者が他の問題によりよく立ち向かえるよう、しっかりと地に足のついた土台を作るためにルート・チャクラの治癒《ちゆ》を選ぶことがあります。『レインボウ・ジャーニー』方式でセルフ・ヒ

図－5

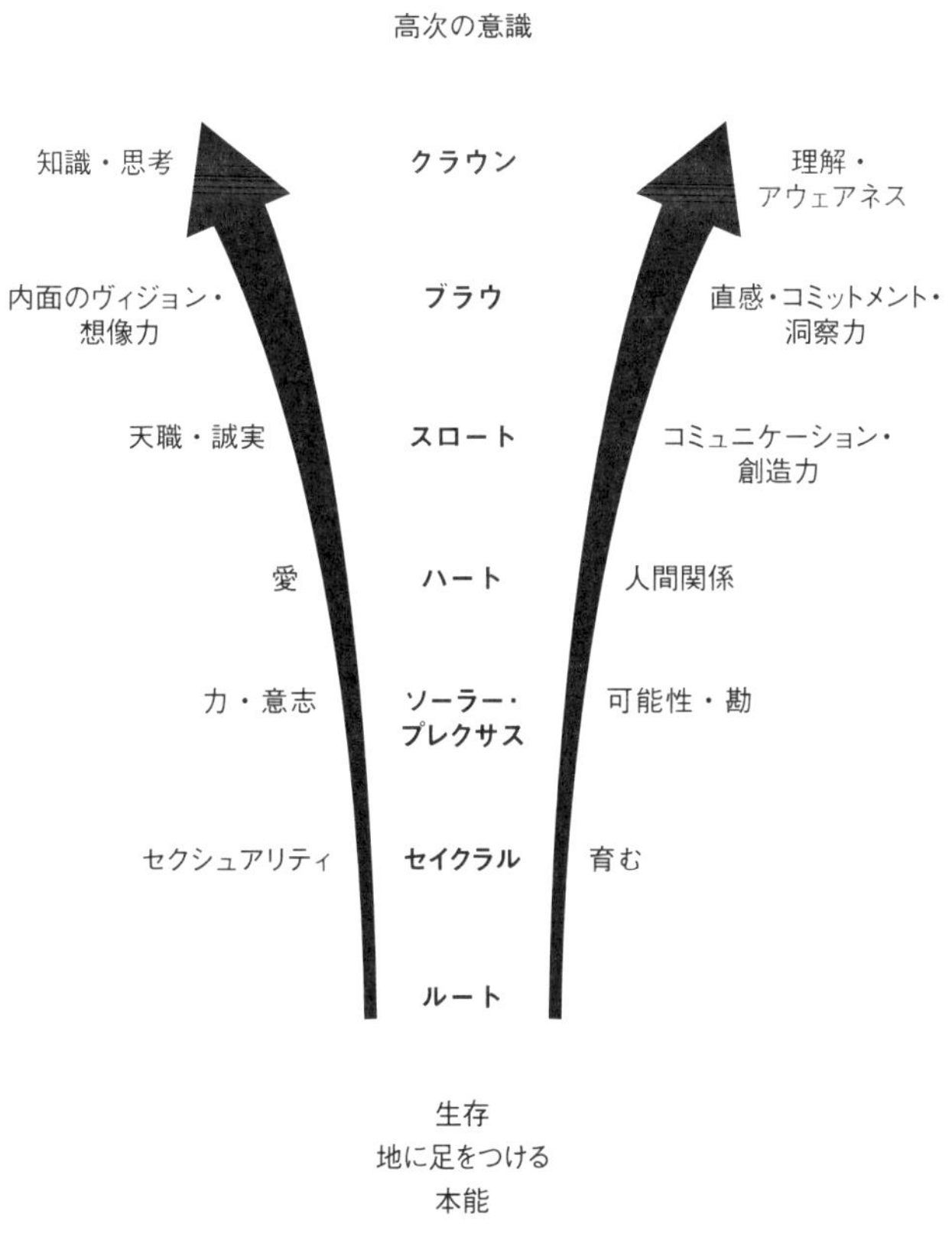

ルート・チャクラを滞りのない状態にすることによって、チャクラ・システム全体が開かれ、その恩恵がもたらされる。

ーリングをする場合、ルート・チャクラを浄化し癒すことの大切さはいくら強調しても足りません。そうすることで、体の中の他のすべての障害物が取り除かれたり、より高い位置にあるチャクラを癒すことが、ずっと容易になる可能性があるのです。ですから、自分の意思で思い通りに地にしっかり足をつけることができるようになることほど大切なことはありません。114頁にはそのためのエクササイズを紹介しています。

　ルート・チャクラは、私たちが地球に根を下ろせるようにしてくれるから、ルート（根の）・チャクラと名づけられたものですが、また同時に地球が持つ刺激的でダイナミックなエネルギーを吸い上げる機会を私たちに与えてくれます。さらに、持っているとストレスや精神的な過重負担になりかねないネガティブなものすべてを、放出させてくれるのもこのコネクションです。この章のメディテーションの初めに、両足の裏を床にぴったりつけて徐々に体をリラックスさせるところがありますが、そのとき意識は肉体の中を上から下に移動させて、体の中にあるネガティブなものすべてを、足の裏とルート・チャクラから外へと流れ出させます。二つのメディテーションはどちらも、私たちが不要になったものは手放し、安心して地球に還《かえ》すことができるようにしてくれる、ルート・チャクラの力を用いています。

広大な宇宙の一部である私、世界への自分独自の貢献、ルート・チャクラと本当の自分の発見

　ルート・チャクラは、私たちに本当の自分を思い出させてくれます。自分が宇宙の一部であることを思い出させ、自分の本質的な美と唯一無二の価値を認識させ、自分がすべての創造物と一つであることに気づくのを促《うなが》すのです。私たちに集中力や自制心、そして自分自身や外の世界について学ぶための、確固とした土台を与えてくれるのもルート・チャクラですし、私たちの存在を単純化し、意思と選択能力を持った個人として認めることで、私たちがエネルギーをむやみにばらまくのを防いでもくれます。

　ルート・チャクラがしっかりしていれば、自分が

図－6

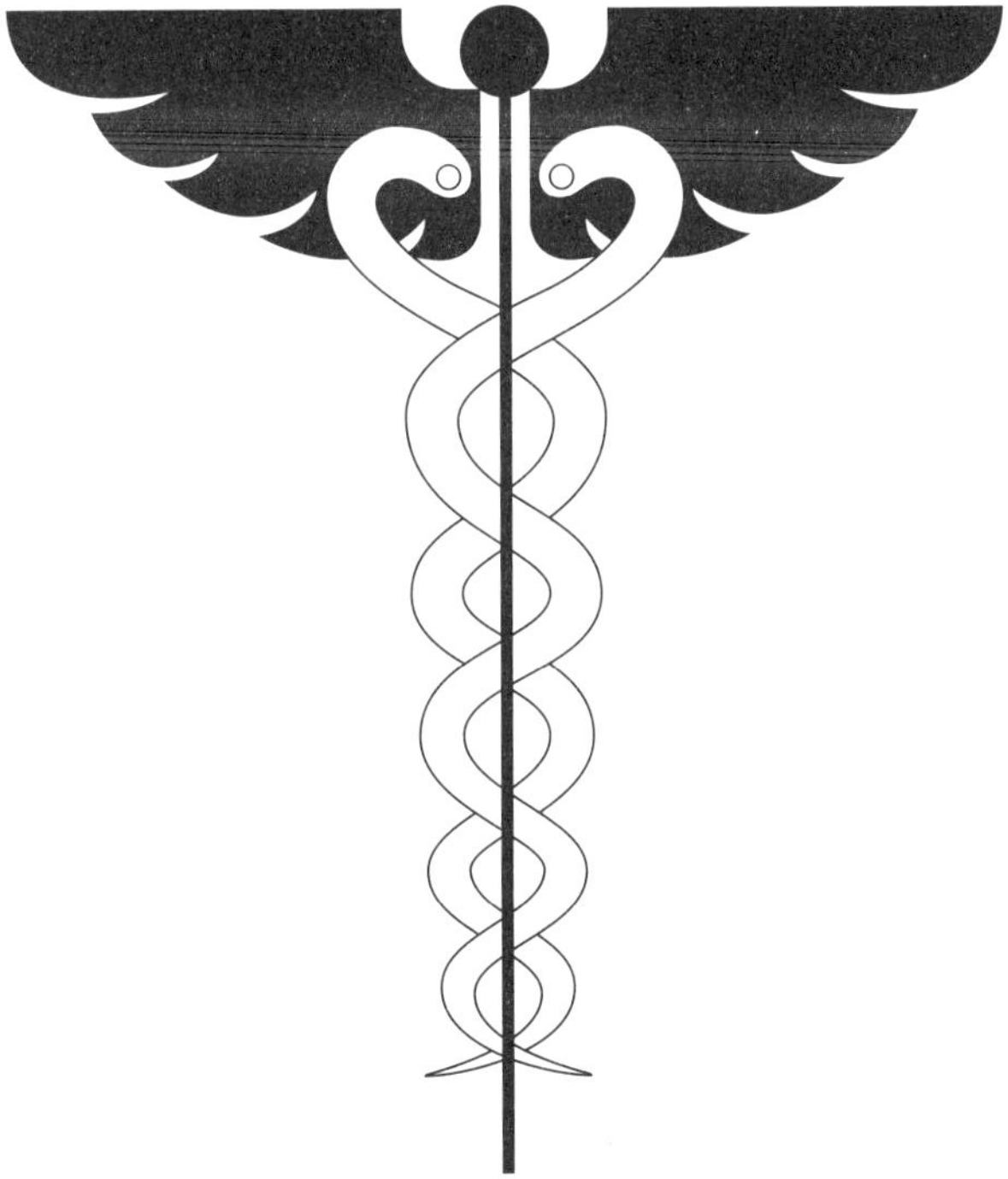

カデューセス（ヘルメスの杖）と呼ばれる古い文様は、クンダリーニを象徴している。中央にある竿に２匹の蛇が絡み付き、頂点で出会い、そこから２枚の翼が広がる。世界中で、ヒーリングや医術を意味する紋章として用いられている。

宇宙のあらゆる不可思議と同じように、驚嘆すべき存在であり、同じように全体にとって不可欠の存在である、ということが当然のこととして理解できます。夕日、滝、森の中の鹿が世界に完璧に溶け込んでいるのと同様に、私たちもまた世界の完璧な一部なのです。それがどういう形を取るかにかかわらず、私たちは自分が世界に貢献していること、そしてそれが不可欠であり、自分にしかできないやり方であることに気づきます。私たちの誰一人が欠けても、それは一連の変化を呼び起こし、生きるものすべてを連ねる微妙なバランスに、何らかの影響を与えずにはおきません。このことがわかっていれば、私たちは自分のすることにプライドを感じますし、一生懸命やろうと思うものです。子供を育てている母親であろうと、工場で働いていようと、大会社の管理職であろうと、よりよい結果が得られます。

また、広大な宇宙の中で自分が一人の個人として、尊重されていることも理解します。自分は取るに足らない、この世に不要なちっぽけな存在であるなどとはもはや思いません。自我ではなく魂の立場に立って、私たちは自分を、肉体を持った偉大な霊的存在と認め、その肉体を大事にし、責任を持たなくてはいけないことを理解するのです。自分自身の真実の姿に満足であるという事実はまた、他の人の成功や地位の向上を、嫉妬《しっと》や羨望《せんぼう》なしに喜ぶことを可能にします。

ルート・チャクラはクンダリーニの覚醒とカリスマに関係しています

昔から神秘主義者たちは、ルート・チャクラの計り知れない力を、クンダリーニという蛇にたとえて表現してきました（図6参照）。骨盤の内側にとぐろを巻いて眠っているその蛇は、私たちが精神的に十分に成長して、その力にうまく対処できるようになったときに、初めて目覚めるのです。

クンダリーニが覚醒《かくせい》するとそのエネルギーは、体の中央のエネルギーの通り道を通って背骨の下から一番上まで、全部のチャクラを通りながら非常な速さで駆け上がります。エネルギー・システム全体の

クンダリーニを呼び覚ます

クンダリーニを準備の整わないうちに覚醒させようとするのがいかに危険なことかについてはこれまでに多くが語られてきました。この本の中で紹介する鍛錬《たんれん》方法を怖がる必要はありませんが、人間のベースに当たるこのチャクラの驚くべき力は尊重されなくてはなりません。準備が整わないうちにクンダリーニが呼び覚まされてしまった結果、精神疾患と見間違いやすい、不安定な行動を取ってしまうという例がいくつもあるのです。たしかに、急激な、ときには爆発的とも言えるようなチャクラの解放によるショックは、正しいサポートと専門的知識に支えられなければ、痛ましい行動を引き起こします。クンダリーニの覚醒という経験に精神的側面が不在のままだと（その可能性は患者が強い投薬治療を受けているとはるかに大きくなります）、ヒーリング、回復、そしてさらなる精神的発達は妨げられ、あるいは遅れることになります。

　この状況は、他の精神的疾患と混同してはなりません。私はここで、精神病的な症状に苦しんでいる人のすべてが実はクンダリーニの覚醒やその他の精神的非常事態を経験中なのだなどと言っているのでもありません。ただし、その可能性は調べてみる価値があるでしょう。

　優れたヒーリングとグラウンディングは多くの場合こうした状況に効果を示しますが、処方された薬や医師のアドバイスを無視したり拒絶《きょぜつ》するようなことはあってはなりません。

障害物をすべて取り除き、新しい活力を与えたあと、クンダリーニは七番目のチャクラの位置で姿を現し、霊的な解放への道を開くのです。

クンダリーニの覚醒が起こらなくとも、クラウン・チャクラやその他のチャクラが、開いた状態できちんと機能していることもあります。でも、実際にある人のルート・チャクラが開き、クンダリーニが覚醒しているという目印となるのは、その人が真の意味でカリスマを持っているかどうか、ということです。カリスマは魅力とは違います。それは、「自分」というものをしっかりと認識し、自尊心と自負心にあふれ、それでいてうぬぼれや傲慢《ごうまん》さを持たない状態のことです。カリスマを持つ人はその力と魅力で人を惹《ひ》き付け、ヒーリングのエネルギーがその人から、そしてその人の周りにあふれるのです。カリスマを持つ人は普通、ルート・チャクラが強力であるばかりでなく、他のチャクラもバランスが取れていて、かつ謙虚さを備えています。その力は霊的なところから来るのであって、自我から生まれるものではないからです。

恍惚の喜びの中で天に昇り安全に降りてくる——オーガズムもここルート・チャクラの力

私たちの性欲と関係が深いのは二つ目のチャクラ（セイクラル・チャクラ）ですが、性本能を司るのはルート・チャクラです。

ルート・チャクラが閉じていると、一つ目と二つ目のチャクラの力が組み合わさって初めて可能になる、全く次元の異なる性の喜びは味わえません。単なる射精とは異なり、人間存在のすべてと関係しすべてを包含する真のオーガズムとは、自己制御を完全に手放すための安定性がルート・チャクラによってもたらされてこそ可能になるのです。そのためには、ベースとなるチャクラが開いていて、恍惚《こうこつ》の喜びの中で天に昇りながらも自分は安全で、バラバラになることもなく、準備ができたら地上に戻ってくることができるのだ、ということがわかっていなくてはなりません。

エネルギーの流れが下から上に向かうに伴い、そ

図－7

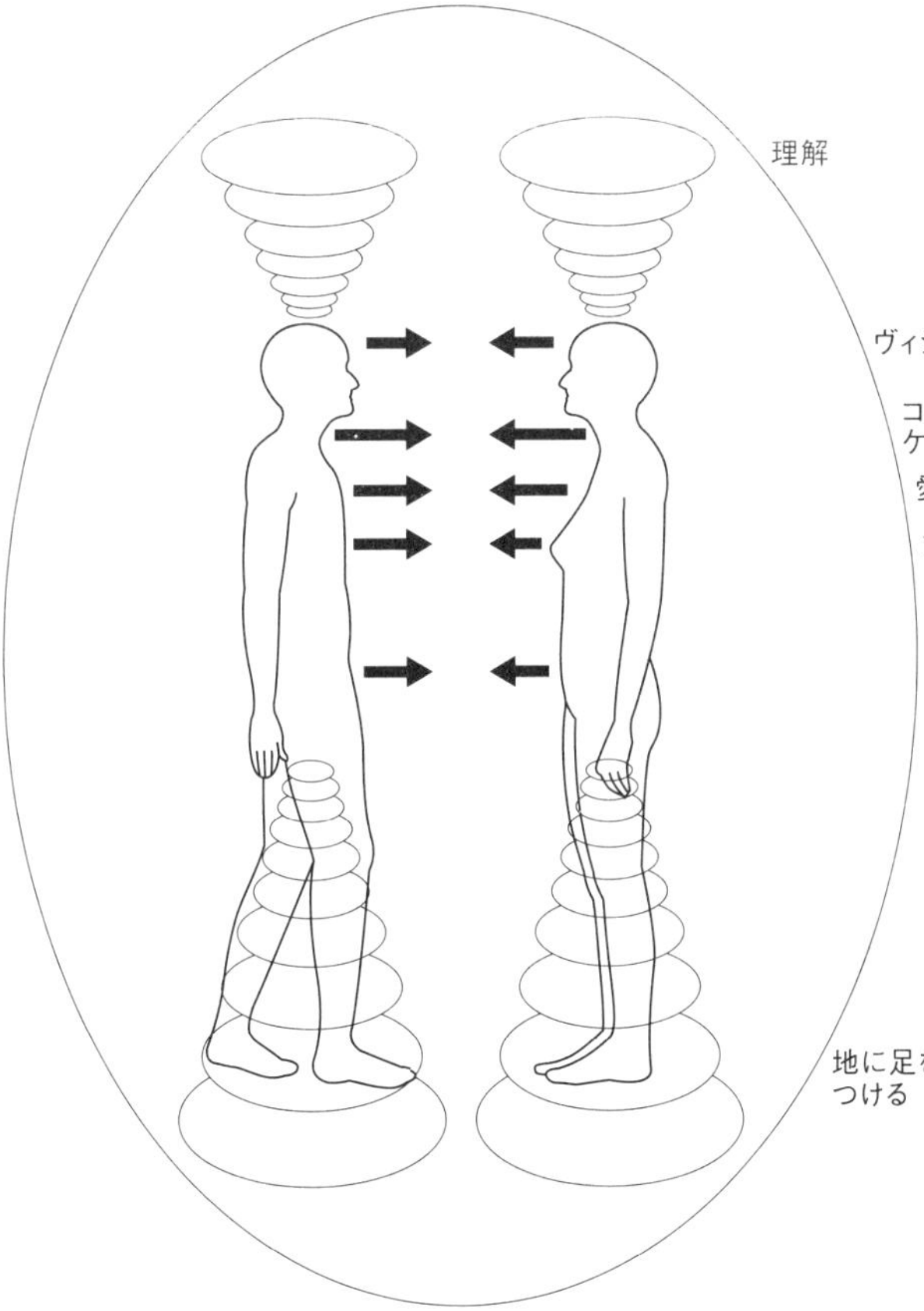

オーガズム――それぞれがしっかりとグラウンディングされ、かつ力、意志、互いに対する愛情、良好なコミュニケーション、そして二人の融合に関するヴィジョンを伴う性的なコネクションを通じて開かれた状態。それは大きな気づきと理解を伴う霊的な経験であり、二人のオーラは混じり合う。

れぞれのチャクラが性体験に力を貸します。パートナーのそれぞれの性欲をかきたてるのは二つ目のチャクラですし、融合の力を感じるのは三つ目のチャクラです。ハート・チャクラは愛、スロート・チャクラはコミュニケーションの力をもたらします。ブラウ・チャクラにはヴィジョンの力がありますし、エネルギーがそれぞれのクラウン・チャクラに達すると、そのあふれるような霊的エネルギーはまるでシンフォニーを奏でるように様々な感覚を呼び覚まします。それによって、それまで性の喜びについて持っていた概念をはるかに超えた、単なる肉体の経験以上の経験が生まれるのです。性行為は霊的行為へと昇華し、練習を積むことでオーガズムは、それによって全身が癒されるまで持続する唯一無二の経験となるのです。

第一のチャクラが最高に健康な状態にない限り、感情、理性、肉体、そして精神のすべてを解き放つこうした経験は味わえません。そこで性的な行為に対する失望が生まれます。それは性的な行為が持つ深さにも高みにも到達することができないからなのです。

地球への思いやりを失った社会では世代を超えたルート・チャクラの損傷が見られます

私たちが生まれるとき、すべてのチャクラは未発達の状態で存在しています。そのうちルート・チャクラは最初に変化するチャクラで、その発達は主に生後数ヶ月の間に起こります。ですから生後間もなく受けたトラウマ体験は、私たちの基本的な生存の意思に障害をもたらすことが多いのです。自分という個人の人格意識や自尊心が歪《ゆが》み、生きていくことそのものをどうでもよく感じたり、中には自分を嫌悪するあまり自殺願望を持つ場合すらあります。

そこまでひどくなくとも、ルート・チャクラが健全に機能していないと、それとは違う方法で「人生を降りる」傾向が生まれます。周囲との関係を断って社会から遠ざかり、感情的、心理的に現実との間に距離を置き、まるで体から完全に抜け出してしまうかのようです。

ある若い女性の患者さんは私のセッションの間中、

私と彼女の間の空間を見つめるか、私の背後のどこかをじっと見ていました。彼女は自分の体の外の、私には決して触れることのできない場所に漂っていたのです。彼女は小さいときにとてもむごい仕打ちを受けた経験があり、そのことについて話ができるまでに回復してから、その頃のことを話してくれました。むごい仕置きが始まると彼女は自分の体から抜け出て、痛みを感じることなく自分に何が起きているかを、ただ見ていたと言います。

人がことのほかストレスを感じる状況に置かれると、この「離脱」が起きることがあります。「離脱」はブラウ・チャクラの問題が原因で起こることもありますが、それが頻繁《ひんぱん》に起こり、特に幼いときのトラウマと関係があるようであれば、それはルート・チャクラの問題が原因である可能性のほうが、高いでしょう。この女性の場合、自分の体の中に留まる方法を学ぶことで、癒される必要のある過去のつらい経験と向き合うことができました。そのために、この章の最後にあるエクササイズを使って繰り返しグラウンディングを行ったのです。

ルート・チャクラに問題があると、湧きあがるような不安感、人生や生命全般の価値に対する疑問を伴う、実存的な危機に直面することもあるかもしれません。それはシニシズムを生み、この宇宙の素晴らしさを一切感じることができなくなります。地球やその環境に対する過小評価は、やがて自分の内面に秩序の欠如をもたらし、一般的に受け入れられている社会的価値観や規範が崩壊してしまいます。さらにそれは、一個人を超えて広がって地域のサブカルチャーの問題となり、やがては地球全体の問題にもなりかねません。

この百年あまり地球全体が体験してきたルート・チャクラの問題は、現在、より健全で地に足のついた価値観の広がりによって癒されようとしています。有機栽培食品の増加や精神性に関するワークショップ、そしてあなたがこの本を買ってくださったこと、それらはみなそうした動きの一部なのです。

子供たちは、両親や、学校の先生など権威ある大人が示す手本から様々なことを学びます。そこに社会的価値観の軽視があったり、または彼らに示された社会的価値観が、歪んだ、悪質なものであったりすれば、若い世代は二重のダメージを受けます。たとえば、人種差別を目の当《ま》たりにしその結果人種差別を覚えてしまう子供は、その子を囲む環境に対してネガティブな反応の仕方を覚えます。それに留まらず、多文化との接触がもたらす豊かな影響や、人種差別撤廃がもたらす様々な経験を、同時に奪われているのです。

その結果、その子のルート・チャクラは発達しないか、あるいは大きく歪んでしまうか、またはその両方です。地球への思いやりを失った社会においては、世代を超えたルート・チャクラの損傷が見られます。そういう環境で育った子供は自分が何者であるかについての認識が発達せず、往々にして自分や他の人を尊ぶことができません。その代わり、大きくなっていく自我が敵意に満ちた外界の中で機能だけはできるように、一種の傲慢さを身につけてしまうことがあります。

一方、物質的には貧しい環境の中であろうとも、与えられたわずかなもののありがたさを教えられて育った子供は、逞しいルート・チャクラと高い自尊心を持ち、しっかりと地に足をつけています。そういう子供は、生きること、目標を達成し、自分の可能性を生かすことに強い意欲を持っており、自分自身を育む意思を持ち、また他の人を育むことにも前向きです。

物質的な意味に限らず、何かが欠落したつらい状況に苦しみながら、恵まれない、苦しみに満ちた社会の中でやっとのことで暮らしている夫婦は、子供が必要とするポジティブな生き方の手本や慈しみを与えることがなかなかできません。経済的には裕福でも、他の様々なものが欠けている親もいます。そういう人たちは、親であろうと懸命に努力しながら、同時に自分の中にあるダメージ、傷ついた「インナー・チャイルド」と闘っているのです。ときには、経済的な特権階級であること自体が、親と子が一緒に過ごせる時間が少ないライフスタイルを生み、その結果その子供は、自分の肩書きや身分以外に、自分が何者であるかについての認識を持てずに成長します。

私はこれまで、非常に恵まれた環境で育った子供(あるいは大人)で、まったく地に足のついていない人をたくさん見てきました。あまりにたくさんのものを持ちすぎていて、物の価値が全くわからず、落ち着かず、途方に暮れているのです。彼らは持っていないものが何もなく、その結果しばしば、内面的にもまた物質的にも、持っているものを浪費する傾向が生まれ、何にも価値を見出せません。にもかかわらず彼らは、ときに優越感に満ちた、自分中心の振る舞いをします。そういう人を手助けするにはまず、ルート・チャクラを癒して、グラウンディングさせてあげる必要があります。そうすることで初めて自分の存在に現実感が生まれ、自分には内面的、外面的な財産があること、すべての人のためになるように使えば、それは自分にとっても他の人にとっても価値のあるものであることに気づくと、彼らは見る間に魅力的な人間になっていくのです。

　ルート・チャクラの自己永続的な機能不全を生み出す原因は往々にして、ポジティブな環境の中で子供たちやその両親を守り、育み、サポートすることができない社会にあります。悲しいことですが、私たちの周りにはネガティブな考え方が蔓延《まんえん》していて、物質的あるいは精神的な繁栄の芽を、芽吹く前に摘《つ》み取ってしまうことが多いのです。たとえば、学校を中退する人はどんなに頑張っても職に就《つ》けない、と常に説教をしている社会では、ほんの少しの励ましさえあれば花開く潜在的な起業家たちの希望も可能性も否定するでしょう。

　あなたが親であるならば、あなたの子供たちやあなたの両親に対してと同様に、あなた自身に対しても、深い思いやりを持って接してください。子育ての間に自分が犯した誤りについて、非難したり罪悪感を持たないでください――もちろん、私も人の親ですから、それがどんなにつらいことかはわかります。

　私たちはみな、自分が理解していること、自分に与えられた情報、そして自分の肉体的、知的、感情的な能力の中で、精一杯できるだけのことをしているのだ、と私は信じています。そして私たちの両親も、その両親もそうだったのです。使い古された表現ですが、私たちはみな犠牲者の犠牲者である、というのは真実です。私自身、感情的、知的、霊的に以前とは違う立場から自分の身を振り返ったとき、今の自分だったらもっと違ったやり方をしていただろう、と思うことはあります。でも私は親としてできるだけのことをしたのだと信じていますから、私が犯したたくさんの過ちについて、私は自分を許し、私の子供たちの許しを乞わなくてはなりません。

自分が自分自身にとっての愛情深い親として、自分自身の成長過程を受け入れ、精一杯生き、幸せで、また他の人とよい関係を築きたいと願うならば、このチャクラを健全にするための努力は、何物にも代えられません。さあ、あなたの可能性を最大限に生かすために、今から始めましょう。そのためのエクササイズとメディテーションをこれから紹介します。

エクササイズ——
ルート・チャクラをきれいにし、その働きを強化しましょう

これから紹介するエクササイズはどれも、ルート・チャクラの働きを強化し、ルート・チャクラをきれいにし、その健全な機能を助けます。エクササイズはあなたがやりたいだけ、何度繰り返しても構いませんし、どういう順番で行っても構いません。他の、より上位のチャクラに移ってからも、これらのエクササイズの価値は失われませんし、いつ繰り返してもいいのです。ただし、エクササイズは必ずあなたが選んだ「安全な場所」で、落ち着いた状態で行ってください。エクササイズにもメディテーションにも使いますので、ノートを用意してください。キャンドルを灯すのもいいですね。そして必要なだけ時間をかけましょう。

もしパワーストーンをお持ちでしたら近くに置きましょう。クリアな水晶でも構いませんが、ルート・チャクラの調整に最も効果があるのは煙水晶《えんすいしょう》、ガーネット、ブラッド・ストーンなどです。この三つはどれも、性的エネルギーの強化に効果があり、バランスをよくします。ブラッド・ストーンはその名前が示す通り血を健康にする効果があり、またエクササイズの間あなたの集中力を高めてくれます。

煙水晶は心を鎮めてメディテーションをするのを助けてくれますし、また否定的な感情や疑念を取り払ってくれます。ガーネットはとても美しい、しかも廉価な石で、本能的な性欲と、セックスの持つ感情的、精神的な面とのバランスを取るのに素晴らしい力があります。また他の石もみなそうですが、より

上位のチャクラにも効果があり、愛、思いやり、そして想像力を強めてくれます。また、もしも指輪やその他のアクセサリーでルビーを使ったものをお持ちでしたら身につけるとよいでしょう。ただしその前に石を清潔にする必要があります（パワーストーンの掃除の仕方については第2章を参照してください）。ルビーはとても強力な石で、まさにルート・チャクラそのもののように、パワーと情熱に満ちながら調和とバランスの取れた状態にあなたを導いてくれます。

エッセンシャルオイルやインセンスを焚《た》きたければ、ラベンダー、サンダルウッド（白檀《びゃくだん》）、シーダー、パチュリなどがよいでしょう。もしアロマセラピストをご存じならば、あなたに合ったブレンドをしてくれるはずです。どのチャクラの場合もそうですが、あなたの周りの空気を特定のチャクラの調整をするのに相応《ふさわ》しいバランスの取れたものにしておくために、エッセンシャルオイルは様々な使い方があります。ただし、同じ場所にいる他の人の迷惑にならないようにしてください。香りつきのキャンドルをともしたり、ベポライザーでエッセンシャルオイルを気化させたり、エッセンシャルオイルを数滴たらしたお風呂に入ったり――それらはみなとてもヒーリング効果がありますが、一緒に住んでいる人がその香りが嫌いでないことを確認してください。香りには遮《さえぎ》るものがありませんし、「ニューエイジの匂い」を嫌がる人がいることもあります。

＊エクササイズ［1］
今一番やりたいと思うこと

やりたいと思うことを五つ挙げてください。昔好きだったこと――たとえば、一日浜辺で過ごすとか、夜一人で家に籠《こ》もって本を読むとか、マッサージを受けるとか――でもいいですし、これまで一度もやったことのないことでも構いません。次に、その五つのことをする現実のスケジュールを立て、予定表に書き込んでください。すぐに実現できるものもあるでしょうし、準備が必要なものもあるでしょうが、必ず、今すぐ始められる最初の一歩はあるものです。たとえば、休暇を取りたいと決めたら、最初のステップは旅行のパンフレットを集めたり、仕事を休む手配をすることかもしれません。マッサージやアロマセラピーの勉強をしたいと思ったら、まずよいセラピストを探すことから始めましょう。

地球（自然）と接触する必要のあることを含めるようにしてください。たとえば、森の中を散歩するとか、浜辺を裸足《はだし》で歩くとか、貝殻や野生の花、松ぼっくりやきれいな葉っぱを集めるとか。集めたものを使ってコラージュを作ったり、あなたの「安全な場所」の祭壇に並べるのもいいですね。

あなたがあなた自身と立てる計画は、他の人とする約束と同じように重要です。ですから、人との約束を大事にするのと同じように、自分との約束も大事にして、できるだけ守ってください。何らかの理由で、どうしても自分との約束を破らざるを得ないときには、なるべく早い機会に計画を立て直して、この、とても大切な人への約束を守ってください。そう、それはつまりあなた自身のことです。

＊エクササイズ〔2〕
この旅を始めたあなたへのプレゼント

セルフ・ヒーリングの旅の第一歩を踏み出した自分自身に何かご褒美《ほうび》をあげましょう。高いものをたくさん買え、と言っているわけではありません。シンプルなキャンドルとか、エッセンシャルオイルやインセンス、またはこのチャクラに適したクリスタルを一個、それで十分です。ベポライザーがあれば理想的ではありますが、ソーサーにエッセンシャルオイルを数滴たらし、そこに沸騰したお湯を注ぐことで代用できます。熱いお湯と火のついたキャンドルの扱いには注意して、決してその場を離れないようにしてください。買ったものとあなたの間に繋《つな》がりを作りましょう。触ってその感触を確かめ、それを持っていることを楽しみ、持っているのが嬉しい、という気持ちを持ってください。そのものの価値を実感しましょう。それがどんなに価値のあるものかに気づくことは、あなた自身の価値を認める助けにもなります。

＊エクササイズ〔3〕
思ったことをノートに

あなたのルート・チャクラについて思いつくことを全部ノートに書いてください。書くことを考えたり、書き直したり、訂正したりするために手をノートから離すことをせずに、書き続けるテクニックを身につけてください。何を書いていいかわからなかったり、馬鹿げていると感じても、とにかく書き続けてください。そうするうちにやがて、論理的な左脳がからっぽになり、創造的な右の脳がコミュニケーションを始めます。そうしたときに何が起こるか、あなたはびっくりするかもしれません。

多くの人にとって、難しいのは書き始めです。もしあなたがそう感じているなら、こう始めてみてはどうでしょうか？「こんなのバカみたい。ブレンダがなぜこんなことをしろと言うのかわからないし、バカバカしいと思う。書くことなんて何もない。ルート・チャクラのことなんて何も知らないじゃない？　でも、私が子供だったとき……」。あとは簡単です。書くことに詰まったらこう続けましょう。「ああ行き止まりだ。もう何も書くことがない。これってめんどくさいし、やりたくない。時間の無駄だ。あ、そういえば……」。そうしてまた書き続けます。

あなた以外にこれを読む人はいないのですから、何を書いても大丈夫です。こうすることで、あるとき突然、あなたの中のクリエイティブなあなた自身が、論理的な脳に制限を受けることなく話し始めるのです。このテクニックはこの先何度も使いますから、火事でもない限り決してノートから手を離さない、と自分に約束して十五分から二十分の時間を取ってください。

グラウンディング・エクササイズ――本当に霊的に開かれている人は地にしっかり足がついています

どんなときにも、私たちは人間という肉体を持った霊的存在であり、地に足をつけている必要性があることを忘れてはなりません。

霊的な成長のための努力を始める人の中にはこのことを忘れてしまう人がたくさんいます。そういう人は下位のチャクラから切り離されてしまうため、どこかフワフワと上《うわ》の空な雰囲気を漂わせています。その結果、本人がルート・チャクラがくれる安定性を欠き、無防備で傷つきやすいだけでなく、ヒーリングや代替《だいたい》医療の発展全体についても気づかないうちに害になっているのです。どこか高いところの次元で漂っているような人には気をつけてください。

霊的に本当に開かれた人はとても人間的で、普通でない形で「普通」であるものです。地にしっかりと足がついたグラウンディングされた状態は、いずれはごく当たり前のことになるものですが、プロテクションと同じように、手抜きをせず、きちんとしたやり方を覚えることが重要です。グラウンディングはすべてのエクササイズやメディテーションの最後に、また、どうしたらいいかわからないとき、物事が現実感に欠けているときなどにはいつでも行う必要があります。グラウンディングはまた、地球のパワーに接触し、私たちを大きな樹のようにがっしりと安定させてくれるので、気分が安らぎ、元気になれるのです。

＊メソッド［1］

地球としっかりつながるための美しい金色の三本の根

できれば背中をまっすぐに、両足の裏を地面にぴったりつけて立つか、椅子に腰掛けます。足は少し開いてバランスを取ります。立っている場合は、全体重を骨盤に預け、そこからほんの少し膝を曲げて左右の足に均等に体重がかかるようにします。目をつぶっても構いません。

何度か深呼吸して、できるだけリラックスしてください。次に、両方の足の裏から、美しい金色の根が地中深く伸びるのを想像してください。次に背骨の先端からもう一本、根を地中に伸ばしてください。これであなたは金色の根でできた三本脚の椅子に座っていることになります。ちょうど避雷針が電気を地中に逃がすように、あなたの中に不要なものがあったらそれを地面の中に放出してしまいましょう。手放してください。地球はどんなものでも受け止め、中和させ、甦《よみがえ》らせてくれます。

次に、息を吸うとともに地球の素晴らしいエネルギーを吸い上げてください。そのエネルギーが根を通じて上昇し、あなたの体に入ってくるにつれて、それがあなたを包み、栄養を与えてくれるのを感じてください。あなたの体を金色の光が満たし始めます。力強く、土臭く、たくましいエネルギーです。地球に抱かれるのを感じてください。立派な大木のように、あなたもまた強く、健康です。好きなだけこの状態を味わってください。

存分に味わったら、ゆっくりと根を引き上げます。でもあなたはまだ足の裏と、しっかりと開いたルート・チャクラを通して、地球としっかり繋がっているということを忘れないでください。

*メソッド［2］
地球の金色のエネルギーを吸い上げる

私はこれを裸足でやるのが大好きです。できれば背中をまっすぐに伸ばし、少し足を開いて、ぴったり地面に足の裏をつけて立ってください。両方の足の裏とルート・チャクラから根を地面に伸ばします。もうあなたには不要になってしまったものを、一気に地中へと放出してください。

次に三本の根を通して地球の金色のエネルギーを吸い上げます。逞しいエネルギーがあなたを満たすのを感じてください。それをあなたのハートの位置まで持ち上げて、そのエネルギーがハートを満たし、輝く金色のボールがハートを包むようにしてください。その素晴らしい感覚を味わいましょう。思いきり吸い込み、楽しんでください。

今度は両手を空に向かって伸ばし、手のひらと頭のてっぺんから、太陽と空のエネルギーを吸い込んでください。この素晴らしい銀色のエネルギーはあなたを満たすように流れ込み、ハートの位置まで流れ降りて、そこで地球のエネルギーと混ざり合います。

声を出しても出さなくてもいいですから、過去にあったよいことのすべて、今あるよいことのすべて、そしてこの先あるであろうよいことのすべて、に感謝しましょう。地球と空の両方のエネルギーがあなたの中に流れ込み、俗界と精神世界が一緒になってあなたを満たすのを感じてください。それは人間としてのあなたと、あなたの永遠の魂の完全なる結婚です。エネルギーの流れがあなたの中を動くのは不思議ではありませんか？　それを楽しんでください。その強さ、パワーを味わいましょう。すっきりと、生まれ変わった気分を感じましょう。あなたは強さに満ちた存在であること、あなたの肉体は魂の存在によってより豊かになり、あなたの魂は人間という謙虚な形を取っているのだということを忘れないでください。その二つの、魔法のような素晴らしい融合を感じましょう。あなたが完全な存在であることを感じ、あなたのとてつもない可能性に気づいてください。エネルギーが満ちてきます。

存分に味わったら、腕を降ろして両手を心臓を包むように置いてください。何でもいいですから、感謝の言葉を言いましょう。地球と空の両方のエネルギーは保ったまま、根を地面から引き上げますが、あなたはしっかりと開いたルート・チャクラを通して、いつも地球と親密に繋がっているということを覚えていてください。

メディテーション――七つの梯子（メイン・チャクラ）の最初のステップ。ルート・チャクラを開くために……

ここで紹介するメディテーションから最大の効果を得るためには、ここにある順番で行うことが必要です。各メディテーションは何度繰り返しても構いませんし、いずれは二つ目のメディテーションだけをしたいと思うようになるかもしれません。それは結構です。始める前に、許しについて、左頁のコラムを必ず読んでください。

*メディテーション［1］

あなたの「安全な場所」へ行き、電話が鳴らないようにしましょう。このメディテーションのために邪魔の入らない時間を四十五分ほど作ってください。なるべく楽な姿勢で、必要ならサポートになるものを使ってできるだけ背骨をまっすぐに伸ばし、両足はぴったりと床につけてください。体に障害のある方、あるいは何かの理由で座った姿勢でメディテーションをすることが不可能ならば、横になっても構いません。ヨガでやるように脚を組む人もいます。

では、息を深く吸い込み、ちょっとの間息を止めて、そこからよいものだけを吸い上げてください。それを楽しんだら息を吐き、それと一緒にあなたの中にある不純なものを吐き出してください。もう一度深く息を吸い込み、今度は吐きながらあなたの体をリラックスさせてください。肩の力を抜き、体重を椅子に預け、ネガティブなものすべてをルート・

許し

許しには三つの段階があります。今すぐに三つの段階すべてに進む心の準備ができていなくても、心配する必要はありません。ルート・チャクラでも他のどのチャクラでもそうですが、いつでも好きなときにメディテーションの始めに戻って繰り返して構いませんし、最後まで進めるようになるには時間がかかるかもしれません。それでいいのです。無理をしないでくださ い。完全に許すためには、その前に他のチャクラに進み、もっと多くのことを理解する必要があるのかもしれません。許しについてはハート・チャクラの章でもう一度触れます。今はとりあえず、この三つの段階があることを知っておいてください。

第一段階――もし私があなたを傷つけることをして、そのあとごめんなさい、と謝罪したら、あなたは私がしたことを許せます。

第二段階――私があなたを傷つける何をしたにしろ、それは私の成長のプロセスのためであり、そのとき私の人生の中で起こっていたことに起因するものである、ということをあなたは理解します。私が怒っていたり、不機嫌だったり、あなたを不当に扱ったりしたのは、あなたが原因ではなく、私自身の問題のせいだったのです。それをあなたは理解し、愛を持って私を許すことができます。

第三段階――あなたは霊的に最も高い視点に立ち、今生で学ぶべき様々なレッスンをあなた自身が決めたこと、そしてそのレッスンを教えてくれる誰かが必要だったこと、に気づきます。たとえば私が「裏切り」について学ぶことが必要だったとしたら、私を裏切ってくれる誰かが必要だったわけです。こういう視点に立てば、あなたは私を愛と思いやり、理解と感謝を持って許すことができるでしょう。

チャクラと足の裏から外に出してしまいましょう。リラックスしてください。これを繰り返します。急ぐ必要はありません。パワーストーンとエッセンシャルオイルであなたが安全な場所に満たしたエネルギーや空中にあるよい気を吸い込みましょう。息を吐くときには、もう要らなくなったものを手放し、同時にリラックスの感覚があなたの体の中を波のように浸すのを感じてください。次に、意識を昔、昔、昔にさかのぼらせましょう。あなたの受胎《じゅたい》の瞬間に戻ります。お母さんの細胞の一つとお父さんの細胞の一つが出会い、あなたの肉体が生まれたその瞬間です。

あなたは今、お母さんの胎内で、暖かく、安全です。次に、そこから五歳くらいまでの間に起こったこと、その頃あなたの人生に登場した人たちを、これからあなたが癒す一つのパッケージにして包んでください。思い出したくなければディテールは必要ありません。

その頃の、子供だったあなた自身をしっかりと愛で包み込み、優しく、でもしっかりと、癒しの愛と光で抱きしめてあげてください。

子供のあなたを優しくしっかりと抱きしめ、愛と光であなたの心の中に包み込んだまま、今度はあなた自身にも優しくしてあげましょう。急がなくて結構です。もし途中で、もうこの先へは進みたくないと思ったら、いつでもストップして構いません。グラウンディング・エクササイズのときにした方法で（117頁参照）、意識をゆっくりと部屋の中に戻しましょう。今日最後まで進めなくても構わないのです。あなたに準備ができたときにここからまた始めればいいのですから。

先に進むことのできる人は……。

受胎からの五年間という時間に、その期間を過ごした場所に、起こった出来事に、出会った人たちに、一筋の光を送ってください。明るく白い光が、その人たちや起こった出来事、時間、そして特にあなた自身の中に降り注ぎ、周りを囲み、あふれ、満たすようにしましょう。さあ、過去は癒され、あなたはそこから解放されます。癒してあげましょう。そして手放してください。その頃の出来事はみな、もう済んだことです。もう終わったのです。それを手放すことを選んでください。あなたは生き残ったのですから、そこから自由になってください。癒してあげてください。

受胎から五歳までの時間、その間に起こった出来事のすべてに光を届けてください。光が広がって、その頃の出来事やその頃知っていた人のすべてを包み込みます。そしてそれを手放してください。光に包み込んだまま、それを解放しましょう。自由になりましょう。

次に、もしも可能ならば、もっと高い霊性の次元に立って、昔あなたを傷つけた人はその人自身の苦しみ、成長の過程にいたのだということに気づいてください。彼らがしたことは、彼ら自身が抱えていた問題のせいだったのです。一筋の光を送って許してあげましょう。許して、そして彼らを手放しましょう。そうすることで、あなたはもうこの時期のことには何も囚《とら》われず、あなたが持つ可能性を存分に発揮させるのを阻むものは、何もなくなります。彼らに許しを送ってあげましょう。光を送ってください。彼らを、そしてあなた自身を自由にしてください。彼らにはもう行ってもらいましょう。光に包んで送り出してください。

さらに、もしも可能ならば、もう一段高い霊性の次元に立って、その頃に出会った人、起こった出来事、味わった苦しみがなかったら、あなたは学ぶべきことを学ぶことができなかったのだということに気づいてください。それはあなた自身が学ぶ、と決めたことです。その頃あなたの成長のプロセスの一端を担った人たちは、あなたの人生という旅路には不可欠だったのです。この、精神的に一番高い次元から、彼らに愛と感謝を送り、彼らを罪の意識という重荷から解放してあげましょう。

要らないものがすっきりとなくなったのを感じ、その癒しを楽しんでください。あなたの中を解放感が満たします。あなたは初めて自由になったのです。一条の光があなたの頭のてっぺんから差し込み、ゆっくりとあなたの中で広がります。あなたの中の平安を味わってください。急がなくて結構です。楽しんでください。

十分に楽しんだら、子供時代のあなたは、あなたの心の中で安全に守られ、あなたはいつでも好きなときに訪ねることができる、ということを覚えていてください。そしてこの部屋に戻ってくる準備を始めましょう。意識をゆっくりと体の下から上へと動かします。手と足の指先を感じてください。あなたの肉体を意識しましょう。意識を目の後ろに移し、周りに対する認識を強めていきます。あなたの体に腕をまわし、気持ちの準備ができたら、そっと目を開きましょう。

水を飲み、ノートに何でも書きたいことを書いてください。それから最後のメディテーションをする前に、ちょっと休みましょう。

＊メディテーション［2］

着心地のいいものを着て、誰にも邪魔されない時間を選んで「安全な場所」に行きましょう。電話が鳴らないようにしておきます。座り心地のいい椅子に腰掛け、両足を床につけ、必要ならばサポートを使って背中をまっすぐに伸ばします。床に直接座るほうが楽ならばそれでも構いませんが、背中がまっすぐになるようにしてください。目を閉じ、ちょっとの間、呼吸に意識を集中しましょう。

深く息を吸い、吐く前にちょっと息を止めて、肺がよい気を吸い込めるようにしましょう。それから息を全部吐き、それと一緒に緊張や不安を全部吐き出してしまってください。もう一回、今度は息を深く吸うと同時に呼吸からヒーリングの力を受け取ってください。それから息を吐き、吐きながら体をリラックスさせ、肩の力を抜き、体重を椅子に預けて、ネガティブなもののすべてを足の裏から外に出してしまいましょう。リラックスしてください。

もう一度深く息を吸い、今度は吐きながらゆっくりとため息をついて、その息に乗ってあなたの中の不純なものがすべて体から出ていくところを思い描いてください。リラックスしましょう。

次にあなたの意識を、体の中心線に沿ってゆっくりと下げていき、骨盤まで持っていきます。あなたの骨盤がボウルで、その底があなたの会陰部（肛門と膣あるいは陰嚢の間の部分）に乗っている、と想像してください。そこがあなたのルート・チャクラの場所です。この美しいボウル、つまりあなたの骨盤の一番底の部分に、深紅の夕日のような美しい赤い光があります。この光の暖かみを骨盤の中に感じてください。そこにあるエネルギーを感じてください。そこに意識を集中すると、何か動きを感じたり、色の変化を感じたりしませんか？　できればそこに愛に満ちた感情を送り込んでみてください。その部分が反応して暖かくなるのがわかりますか？　気がすむまで、この美しい赤色の、回転しながら明るく眩《まばゆ》く輝いている光に意識を集中させていてください。もし赤以外の色が見えたら、息を吐き出すと同時にそれを赤に変化させましょう。何の色彩も見えなくても心配は要りません。視覚化がうまくいくようになるには練習が必要です。いずれできるようになります。

　この赤い光をゆっくりとあなたの両足へと降ろしてあげましょう。光が腿《もも》を満たし、筋肉、腱《けん》、神経を活性化します。細胞の一つ一つ、あらゆる細胞の原子の一つ一つが光に満たされます。あなたの足に沿って、光をずっと下のほうまで降ろしていってください。緊張やこわばり、光の邪魔になる、この部分に不要なものはすべて、光で押し出してしまいましょう。この、暖かく、浄化と癒しの力を持つ素晴らしいエネルギーが自由に流れるようになるまで、すべての抵抗は息とともに吐き出してしまってください。

　あなたの両足はエネルギーに満たされ、浄化され、癒され、新たな活力を受け取ります。そのまま足の先までエネルギーを行き渡らせてください。ここでも再び、すべての細胞、すべての原子にエネルギーが満ちていきます。両足の腿から足先まで全部に光が行き渡ったと感じたら、その光を足の裏から地面へと流し出してください。光はそこで地中深く伸びる根となって、地球のエネルギーとあなたを結び、母なる地球の中にあなたをしっかりと安定させてくれます。同時にあなたのルート・チャクラからも直接根を地中に送り込みましょう。地中深く、深く根は伸びて、あなたは三つの部分で支えられ、しっかりと、力強く地球に繋がっています。自分は安全で、この地球、この宇宙の一部である、という暖かな感覚を味わってください。あなたが選んだこの場所にあなたが属している、ということは、暖かで、安心できて、いい気持ちですね。

　この地球とのコネクションを好きなだけキープしてください。くつろいで、地球に抱かれているのを感じましょう。生きている地球の体の奥深くにあなたの根が伸びているのがわかりますか？　頑丈な樹のように、あなたはしっかりと根を生やし、安定しています。あなたはこの星の一部なのです。

さあ、今度は地球があなたに栄養を与えてくれる番です。息を吸いながら、あなたが地中深く伸ばした根を通して、地球の癒しのエネルギーを吸い上げましょう。それは金色のエネルギーであり、癒しのエネルギーであり、生命力のエネルギーであり、これまでに存在したあらゆるよいもののエネルギーです。それが今、あなたを癒し、あなたを強くし、あなたを健康にするために、あなたに惜し気なく与えられています。両足、腿を通して、あなたが腰掛けているエネルギーの中心点、ルート・チャクラまでそのエネルギーを持ってきましょう。地球からもらった金色のエネルギーが、回転するチャクラの美しい深紅のエネルギーと混ざり合うところを想像してください。地球の癒しのエネルギーがあなた自身のエネルギーと混ざり合っているのです。新鮮なパワーが入ってきてあなたを包み込み、あなたを完全にしてくれる、その癒しの力を感じてください。あなたが力強い地球のエネルギーを迎え入れて癒されるにつれて、花が開くようにチャクラが一層大きく開くのが見えますね。地球に根を生やしたあなたはこの宇宙の生きた一部であり、母なる地球から栄養を与えられているのです。

地球のエネルギーは流れ込み続け、ルート・チャクラの周りは美しい赤い光によってエネルギーに満たされます。その感覚を味わってください。

それでは、エネルギーを集めて、息を吸いながら体の中を上へと動かしましょう。動きながらあなたを癒していきます。一つ一つの器官を通りながらエネルギーは上昇し、先ほど感じたのと同じように、あなたは完全で、この宇宙の一部である、という感覚があなたを満たしていきます。あなたの全部が今、地球のエネルギーで満たされ、強くなっていきます。今この瞬間、あなたがあなたの体の中に完全に存在しているのを感じてください。エネルギーは上昇し続け、ついにはあなたの頭のてっぺんから外に向かって飛び出し、ちょうど噴水のようにあなたの周りに優しく降り注ぎ、あなたのオーラをキラキラと輝きながら通り抜け、そして地面に戻っていきます。呼吸をしながら、あなたがこの生きた噴水の一部であるのを感じてください。もしかしたら光の色が変化したかもしれません。エネルギーが上昇するにつれて、金色、ピンク、あるいは白に変わったかもしれません。流れ続けるエネルギーを存分に浴びてください。あなたはまだ地球にしっかり根を生やし、そしてエネルギーはあなたを癒し、浄化し続けています。

好きなだけこの状態を続けてください。この感覚を楽しみましょう。地球に根を生やしたまま、グラウンディングされたままでいましょう。あなたの意識は肉体にありますが、同時にあなたの中をエネルギーが通り過ぎるその動き、流れ、決して終わることのない変化を楽しんでください。息をするたびに、エネルギーが流れ込み、あなたの中を上昇し、あなたの周りに降り注ぎ、そして再び地中へと戻ってあなたと地球を結びつける――この絶え間のない動き、絶え間のない宇宙のサイクルの、あなた自身が一部であることを感じてください。今この瞬間、あなたは必要とするものすべて、そしてそれ以上のものを持っています。今この瞬間、あなたは地球という、あなたの故郷にいるのです。

思う存分楽しんだら、あなたが安全で、この宇宙の一部であるという感覚は持ったまま、少しずつエネルギーの流れをゆっくりにしていき、そして止めましょう。あなたはまだ地球に根を生やしたままです。次にゆっくりとこの根を地中から抜いていきますが、地球との親密なコンタクトはそのまま持ち続けます。吸う息とともに、ヒーリング・エネルギーをくれたことを地球に感謝しながら、優しくゆっくりと根を引き上げ、根が運んでくれる最後の一滴のエネルギーまで受け取りましょう。根を引き上げ続けながら足の裏を閉じてください。足を通って根を骨盤まで引き上げます。深紅の光は再び、骨盤の奥深くに戻っています。けれども、ルート・チャクラの力強いエネルギーは、あなたの両足、そして体全体に栄養を与え続けます。さあ、あなたは完全にあなたの肉体に戻ってきました。地にしっかり足をつけた、満たされた存在であり続けるという意志を、アファメーションで表現しましょう。

声を出さずに次のアファメーションを言います（詳細な説明は巻末の用語解説と第8章を見てください）。

私は宇宙が愛する子供であり、愛、平安、そして安全を与えられる権利があります。

宇宙の豊かさを受け取るために私は心を開きます。私には、愛され、愛を受け入れる準備ができています。

私は地球の力強いエネルギーが与えてくれる栄養を受け取ります。

私は肉体を持った存在であり、私の体を大事にします。

私は私の体を大事にすることを誓い、あるがままの私の体を受け入れます。

私は私の体を私の住まう神殿として慈しみ、それが必要とする食べ物、休養、刺激、そして栄養を与えるよう努力します。


他に加えたいアファメーションがあれば加えてください。

用意ができたと感じたら、どんな方法でもいいですから感謝を捧げましょう。それからゆっくりと部屋に戻ってきます。あなたの体を意識してください。手と足の指を動かし、ゆっくりと伸びをしましょう。準備ができたら、足の裏がしっかりと床についているのを感じながら目を開けてください。立ち上がる用意ができるまで、少しの間そのままでいましょう。自分に優しくしてください。

温かい飲み物か水を飲み、ノートに何でも書きたいことを書きましょう。

そして用意ができたら、電話を元に戻してください。

中毒症

中毒性のある物質を使用し始めるのと、それを使い続ける理由はそれぞれ違います。

幼い頃のトラウマがルート・チャクラの歪みを生み、それが原因で自尊心が低かったり内面の安定を欠いたりすることがあります。

現実からの逃避の必要性を感じると、その間に問題が解決されてくれるようにと願いながら、たとえ短い間でも、そこから逃れられる方法を探し始めます。

もちろん、その根底にある自尊心の低さや喪失感、自暴自棄、帰属意識の欠如は、罪の意識や恥の感情が敗北感の悪循環に加わることでさらに悪化します。

すると中毒物質は勝手に行動し始めます。

中毒症状、過剰消費、依存癖などがもともとあった問題に加わり、それが中毒物質の使用を止《や》めるのをさらに難しくするのです。

その結果、自分が世界と乖離《かいり》しているという感じ、孤立感、喪失感が助長され、しばしば家庭や周囲の環境を無視し、わずかに残ったグラウンディングの感覚や帰属意識が崩壊するにつれて、社会の階段を転げ落ちていくことになります。

さらに問題を悪化するのは、脳細胞に損傷が起きることです。

生きることがどうでもいいという気持ちが死にたいという欲望に取って代わられると、非常に危険な状況になります。

ルート・チャクラを調整することで、中毒物質の化学的な影響が引くのに必要な時間この悪循環のプロセスを停《と》めることができるので、そこから本当の癒しのプロセスを始めることが可能になるのです。

第5章

Sacral Chakra : Sexual Healing

セイクラル・チャクラ

〔男性性と女性性〕他者との性的ヒーリング＆内面の性的ヒーリング

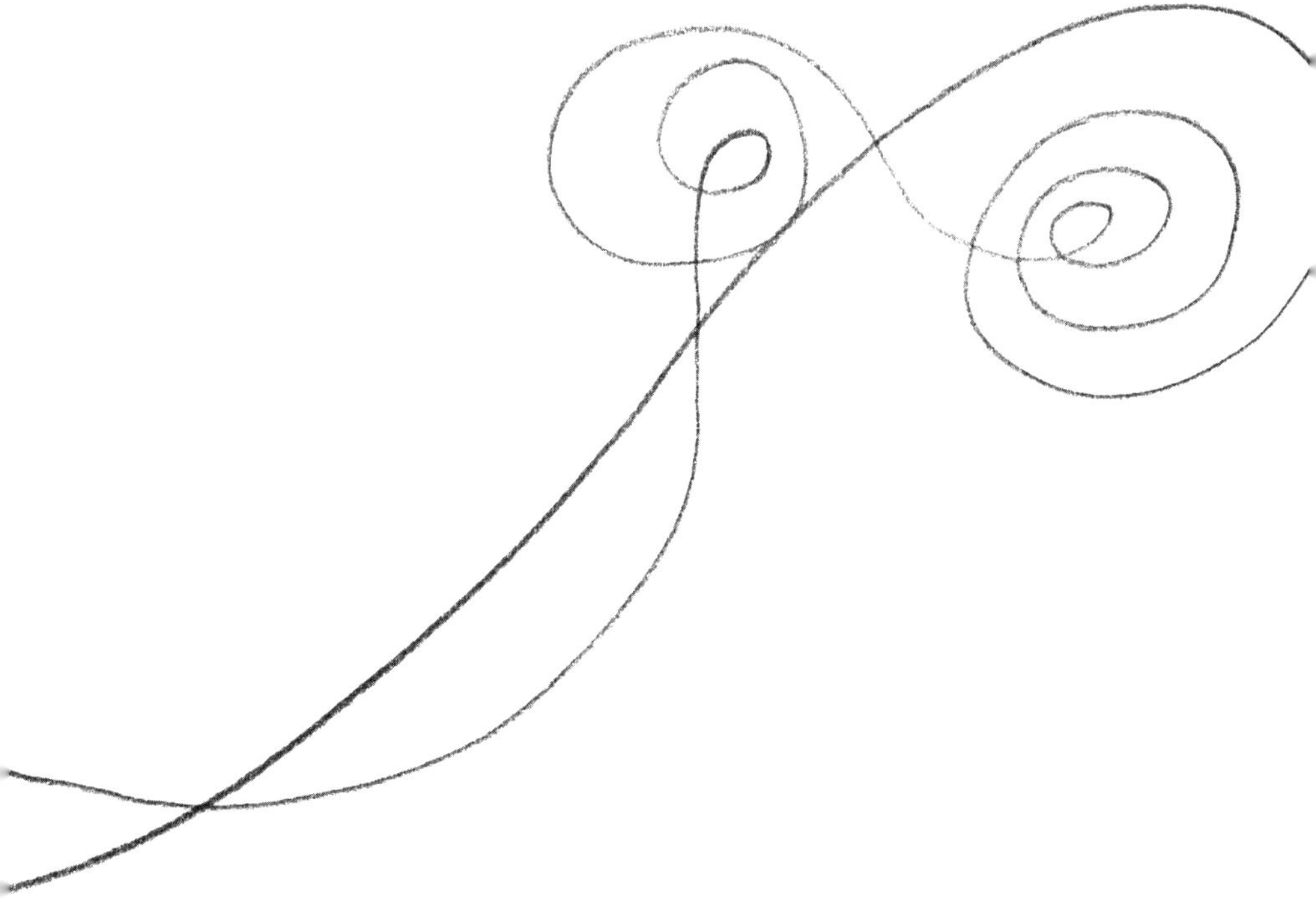

花嫁は夜明けの真ん中から姿を現し、
花婿は夕暮れから現れる。
婚礼は谷で行われる。
書き留めるにはあまりに大いなる日だ。

カリール・ジブラン

セイクラル・チャクラはオレンジ色、臍の下にあり、半透明に輝く虹色の光を全方向に放っている

ルート・チャクラが基本的に生存、安定、グラウンディングを司《つかさど》っているのに対し、セイクラル・チャクラが司るのは動き、柔軟性、そして流れです。ルート・チャクラが持つ地球に根を下ろしたエネルギーは私たちにしっかりした足場を与え、そこから私たちが世界へと羽ばたけるようにしてくれます。前章で私たちは自分との関係を築きました。今度は外に目を向け、人との関係を形作る番です。前章のメディテーションで私たちが使い始めたエネルギーの泉は上昇を続け、勢いを増しています。

前章で行ったワークは、私たちが自分というものについての健全な認識を得るのを助けてくれました。私たちにはすでに、人間関係に立ち向かうに十分な内面の安定、強さ、そして安心感があります。これからは自分という枠を超えて大きくなり、成長し、動き、他の人に向かって流れ出し、親しく心を通い合わせることができます。前章で私たちが焦点を当てたのは自分の内面の自分自身だけでした。今度は外に目を向けて世界と私たちの関係を見つめ、友人や恋人といったパーソナルな関係の中で、家族の中で、社会生活の中で、そしてもっと広い意味で地球家族の一員としてそれを楽しむことができるのです。

セックスと種の保存を確実にしているのはルート・チャクラの本能ですが、性的な親密さを感じ始めるのはこのセイクラル・チャクラです。ここで初めて創造性が刺激され、自分の変容が始まるのです。創造性が発展するのはスロート・チャクラですが、セイクラル・チャクラでそれが解放されなければ、この次のソーラー・プレクサス・チャクラを最大限に生かして私たちのポテンシャルを発揮することはできません。

ここで強調されるのは流れです。意識をこの概念に集中させると、穏やかなエネルギーの流れがあなたの内側に湧き上がるのを感じるはずです。あなたの創造性の最初の閃《ひらめ》きであるこのエネルギーの流れは、より高いところのチャクラを刺激し、行動を起こさせます。

このチャクラは鮮やかなオレンジ色です。臍《へそ》の下約八センチのところにあり、半透明に輝く虹色の光を全方向に放っています。その輝きは骨盤内を満たし、生殖器官を光で包み、欲望と喜びを感じる能力を活性化します。水という要素と関連が深く、特に女性の生殖器官（ペニスはルート・チャクラに属します！）に関係していますが、また同時に体液の流れを司る器官をも活性化しバランスを与えます。具体的には腎機能（腎臓と尿管）、リンパ腺、そして血流にもある程度影響します。このチャクラは、すべてのものが穏やかに、満ちたり引いたりしながら動き続けるようにする役割を担っているのです。

他人との触れ合いから地球家族の一員としての喜びまで——人間関係を形作るエネルギー……

セイクラル・チャクラはまた、慈しみと優しさのチャクラです。自分を、また他人を大事にすること、必ずしも性的なということだけではありませんが、官能の喜びを与え、受け取るのを楽しむことを私たちに促《うなが》します。

私たちが人との触れ合いと慈しみを求める気持ちは、水や食べ物を必要とするのと同じくらいに基本的なものです。十分な人との接触を持たずに育った子供は、物質的には貧しい環境で育った子供と比べても活力に劣ります。何年か前に行われた実験では、ワイヤーフレーム製でミルクが出るようになっている「母親」を与えられた猿の赤ん坊は、遊ぼうとせず、十分な食物を与えられていたにもかかわらず健全な発育を見せませんでした。一方同じ条件で、ただしワイヤーフレーム製の「母親」が毛皮で覆われていた赤ん坊たちは、互いにすり寄り、木に登り、概して元気よく幸せに育ったのです。

母親が優しく自分の面倒を見てくれることが慈しみの手本となり、私たちも人に同じことができるようになるのが理想です。女性が子供を愛撫するとき、赤ん坊は人に触れること、探求することを学びます。両親が子供を抱く、初対面の者同士が握手する、友人同士が愛情や慰めを与え合う、恋人が性の喜びを分かち合う——成長するに従って、肌の触れ合いは私たちにとって重要なコミュニケーションの形となります。十分な触れ合いなしには私たちは孤立し、人の肌が自分の肌と触れ合うその暖かさと喜びから切り離されて、寒い思いをします。誰かに触る努力をすること――たとえそれが、スーパーのレジでおつりをもらうとき、レジ係の人の手にちらりと触れるというような些細《ささい》なことだったとしても――で、その日がちょっと違ったものになるはずです。もちろん、不適切な接触はしないこと。誰かを抱きしめようと駆け寄る前に、その人がそれを承認しているか確認しましょう。

性的ヒーリングとは？ 女性器はここセイクラル・チャクラ、男性器はルート・チャクラに属している

セイクラル・チャクラが健康だと、私たちは触れられることと同時に触れること、受け取ることと同時に与えることを楽しめるようになります。性行為においては、自分が欲しいものを要求するところから、相手に喜びを与えることを性行為の一部として楽しめるようになります。また、生殖（ルート・チャクラの領分）に焦点を当てた、単なる生物学的、機能的なセックスは転じて、互いを元気づけ、慈しみ育むための性的な親密さとなるのです。

フォーカスは「私」から「私たち」に変化し、相手に喜びを与えることが自分が喜びを得るのと同じくらい重要になり、セックスと情欲は純化されて欲望と愛に姿を変えます。そうして、愛する人を愛の中に支える、という感覚が生まれます。ほとんどのカップルにとってこれは、健全な、長期的な関係に大きな重要性を占める部分です。マーヴィン・ゲイの歌『セクシュアル・ヒーリング』には、セイクラル・チャクラのこうした一面が端的に綴《つづ》られています。

男性と女性では、性的な親密さと欲望の経験の仕方が非常に違います。どんな類《たぐい》のものであれ親密な関係は、女性にとってのほうがずっと深く、ずっと速やかに生まれます。女性同士の友達の間に見られる温かさと親密さのレベルと、男性同士の友人の間に見られるそれとの大きな違いを考えてみてくださ

い。女性と性的に親密な関係を楽しむ女性たちは、女性との間には男性と経験したよりもはるかに深く、より精神的な関係が生まれる、と報告しています。

女性の多くが性に対して深い精神性を見出す傾向にあるのに比べ、男性はより男性性器に支配されています。ペニスを司っているのが、本能と関係が深いルート・チャクラであることを、もう一度思い出してください。でも女性性器はセイクラル・チャクラに属しています。女性の月経は月の満ち欠けや潮の満ち引きなどの自然現象に似ていますから、当然女性は自然の摂理《せつり》や霊性に近いところにいるのです。

男性は親密感やコミットメントを感じられるようになるのに時間がかかるかもしれません。でもこのチャクラが開いている人は永続的な愛を持続することが可能です。そしてそこには、深い、精神的な情熱を持ってパートナーを守り、助けたい、という気持ちがあります。

霊的な意味でセイクラル・チャクラが開いている二人が一緒になるとよく、ずっと昔からお互いを知っていたような、一緒になるのが当然だ、という感覚が伴います。これはどんな性別の組み合わせも同じです。こうした、カルマによって繋《つな》がっていると いう現象については、第7章で恋愛関係についてもっと詳しく述べるときに見ていきます。

あなたの内面の男性性と女性性のバランスを得るためにもセイクラル・チャクラの発達は不可欠

私たちの性衝動は男性と女性の融合を可能にします。そしてそれは外面的な意味に限りません。パートナーの有無にかかわらず、私たちの霊性が発達するに従って、男性性と女性性の融合は私たち一人一人の内面でも起こるのです。

行動、理論、組織、野心、意欲、その他様々なものを私たちの内面で司っている男性性は、左脳が支配しています。言語能力、創造性、音楽や美術などの非構造的な才能は、右脳が支配する女性性が持つ機能です。セイクラル・チャクラの発達は、私たちの内面の男性性（行動）と、女性性（慈しみ）のバランスを培《つちか》います。このことをもう少し詳しく見ていきましょう。

健康で成熟した異性愛者の男性の場合、ふだんは男性性が前面に出ていますが、必要なときには自分の中によりソフトな、女性的な一面があることを受け入れ、それを表に見せることができます。若い男性はよく、自分の女性性を受け入れることができず、わざと男っぽいイメージを見せることで、それを押し殺そうとするものです。けれども同じ男性が二十年後には非常に違った振る舞いを見せます。彼の中の男性性と女性性がよりよいバランスを持ち、自分の女性性を受け入れることができるようになったからです。

健康で成熟した異性愛者の女性の場合、女性性は内面の男性性によってしっかりと支えられ、その結果、優しく、温かく、愛にあふれていながら、同時に野心と意欲を持ち、しっかりと計画的に行動することができます。でもまだ若く、内面の男性性とのバランスが取れていなかったときには、もっと気まぐれで軽はずみな面があったかもしれません。流れ、という概念を思い出してください。健康なセイクラル・チャクラの流動性が、あなたが男性性と女性性の間を自由に行き交い、その二つの間で絶えず変化するのを助けるのです。この柔軟性はあなたが健康な大人であることの証拠です。

例を挙げましょう。私はいつも通り、女性性を前面に出して仕事をしているとします。愛情にあふれ、できる限り創造的に、患者をヒーリング・エネルギーで包み込みながら、その人が必要とする解決法を探しています。その間、私の男性性は私をしっかりと支え、考えをまとめてそれをわかりやすい形で表現するのを助けてくれています。もしも突然どこかから危険が迫れば——たとえば火事があったと仮定してもいいですが——私の男性性がたちどころに前面に躍り出て行動を起こします。情報を整理し、計画を立て、必要に応じて命令を下し、私の責任下にある人々を守って、できるだけ速やかにかつ効率よく建物から避難させるため、状況に合わせて必要なだけ攻撃的に行動できるよう私を助けてくれるのです。

この間、声の調子、話し方、動き方、考え方、物事に対するアプローチの仕方など、私の行動の何もかもがふだんとは非常に違っています。もちろん思いやりは忘れませんし、ブレンダの女性性がなくなったわけではありませんが、緊急事態が収拾するまでは、私を守り導いてくれるのは私の中の男性性なのです。中には、女性性が前面に出たほうが役に立つ種類の緊急事態もあるかもしれません。一触即発の緊張した状況では、穏やかで愛情にあふれた女性性の力のほうが状況の緩和にずっと効果的です。これはよく認知された現象で、男性刑務所や危機介入チームなど、暴力が発生する可能性のある状況には、よく女性が起用されます。女性の存在が暴力の発生を最小限に抑えることがわかっているのです。でもそうした女性たちはバランスがよくなくてはだめで、女性性が前面に出てはいても、男性性によってしっかりと支えられ、慎重さを失わず、戦術を変える必要があればそれに合わせて身を守り、行動することができなければなりません。

　過去の出来事やトラウマが原因でこのチャクラが機能不全になったり、あるいは成熟することができなかったりした場合、内面の男性性と女性性の柔軟なバランスを保つことは不可能です。その結果、自分の中だけでなく、人との人間関係も硬直したものになります。

　内面のバランス不全は人間関係のバランス不全に繋がります。女性のほうが男性要素を多く持ち、男性のほうがより女性的なカップルをよく見かけます。「あの家はカカア天下だ」と一般的に言われるようなカップルです。その結果、男性は「尻に敷かれ」、女性は決してそのニーズが満たされることがありません。

　また、二人とも男性性が強いカップルもいます。その場合、二人は常に衝突し、双方ともに攻撃的で、どちらも相手を思いやろうとはせず、また自分のニーズも満たされません。逆に二人のどちらにも男性性が欠けているカップルの場合、お互いを大事にしようとしても、二人の関係には方向性と活力が欠け、混沌《こんとん》としてしまいます。こうした関係は、バランスだけでなく柔軟性を失っているのです。

　一方健全なカップルの場合は、それぞれが自分の性について確信を持ち、内面に動きと流れがあるので、男性、女性の役割をいつでも交換することができます。たとえば男性が事故に遭ったとします。必要ならば女性はすぐに、二人の関係における男性の役割を引き受けることができます。彼女はたちまち必要なものすべてを準備するでしょう。彼女は、必要ならば攻撃的なまでに相手の男性を守り、状況を管理し、指示を与えます。それをもともと自分たちの機能の一部だと思っている女性もたくさんいます。同様にバランスの取れた男性は、より穏やかな、相手を慈しみ思いやる役割にスイッチすることができます。もっとも健康でバランスの取れたカップルは、そのために緊急事態を必要としませんし、またセックスでもその役割をしばしば交換します。

忘れないでいただきたいのは、私がここでお話ししているのは内面の男性性、女性性であって、男女の役割のことを言っているのではないということです――つまり、セイクラル・チャクラが健全に機能していれば、健康な大人は自分の中に十分な男性性と女性性のバランスを持っていて、人との関係において、自分に自信を持つことのできるバランスが保てるのです。そうすれば、すべてのレベル、すべての機能についてパートナーと一つになり、分かち合うことができます。自分という個人の中でまた二人の関係の中で流れるように動くことができる二人には、日常の世話、予算作り、仕事、管理、計画、家事等々、すべてを分かち合うことができるのです。それは二人の別々の人間が、別々でありながらカップルとして、チームとして存在しているということです。

私たちはたいてい、自分の性的傾向のバランスを取ってくれる相手をパートナーとして選びます。ですから男性性が非常に強い男性は、とても女性的で、自分が面倒を見、支配できて、自分に挑戦しない女性を相手に求めるかもしれません。この女性は自分自身の男性性をほとんど持たず、自分の面倒を見てくれる父親のような存在を求めていますから、そういう男性はお似合いでしょう。一方、男性性が未発達の男性は、力強く支配的な女性が主導権を握って、男として自分に課せられた様々な期待から自分を解放し、従って自分の中の葛藤《かっとう》を減らしてくれることを望むかもしれません。この関係において女性は、自分の男性性を十分に発揮させてくれる人を求めているのです。

こうした関係は、パートナーのそれぞれに、全体としてバランスの取れた状態を与えているように見えるかもしれません。けれども、もしもパートナーのどちらかが精神的に成長し、「健康」になったらどうなるでしょうか。一人の内面のバランスが改善されればされるほど、二人の関係は不安定なものになっていきます。相手は脅威を感じ、しばしば、二人の関係が現状維持できるよう、愛する相手が「不健全」なままでいるための対抗手段を取ります。望ましいのは、パートナーの片方が「健康」になることが、もう一人もそうなるのを促すことです。

理論的に言えば、内面のバランスがとてもよいため、自分の外側に異性のパートナーを求める必要のない人が存在することになります。それは非常に進化した、自己充足し、変化に富み、柔軟で、セイクラル・チャクラから力強いエネルギーが流れている人です。そしてこのエネルギーが、セイクラル・チャクラより上の全部のチャクラと、下のルート・チャクラのバランスを整えるのを助けます。それでもその人は誰かに恋をして、その人と一緒にいることを選ぶかもしれません。けれどもそういう人にとって、異性のパートナーを探し求める必要性は高くありません。なぜなら異性はその人の中に存在しているからです。

そういう人たちの恋愛は、パートナーを必要としているからではなく、パートナーと一緒にいたい、という気持ちの上に成立します。必要とされない、ということに脅威を感じる人もいるかもしれません。でも、自分はそこにいたいからいる、というほうが、自分はそこにいることが必要だからそこにいる、というよりもはるかに大きな愛を表現しています。誰かと親密な関係になければ何かが足りないように感じる相互依存的なニーズは、健全で愛に満ちた関係においては、選択と欲求に取って代わられるのです。

では同性愛のカップルの場合はどうでしょうか？安定したカップルの場合は、全体として男性性と女性性のバランスが取れ、異性の場合と同じ考え方が当てはまります。パートナーの片方がより女性性が強く、それを補うために男性性の強いパートナーを選ぶ、またはその逆かもしれません。カップルによっては、二人がそれぞれに内面のバランスを達成しており、自分以外のものにバランスを求める必要性を超越している場合もあります。

「恋に落ちた」状態のとき、セイクラル・チャクラが一気に開き、やや不安定な流れとなる

恋に落ちること、愛することについては第7章でより詳しく見ていきますが、セイクラル・チャクラも非常に密接に関連していますので、ここでも触れておく必要があります。

二人の人間がお互いに性的な魅力を感じて恋に落ちると、セイクラル・チャクラが開き、それに伴って人間の愛を司るハート・チャクラも開きます。またアイデアやコミュニケーションを司るスロート・チャクラも突然開きます。このスロート・チャクラとセイクラル・チャクラを結ぶコネクションができることによって、才能、創造性、インスピレーションが洪水のようにあふれ出します。それはとてもエキサイティングですが、少々不安定な流れです。これが「恋に落ちた」という状態です。恋にのぼせあがった本人がいつもと違う振る舞いを見せるのを、家族や友人は寛大に見守ります。恋をしている人は、「最も純粋な狂気」と名づけられた状態の中で一時的にコントロールを失っているのです。そういうとき私たちはよく、ふだんは思いもつかない行動を取ります。対照的に、恋愛関係がうまくいかなくなると、私たちは創造的なスランプに陥り行動力に欠けるようになります。

セイクラル・チャクラが開くと、初めのうちは過剰なまでの行動を引き起こしますが、やがてバランスを取り戻し、性的な活動も気持ちも安定してきます。それによって普通の、日常の仕事や活動に戻ることができますが、二人の間には強い絆が残ります。

セイクラル・チャクラは官能的・性的な欲望と喜び以外に味覚も司っています

セイクラル・チャクラで湧き起こる欲望と喜びは、官能的、性的なものばかりではありません。物質的

なもの、非永続的なものからくる喜びもまた、私たちが満足感を味わうのに役立ちます。ここで起きているのは、人間的、物質的なものを、私たちの生活に取り入れようとする動きです。セイクラル・チャクラに関連が深い感覚は味覚です。さあ、外に出て、美味《おい》しいものを食べ、世界があなたに差し出しているものすべてを楽しみましょう。

自分が必要としているものを自分に与えるのは前向きな行動です。ただし残念ながら、自分の欲望を理解し正しく解釈するのはそう簡単なことではなく、私たちはときに自分が本当は何が欲しいのかの理解を誤ります。

たとえば私が食べ物が欲しい、と感じたとします。ところがよく考えると、少しも空腹ではないことに気づきます。でも、私が何かを必要としていることは明らかです。ひょっとしたら私はすごく退屈しているか、怒っているか、苦しんでいるのかもしれません。物を食べるよりもはるかに、この場に相応《ふさわ》しい行動があるはずです。私に必要なのは、メディテーションをしたり、散歩をしたり、誰かと私の怒りの原因について話をしたり、誰かに抱きしめてもらうことかもしれません。ところが昔からの条件づけ、たとえば子供の頃、だだをこねて泣いていると、静かにさせるためにお菓子やアイスクリームを与えられていた、というようなことがあると、現在の私は重要な認識のステップを飛び越えてしまいます。自分の不満の原因を見つめることなく、まっすぐ食べ物に向かってしまうのです。

大切なのは、何かが欲しいとあなたが感じたら、それはつまりあなたには実際何かが必要なのだということを認めることです。あなたに必要なもの、あなたに喜びをもたらすものを見つけることは、あなたのニーズを満たし、あなたが進むべき方向性を示《し》唆《さ》する、という二つの役割を果たします。

喜びを与え、受け取りたい、と望むセイクラル・チャクラは、強力な道標《みちしるべ》です。もしもあなたが喜びではなく苦痛にばかり直面しているとしたら、あなたは恐らく進路を変える必要があるのです。実際には、間違った場所、間違った方向性などというものは存在しないのですが、痛みは、あなたがその場所に留まらず前進しなくてはいけないということを、あなたに理解させるためにそこにあります。牛追い棒のようなものですね。そのメッセージを無視していると、あなたの人生は堂々巡りになってしまうかもしれません。肉体に痛みを感じれば私たちはもちろんその原因から遠ざかろうとします。ところがそれが精神的な痛みであると、信じ難いことですが、私たちはしばしば、原因から遠ざかる代わりにその痛みを克服しようとますます躍起になって努力を重ねるのです。

正直に答えてください。「もう二度とこんなことはしない」と自分に約束したにもかかわらず、後日再び同じ状況にいた、ということが、これまで何度ありましたか？　恋愛関係で何度も同じ問題にぶつかり、どう考えてもうまくいくはずがないのに、何とかしてその関係を守ろうと一層頑張ってしまったことが何度ありましたか？　セイクラル・チャクラはそんなあなたの味方です。セイクラル・チャクラを開き、そこから送られるメッセージにあなたが耳を傾けるならば、セイクラル・チャクラはあなたをより幸せな、健全なあり方に続く道へと導いてくれます。ただし、それでもまた自分が同じ場所にいるのに気づいたとしても、自分を責めないでください。ちょっとの間立ち止まり、自分が何を学んだかを知り、そして苦痛の原因から急いで離れてください。何度も何度も同じ穴に落ち続ける必要はないのです。

注目されたい、というのは、慈しみ、育まれたいという私たちのニーズの一部です。けれども、幼い頃に受けた傷が原因で、自分が欲しいものを普通でない方法で手に入れることを学んでしまうことがあります。なぜか私たちは自分の要求を言葉で表現しなくなるのです。代わりに、それを態度で表し、誰かが気づいてくれることを願います。たとえば私はひどく腹を立てると、今もバタンと音をさせてドアを閉めます。これは「行為化」と呼ばれるもので、その行動は無視され、とりあってもらえないことが多いため、理解されるための私たちの悲痛な行動は一層激しさを増していきます。「注目されたがり行動」という非常に軽蔑《けいべつ》的な言葉もあります。これはしばしば間違って使われる言葉で、不健全な、無視して然《しか》るべきとされる行動を十把《じっぱ》一絡《ひとから》げにして指すのに使われがちです。

悲しいのは、注目されたがり行動はまさにそれを示しているということ——つまり、たとえそれが不健全な、あるいは歪《ゆが》んだ、ときには不愉快なやり方で表現されているにしろ、誰かが注目を必要としているというのは事実だということです。もちろん、そういう行動は全く逆の効果を生みます。初めは助けの手を差し伸べようとした人も、やがてはそうした行動に腹を立て、しびれを切らして手を引いてしまいます。すると注目を必要としている人は自分の要求はまだ届いていないわけですから、ますます躍起になって自分の要求を行為化しなくてはならないと感じます。私たちはみな一人残らず、何らかの形で注目を欲し、必要としているのだということを認めないでいると、その要求は抑えつけられ、いずれ別の形でどこかに再び姿を現します。

思い出すのは、しょっちゅう救急病棟に運び込まれてきたある若い男性のことです。彼はたいてい自分で自分に表面的な切り傷を負わせるのですが、その傷は治療が必要な程度には深いのです。数ヶ月の間これはほとんど毎晩の出来事でしたが、ある夜、当直の精神科医だった私は、彼に自殺の危険がないかどうかのチェックを依頼されました。私たちは親しくなりましたが、明らかだったのは、彼が孤独で悲しい青年であること、彼には話し相手がおらず、誰かに話を聞いてもらうために、効果的だけれど危険なこのコミュニケーションの方法を使っていたのだということでした。

その夜、何時間も彼と話しているうちに、私はそれが実は彼の行動を助長することに気がつきました。自分を傷つけるという不健全で不適切な行為の報《ほう》酬《しゅう》として、彼は自分の話を一時間聞いてもらえる、というわけです。彼にはきちんとした心理療法を受ける心の準備ができていませんでしたから、私は彼にこういう提案をしました。私が当直のときは、あまり忙しくない限り、彼が普通に頼めば私は喜んで彼の話を聞く、ただし、自分を傷つけたら話は聞かない、というものです。その後数日間、彼はいつものように浅い切り傷で病院に運ばれてきました。多少の不安を感じながらも私は彼に会うことを拒《こば》み、彼は怒って帰っていったのです。約一週間後、彼は病院に来て、ただ私に会いたいと言いました。私たちは長いこと話をしましたが、その前の数日間私が彼に会うのを拒んだことも、彼が自分を傷つけたことも、二人とも一切口にしませんでした。私たちは

図－8

a

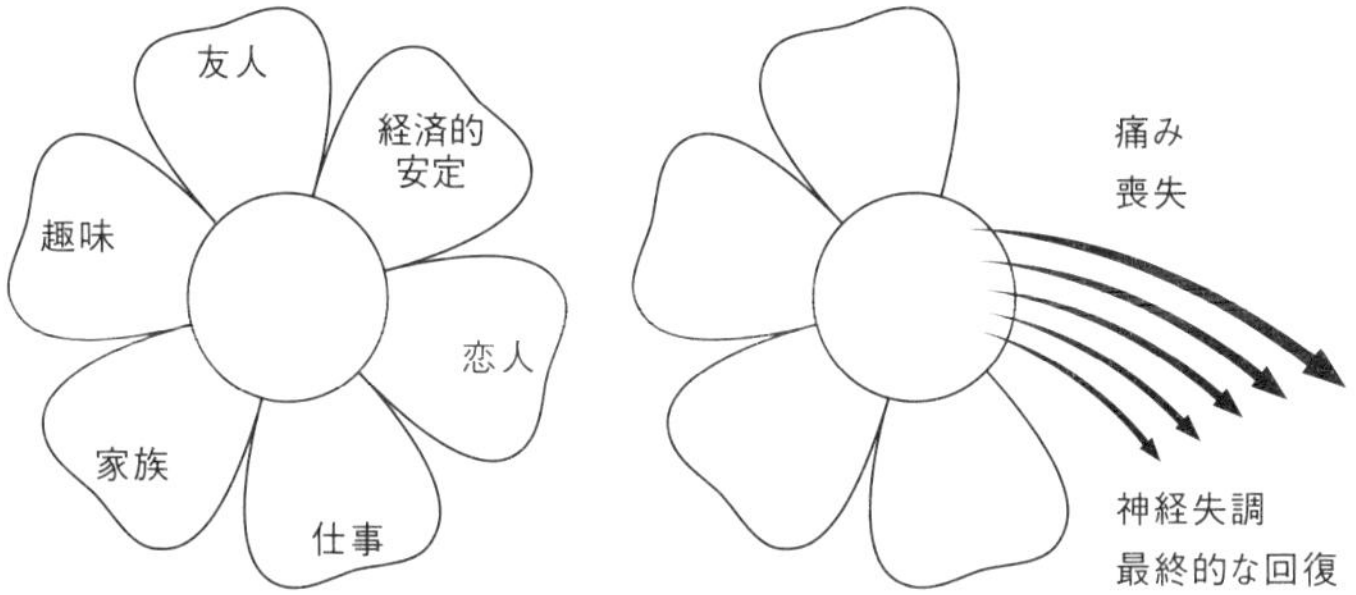

aが示している人は、家族、友人、仕事、恋人、経済的安定によって支えられています。けれども彼女の核は空っぽで、内面の強さはほとんど持ち合わせていません。これらの支えの一つでも失われれば――たとえば夫に捨てられそれと一緒に経済的安定を失ったとしましょう――その喪失に彼女がうまく対処できる可能性は低いでしょう。再び安定を取り戻すために必要な内面の資産を彼女が見つけられるまでは、「神経失調」に陥る可能性もあります。

b

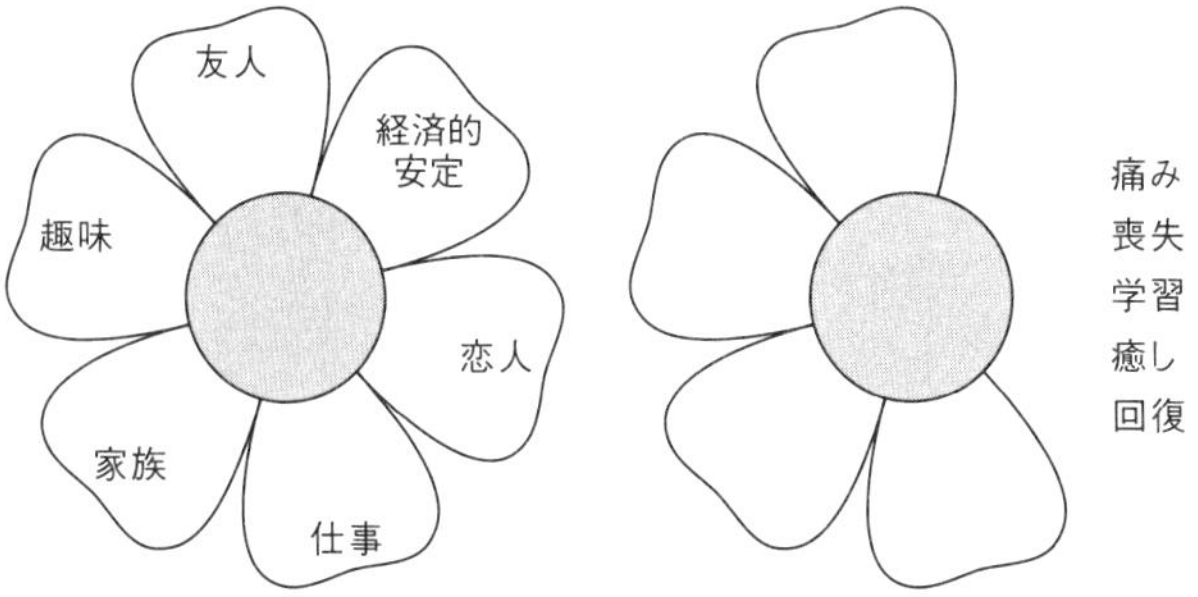

bが示している人は、家族、友人、仕事など、全く同じ要素に支えられていますが、同時に自分が何者であるかをよく知り、しっかりした自尊心と自信、つまり力強い核を持っています。外側のサポートのどれかが失われればもちろん悲しみはしますが、その内面の強さによって、神経失調に陥ることなくその状況に対処し、耐え抜くことができるでしょう。

大きく前進したのです。

私たちは、彼がなぜ注目を必要としているのかを探り始めました。

彼は、彼と同じく家から逃げ出した青年二人と一緒に不法住居に住み、とても孤独でした。三人はときどき一緒にドラッグを使っており、それを買うためのお金は路上で物乞いをしたり、盗んだりして手に入れていました。

彼が本当に必要としていたもの、そしてそれは他の二人も同じだったと思いますが、それは、家と栄養、母親の気遣《きづか》い、そして何よりもたっぷりの愛情でした。彼は行き詰まっていました。

幼少の頃に家庭で味わった苦痛のせいでルート・チャクラがブロックされている結果、自分がどこかに根を持ち、どこかに帰属しているという感覚が彼にはなく、また自尊心も低く、自分が人間としてどんな可能性を持っているかも全く知らなかったのです。

彼は人の注意を欲し、必要としていましたが、家で少しでも注目される唯一の方法は悪い子でいることでした。怒鳴られ、叩かれましたが、それは少なくとも注目されないよりはましだったのです。

そして今彼は、様々なレベルで自分を教育し直すことを迫られていました。

まず、わめいたり悪態をついたり自分を傷つけたりする代わりに普通に話したならば、聞いてもらえる確率はずっと高いということを、学ばなくてはなりませんでした。

次に、聞いてもらえたとしても彼の要求がいつも通るわけではなく、それは受け入れなくてはならないということ。

そして、自分のニーズの中には、人に頼るのではなく自分自身で満足させなければならないものがあることをも学ばなくてはならなかったのです。

私が一番最近彼と会ったとき、彼はユースホステルに生活しながら学校に通っており、一年以上もの間、自分を傷つけることもドラッグを使うこともしていませんでした。

私とのヒーリング・セッションの間に彼がしたことは、まずセイクラル・チャクラとルート・チャクラのブロックを取り除き、それからスロート・チャクラのブロックを取り除いて、より健康的なコミュニケーションを可能にすることでした。少しずつ少しずつ彼は空っぽだった自分の核を満たしていきました。彼に必要だったのは、自分の外側に求めていた愛、慈しみ、喜びに対するニーズを自分で埋めていくことだったのです。

私たちは誰もみな、食べ物、衣服、住まいといった基本的な必要に加え、愛、支え、慈しみ、そして人との触れ合いを必要としています。けれどもこうしたものが自分の外側から与えられるのに頼っていると、私たちは自分を非常に無防備な立場に置くことになります。

自分の核を満たすという作業は、ルート・チャクラにおいて、自分というものを理解していく過程で始まり、セイクラル・チャクラにおいて、家族や地域社会における自分の位置を確立していく中で引き続き行われます。

自分のニーズをできる限り自分の内面から満たし、同時に本当に外側から受け取る必要のあるものはそこから受け取れるように外の世界と健全なコミュニケーションを保つことで、私たちは自分を無防備な状態から守ることができます。

セイクラル・チャクラが開くとき、流れ込む爆発的なエネルギーを受け取る準備はできていますか?

欲望を支配すると同時に、セイクラル・チャクラには情報保持能力を促進する役割もあり、セイクラル・チャクラが突然開いたあとには、加速した学習期間が続くことがしばしばあります。あなたには、これまであなたが思っていたよりもはるかに大きな可能性があり、セイクラル・チャクラを整えることで、後にソーラー・プレクサス・チャクラがその可能性を実現する準備ができるのです。それは非常に速いスピードで起きることがあり、あなたは自分が制御不能に陥ったように感じるかもしれません。けれどもこうした変化はすべて、最終的にはあなたのためになるのです。間もなくあなたは、自分がかつては考えられなかったスピードで情報を吸収していることに気づくでしょう。記憶力は増し、創造力が一段階レベルアップするにつれて、きちんとまとまったアイデアが次から次へと浮かぶでしょう。

セイクラル・チャクラが開くとともに私たちは自信がついたのを感じ始めます。ソーラー・プレクサス・チャクラでこの自信がさらに強いものとなるための下準備です。うぬぼれではなく本当の自信を持って、自分の才能や天賦《てんぷ》の力を認めることができるようになり、それによって自分の本当の美しさ、素晴らしさを見ることができるようになります。私たちの一人一人に、それぞれ与えられた特別な場所と目的があるのだということを知って、そのことに満足し、嫉妬や貪欲《どんよく》さは感じなくなります。初めはこのことはほんの一瞬理解できるだけかもしれません。が、セイクラル・チャクラのヒーリングを続け、次のソーラー・プレクサス・チャクラに移るにつれて、自分の能力に対する自信は強まっていきます。

私たちの能力は固定されたものではなく、私たちは常に上向きの成長曲線の上にいるのだということがわかるにつれて、さらなる成長が促されます。それぞれのチャクラで行うヒーリング・ワークは、一度行えば終わり、というものではありません。人生の進行に伴い私たちは改善と進歩を続けます。地上での一生を通し、そしてその後も続く私たちの霊的成長に合わせ、私たちは何度でも自分の理解を見直し、更新していくのです。霊的な存在であるとはどういうことであるかを、あなたは理解し始めています！

セイクラル・チャクラがブロックされたときに起こる出来事

セイクラル・チャクラが健全に機能していなかったりブロックされていたりすると、オーガズムが得られなかったり（無オーガズム症）、セックスに嫌悪感を感じたり、女性では性欲の喪失、男性では勃起、射精の困難などの症状が見られることがあり、少なくとも官能的な喜びを得ることが難しくなります。その結果、男女ともに、自信をなくしたり、自分の可能性の実現が困難になります。

このチャクラが強調するのは動きと柔軟性ですから、ここにブロックがあると、筋肉が凝ったり、特に背下部、腰、脚の動きがぎこちなかったりします。

何もかもが詰まった感じがして、あらゆるレベルで流れが感じられません。また尿道の鬱血《うっけつ》が膀胱《ぼうこう》を詰まらせ、体液うっ滞、膀胱炎、感染症、腎結石《じんけっせき》、腎炎などの病気を引き起こすことがあります。リンパ管が詰まればむくみの原因となり、足首や脚に痛みを引き起こしますし、血行もよくありません。むくみが組織を圧迫するため、月経前緊張症候群、過緊張、イライラ、不安感などを含む、月経に関連した問題もいろいろと起こります。月経不順も一般的で、多量の出血や凝血《ぎょうけつ》を伴うこともあります。

精神的な気分から筋肉まで、何もかもが緊張し硬直して感じられ、常に身構えた状態で、リラックスすることができません。何と疲れる状態でしょう！でも大丈夫です。エクササイズとメディテーションが役に立つはずです。あなたが今どういう状態でいるにしても、「流れる」という言葉を常に思い出してください。自分に向かってゆっくりとこの言葉を言ってみましょう。その意味を感じ、それが起きるようにしてください。流れてください——肉体的にも、感情的にも、そして霊的にも。

ずいぶん長い期間、ある女性の治療をしたことがあります。脚は大きくむくんで膨《ふく》らみ、つっぱった皮膚は痛み、ぎくしゃくと脚を引きずるようにして彼女は診療室に入ってきました。四十代半ばでしたがずっと老けて見え、様々な問題を抱えていました。体は硬く、関節もこわばって痛みがありました。

彼女は泣くこともできないほどの鬱《うつ》状態で、幼少時代について私がする質問に、すっかり人生を諦《あきら》めた様子で答えました。彼女の父親は男の子を欲しがっていたのだ、と彼女は言いました。そして自分が父親をどんなに失望させたかを自分はいつも意識していたと言うのです。父親は容赦なく彼女を批判しました。スポーツがうまくなろうと努力しましたが、それはしとやかで女の子らしくありたいという自分の中の気持ちと常に対立し、学校での最初の数年間はまるで拷問《ごうもん》でした。何をしても彼女には父親を喜ばせることはできないように思え、彼女は次第にそうする努力を止《や》めてしまいました。それでもなお彼女は、大人の女性に成長する過程を楽しむことを自分に許すことができませんでした。セックスを楽しんだこともなく、結婚はしましたがそこには喜びはなく、夫が別の女性を見つけて終止符を打ちました。

それ以来彼女は一人暮らしで、健康は悪化し続けました。自分が誰であるかを見失い、人生に何の期待も持てないでいました。私に会いに来ながらも彼女は、恐らく私には彼女を救うことはできないだろう、申し訳ない、と私に謝り続けるのです。

彼女のセイクラル・チャクラは完全にブロックされ、その結果、体中が鬱血《うっけつ》していました。肉体的にも感情的にもエネルギーは低く、治療の最初の段階はまずエネルギーを動かして、その体と同じく硬く凝り固まった、変化への抵抗を克服することでした。彼女がほとんど忘れていた、あるいは自分の今の問題とは何の関係もないと思っていた過去の傷を取り除いていくうちに、少しずつ少しずつ、彼女はブロックを取り払っていきました。

何週間か経った頃、自分がそれまでに感じたことのないときめきを感じ、それが性衝動だと気づいたとき、彼女はひどく驚いたものです。むくみと硬直は改善に向かい、初めのうちは恥ずかしがりながらも、この章の最後にあるエクササイズをやってみることができるようになりました。そして最終的には彼女は長い間押し殺されていた苦痛を手放し、自分の中の女性性を育てることができたのです。そしてそれと同時に彼女の創造性が開花し、彼女が書く詩は彼女の魂を包み込んで癒していきました。こうして彼女は自分で自分自身のヒーリングができるようになり、私とのセッションはお終《しま》いにすることができたのです。

他のチャクラから孤立して存在できるチャクラは一つもありません。水をベースとするセイクラル・チャクラの水門が開いたとき、流れる水の勢いはその通り道にあるものを動かすほど強く、他のチャクラにあったブロックもまた解け始めることがあります。ルート・チャクラでカリスマを与えられ、第二のチャクラで自分の本当の可能性を垣間《かいま》見《み》た今、気の弱い人はここで足踏みをするかもしれません。でも、私たちの人生がこれまで考えも及ばなかった軌道に乗るのは、ここからなのです。私たちは豊かさと繁栄への道筋を描いています。地球から与えられたエネルギーはルート・チャクラで姿を変え、第二のチャクラで自信を与えられ、そしてこれから第三のチャクラで磨きをかけられます。このエネルギーを最大限に活用するためには、正しいコントロールを学ぶことが欠かせません。

一言だけ忠告しておきます。自我は、今まさに解放されようとしているエネルギーの持つ可能性をバラバラにしてしまうことがあります。私たちが今触れつつある力、私たちの肉体、精神、霊体を通して成長し、上昇しつつあるのを感じるこの力は真に霊的なものであって、すべての人のために使われなくてはなりません。それを悪用しようとすれば不幸を招きます。セイクラル・チャクラが持つ可能性が最大に発揮されるには、より高いところのチャクラが持つ良心と愛で制御されなくてはならないのです。私たちが本当にその力を純粋な心と善意を持って使うならば、私たちにはソーラー・プレクサス・チャクラで約束されている豊かさを享受する準備ができています。

自分なりの選択や決定を行う権利を与えられているということは、この世に生きる上で私たちに与えられたチャレンジの一つです。今、この時点で私たちには、最も愛情に満ちた精神的な意味での成長、達成、豊かさ、そして力を手にするための道を選ぶことも、すぐ手の届くところにあるそれを失うことも可能です。

以下のエクササイズとメディテーションは、あなたがセイクラル・チャクラをきれいにして開き、あなたのゴールに達するのを助けます。

エクササイズ——

セイクラル・チャクラをきれいにして、開きましょう

＊エクササイズ〔1〕

痛みや緊張に意識を向け、そこに息を吹きかけてみましょう

穏やかに流れ、水を思い起こさせる音楽をかけましょう。素敵な曲がいろいろありますが、見つからないようでしたら、私のお気に入りの曲のリストが第8章にありますので参考にしてください。

できるだけ広い場所を確保し、ゆったりとした服を着てください。さあ、音楽に合わせて体を動かしてみましょう。緊張から解放されるのに従い、体が自由に動くのに身を任せてください。あなたの体は

リラックスし、柔軟になっていきます。あなたが持っている自然な優雅さが現れるのを感じてください。水の流れに乗ってゆっくりと動いているのを感じましょう。ここまではあなたの足は地面についたままかもしれません。そういう人は、ここでゆっくりと足を動かしてみましょう。急がずに。流れるように。動きます。

痛みや緊張はすべて捨て去ってください。痛みや緊張に意識を向け、そこに息を吹きかけてください。調和と穏やかな流れを感じましょう。さあ、動いて。体の中の感覚を意識しましょう。意識ははっきりとしています。ゆっくりと左右に体が揺れるにつれ、あなたの創造性が開かれていきます。湧き起こる感情はすぐに手放します。ただ手放してしまってください。

ゆっくりと、穏やかに、音楽に合わせて動きます。音楽の中に迷い込んでしまってください。動くことであなたの人生が変化していきます。生活に新しいリズムが生まれます。あなたは流れていきます。柔軟に。関節も、あなたの態度も、生きることへのアプローチの仕方もみな柔軟です。

動いて。流れましょう。音楽の一部になりましょう。ただ存在し、それを楽しみましょう。

音楽が止まったら、ゆっくり時間をかけて体の動きを止めてください。感覚が元に戻るまでちょっとの間、目を閉じたままでいてください。ゆっくりと、楽な姿勢をとりましょう。完全にこの部屋に戻ってきたと感じ、心の準備ができたら目を開けます。

より柔軟になっていく、と自分に言い聞かせながらゆっくりと関節を伸ばしましょう。そして水を飲んでください。

＊エクササイズ［2］

ゆっくり時間をかけてお湯に浸かり、自分自身を愛してあげましょう

湯船に湯を張るか、シャワーを浴びる準備をしてください。

浴室の中の安全な場所にキャンドルをともします。

湯船に浸《つ》かる人は、エッセンシャルオイルを数滴垂らしましょう。オイルはローズマリーかアンバーがいいでしょう。

シャワーを浴びる人は、ベポライザーを使うかイ

ンセンスを焚《た》いて浴室をよい香りにしましょう。

ゆっくりと時間をかけてお湯に浸かります。そのお湯が、ネガティブなものすべてを洗い流し、あなたの中の不純なものを洗い清め、古くなり、捨て去る必要のあるものは全部捨て去ってくれる、と自分に言い聞かせましょう。

それができたら、ゆっくりと体を洗いましょう。長骨に沿って下向きに長いストロークで洗い、関節部分は円を描くようにして洗います。それをしながら、自分はもっと柔軟になっていく、関節は滑らかだ、と自分に言い聞かせましょう。

体の内部の動きや、体液が動くのを感じてください。不要な液体は手放し、体の中の水分は自由に流れ、体液は透明で汚れがなく、あなたの細胞を満たしている、と言い聞かせます。

今度は自分の体をマッサージしながら、栄養が行き渡るのを感じましょう。骨の上はまっすぐ、関節部分は円を描くように、その他の部分は肌の流れに沿わせて、優しく、でもしっかりとマッサージします。自分自身を愛してあげましょう。

より健康に、より自由になっていく、と自分に言い聞かせます。これを好きなだけ続けてください。

終わったら、温かなタオルかバスローブで体を包みましょう。リラックスして、水をたっぷり飲んでください。

*エクササイズ【3】

食べ物からエネルギーをいただくために心の準備をしましょう

セイクラル・チャクラは味覚と関係があります。食事の前や何かを飲む前に、ほんのちょっとの間、それを存分に味わう心の準備をしてください。それからゆっくりと、一口ずつ味わって食べましょう。食べ物があなたにエネルギーをくれているのだということを意識しましょう。

火を通さない生鮮野菜はそのエネルギーを分かち与え、あなたの活力を増してくれます。あなたが飲む水はあなたを浄化してくれます。

エネルギーを与えた水を飲めば、パワーストーンのエネルギーも同時にあなたを活性化してくれます。あなたの味覚を楽しんでください。

メディテーション——
子供だった頃のあなた自身に愛とヒーリングを送ってみましょう

＊メディテーション【1】

邪魔の入らない時間を選びます。メディテーションだけでなく、必要ならそのあと少し一人でいられるように、最低一時間は時間を作ってください。いつものようにあなたの「安全な場所」へ行くか、どこか水の近くで、安全な、あなたが完全にリラックスできる場所を見つけてください。

役に立つパワーストーンはムーンストーンやトパーズです。ムーンストーンは感情のバランスを整えるだけでなく、受胎能力、生理痛、月経前緊張症候群などに特に効果があります。また柔軟性を高め、あなたを優しくいたわってくれる石です。トパーズはほとんど何にでも効果を持っています！　アメジストと並んで、私は毎日のように、特に仕事をしているときにはいつもトパーズを身につけます。鎮静効果を持つと同時に創造性を活性化させ、ヒーリングと再生を助長する高い効果があります。

できれば背骨をまっすぐに伸ばして座ってください。でも何よりも重要なのはそのままじっとしていられる姿勢を取ることです。椅子のサポートが必要なら椅子を使ってください。クッションを使いたければそれでも構いません。

過去を許す

いつものように、呼吸に意識を集中することから始めます。リラックスしてください。あなたは安全な場所にいます。あなたは守られ、地面と繋《つな》がっています。

ではこれから、あなたが三歳から五歳だったとき と、八歳までの間に起こったことのすべてを癒し、手放していきましょう。その頃のことを思い出しましょう。その頃起こったことは今ではすべて思い出です。あなたはすでにそれを乗り越えています。今必要なのはただそれを手放し、今この瞬間、あなたが人生を精一杯生きる邪魔にならないようにすることだけです。詳細は要りませんから、この期間に起こったことのすべてを一包みにまとめて癒しましょう。

心の中で子供のあなたを愛と慈しみで包み込み、優しくしっかりと抱きしめて守ってあげましょう。

その頃起こった出来事、そしてできればその頃に出会った人たちに、癒しと許しを送りましょう。それらすべての中や周りを光が包み、すべては癒され、あなたは解放されます。中でも子供だったあなた自身に愛とヒーリングを送ってください。あなたの中のその部分を存分に慈しんでください。あなた自身の中の子供を愛してください。

次に、もしも可能ならば、第二段階に進みましょう。

霊的な視点に立って、その頃知っていた人々、出来事、エネルギーを見てみてください。その頃彼らがあなたに対してしたことは、その人自身が受けた傷や苦しみのせいだったことがわかりますか？　できるならばその人たちに思いやりを送ってください。そして可能ならば彼らを許し、そうすることであなた自身を彼らからこれっきり完全に解放してしまいましょう。手放してください。あなたは自由になれるのです。許しましょう。

時間を取って構いません。

さあそれでは、もしも可能ならば第三段階に進みます。

さらに高い霊性の次元に立ってもう一度見てみましょう。今なら、その頃起こった出来事はみな、あなたに人生のレッスンを教え、あなたがより完全な存在になるために学ぶ必要のあることを、教えてくれていたのだ、ということが理解できるかもしれません。霊的存在としてのあなたには先生が必要だったのです。できるならば、その時期のあなたの成長に関係していた人は、あなたに必要な経験をさせてくれていたのだということを理解し、そしてできれば感謝とともに、その人たちを解放しましょう。

急ぐ必要はありません。感謝しましょう。

前とは違った心の静けさを持って、あなたの中の子供の部分を感じてください。自分が完全な存在であるのを感じ、ゆっくりと肉体の中に戻ってきてください。地面に足がついているのを感じましょう。肉体を意識し、それが地球としっかり繋がっているのを感じてください。あなたの体を抱きしめ、自分の目の後ろに自分の意識が戻ったら、ゆっくりと目を開けます。気持ちの準備ができたら、ストレッチをし、そして体を動かしましょう。

水を飲み、何でも書きたいことをノートに書いてください。

＊メディテーション〔2〕

同じやり方で、リラックスして気持ちのいい状態に自分を持っていってください。そうしたら、ハート・チャクラを通り、ソーラー・プレクサス・チャクラを通って自分の意識をセイクラル・チャクラまで降ろします。美しいオレンジ色の光がそこに見えます。回転しながら輝くその光、眩《まばゆ》いエネルギーに満ちたその光の美しさにあなたは目を見張ります。それが回転するのを見てください。さあ、ゆっくりとその光の中に入っていきましょう。オレンジ色の光の中へ。その輝き、暖かさ、エネルギーを感じてください。探検を楽しみながら光の中を進んでください。あなたはゆっくりと運ばれ、やがて光の中を通り抜け、きれいな澄んだ水の中へと入っていきます。あなたの周りを水がゆっくりと流れるのを感じてください。呼吸は楽にできます。何もかも、ゆっくりと流れています。水がそっとあなたの肌に触れ、あなたの周りを流れながらあなたを優しくマッサージするのを感じてください。そっと、優しく流れています。ゆっくりと流れています。流されるのに任せてください。その感覚を楽しみましょう。水の中であなたは何の努力もせずに動くことができます。

動かしたい部分を動かしましょう。体は軽く、柔軟です。あなたの体は水のように動きます。流れるように、優しく流れるように、しなやかに流れるように、ゆっくりと流れるように動きます。

好きなだけ探検を続けてください。ここは静かな、美しい場所です。その静けさ、その美しさを感じてください。急ぐ必要はありません。

さあ今度はあなたの右を見てください。美しくて力強く、それでいて優しい存在が水の中をあなたに向かって近づいてきます。あなたにはその存在の力強さ、偉大さ、活力、そしてあなたへの強い愛を感じることができます。近づいてくるのを見守ってください。そして愛に満ちた歓迎の気持ちを送ってください。それが近づくにつれ、刺激的なエネルギーをあなたは感じます。これがあなたの男性性です。味わってください。手を触れ、歓迎し、仲よくなりましょう。その存在、慈悲深さ、美しさを味わい、それがあなたを守ってくれるのを感じましょう。あなたの隣に近づいてくるにつれてその力を感じます。味わってください。愛にあふれたメッセージを送ってください。

それでは、今度は左を見てください。別の何かが近づいてくるのが見えますね。ソフトで優しく、美しく愛にあふれ、しかもその脆《もろ》さの中に強さと知恵を兼ね備えた存在です。あなたにはその輝きと慈悲深い力がわかります。その愛情、神秘的な美しさ、その偉大さがわかります。あなたに対する深く激しい愛情を感じてください。じっと見つめてください。温かく愛に満ちた歓迎の気持ちを送ってください。これがあなたの女性性です。その優しさ、パワー、静かさを味わってください。歓迎しましょう。手を触れ、仲よくなりましょう。その優雅な動きを見てください。あなたの隣に来てもらいましょう。そして愛にあふれたメッセージを送ってください。

あなたが見守るうちに二つの存在は一緒に動き始め、やがて素晴らしく優雅な円を描いて踊り始めます。互いの周りを流れ、互いの中に流れ込み、回転し、混ざり合い、離れてはまた一つになり、完全で完璧なままで融合するのです。二つの動きを見守ってください。水を感じ、二つの存在の互いへの愛を、そしてあなたへの愛を、愛と喜びに満ちた水を、その生命力、創造性、調和、バランスを感じてください。今度は二つの存在があなたを手招きしています。あなたは彼らに引き寄せられ、彼らと混じり合い、一つになります。あなたも彼らの素晴らしいダンスに混ざってしまいました。あなたは彼らと一緒に動き、一つになりました。あなたにはあなたの美しさ、偉大さが感じられますね。あなたのパワーを感じてください。あなたが完全であるのを感じてください。楽しみましょう。

あなたの中に流れる液体を感じましょう。あなたの周りにも、あなたの中にも、穏やかで安定した流れがあふれています。あなたの血行は自由で軽やかです。あなたの細胞の中を流れる液体を感じましょう。水があなたを浄化し、癒すのを感じましょう。浄化し、癒し、バランスを整えます。癒し、バランスを整え、優しく流れます。あなたの体が流れるように動くのを感じ、その動きの柔らかさを感じ、どんなに自由に動けるかを感じてください。育まれている自分を感じてください。それを受け取ってください。育まれる喜びを感じましょう。楽しんでください。

男性性と女性性が調和しバランスが取れた今、あなたはとても満ち足り、自由でかつ穏やかです。そのままゆっくりと戻る準備をしましょう。急がなくて結構です。オレンジ色の光に向かって戻ります。ゆっくりと近づき、そしてその中に入ります。その輝きの中をゆっくりと進み、やがてその中を通り過ぎて、ゆっくり、ゆっくり、セイクラル・チャクラから外へと戻りましょう。

意識をゆっくりあなたの肉体へ、この部屋の中へ、今という時間へと戻します。ゆっくりで結構です。目の後ろに意識が戻ったのを感じたら、目は閉じたまま肉体を意識しましょう。床に足がついているのを感じてください。つま先を動かしましょう。地球とあなたの繋がりを感じてください。体に腕を回し、気持ちの準備が整ってからそっと目を開けます。ゆっくりと目を開け、しっかりとここに根を張って存在してください。ちょっとの間そのままでいましょう。地球との繋がりを感じ、準備ができたらストレッチをし、動いてください。

水を飲み、ノートに何でも書きたいことを書きましょう。

第6章

The Solar Plexus : Power, Will and Prosperity

ソーラー・プレクサス・チャクラ

〔パワーの発電所〕あなたの望む人生に意志と繁栄を与えてくれます

内なる力にこの命を捧げよう
私の持つ最大の可能性が自然に姿を現すために
この命を捧げよう
今日は私の日だ
私に起こることのすべての決定権は私にあり
私は私の人生に対して完全な責任を持つ
私は力だ
そう、それでよい。

(作者不詳)

ソーラー・プレクサス・チャクラは、私たちの意志・可能性を解放し、物質的世界から高次の世界へと導いてくれる

右頁の引用文をもう一度、ゆっくりと読んでください。一語一語味わってください。ソーラー・プレクサス・チャクラのパワーのすべてがここに表現されています。「私は力」「私の持つ最大の可能性が自然に姿を現すためにこの命を捧げよう」――ソーラー・プレクサス・チャクラに声を出すことができればそう言っているかもしれません。

この言葉を感じてください。もう一度声に出して、あなたの存在が突き動かされるのを感じてください。ゆっくりと読んでください。これがソーラー・プレクサス・チャクラ、非常に魅力的なチャクラです。太陽が主星である獅子座生まれの私にとって、私自身の太陽であるソーラー・プレクサス（太陽神経叢《そう》）は最もお気に入りのチャクラの一つです。これは炎のチャクラであり、黄金《こがね》色に輝いて私たちの内なる炎を外界に照らし出します。

胸の下部と臍《へそ》の間に位置するソーラー・プレクサス・チャクラは、基本的な物質世界からより高次元な世界へと私たちを導きます。精神的、知的なレベルへと移行する過程で、ソーラー・プレクサス・チャクラは、情熱とエネルギー、それに意見と論理、意欲とやる気の混ざった調合剤を、私たちに提供してくれるのです。ルート・チャクラとセイクラル・チャクラで行った準備作業により、確固として揺るぎないルート・チャクラがセイクラル・チャクラの流れるような動きを可能にしました。そして今私たちは、セイクラル・チャクラで生まれた創造的なアイデアを実現させ、それに伴って大きな変化を起こす、その出発点にいるのです。セイクラル・チャクラが示す「苦痛か、喜びか」という判断基準は私たちが前進するに当たって大変有用な道標ですが、今度は自分の人生を好きなように計画する番です。ソーラー・プレクサス・チャクラは、私たちに解放の機会を与えてくれます。それを選ぶかどうかは私たち次第です。

さあ、行動を起こし、主導権を持ち、自分の進むべき道を決めましょう。自分の意志を生かし、活《い》き

活きと行動的に、意欲とやる気を持って前進する準備が私たちにはできています。コミュニケーションと自己表現はスロート・チャクラの機能ですが、自分の意見が生まれるのは、ここソーラー・プレクサス・チャクラです。真実の自分が顕《あきら》かになるに伴い、それを世界に向かって表現する勇気を、ここで私たちは得るのです。ここで私たちは自分の内側にある強さと自由を発見し、つらい出来事や状況があっても進み続ける粘り強さを育てます。目標を実現し、成功を収め、自分のエネルギーを発散させて一目置かれる存在になりたいという意志が生まれます。私たちは「到着」しました。そして私たちは世界にそのことを知らせなくてはなりません。

　仕事をする、変化を起こす、なりたいものになる、夢を実現する、幸福になる、自分が生きたいように人生を生きる――正しく使えば、ソーラー・プレクサス・チャクラのパワーは限りない可能性を私たちに与えてくれます。ただしこの強力な力は使い方を間違えれば、人に向かって振りかざすことのできる危険な武器にもなり、自分の力にまだ気づいていない人の繊細な心に土足で踏み込むようなことにもなりかねません。そしてそれはいずれ悲惨な結果を招きます。

　ここまでの旅路で私たちは、自分のパーソナリティ、自分自身の個人的なアイデンティティーの土台部分に到着しています。このチャクラで行うワークによって、古い押し殺された感情、表現されなかった気持ちなどを手放すにつれ、多くの人はその精神的向上のプロセスにおける最も激しい爆発に見舞われ、驚くかもしれません。けれどもここでしっかりヒーリング・ワークをすれば、私たちは自分を、自分の人生を違ったものにできます。自分自身に対して、そして世界に対して、恐らくこれまでは感じたことのなかった満足を感じられるようになっていくのです。

最も驚異的なチャクラ！
ここは、チャクラ・システム全体のパワーの発電所になっている！

チャクラについて教えるとき、私はたいていそのシステム全体の簡単な説明から始めます。チャクラ・システムの発電所とも言うべきソーラー・プレクサス・チャクラのところまで来ると、私は私の中のパワーが動くのを感じ、私の体の動きや姿勢が変化するのに気づきます。ソーラー・プレクサス・チャクラの真髄《しんずい》が表に現れるに任せていると、呼吸も変化します。私は普段自分のパワーをできるだけ隠すようにしています。それによって威圧される人がいるのがわかっているからです。けれども、パワーについて語らずにこの最も驚異的なチャクラの話をすることはできません。

人生は不公平だ、と感じるとき、私もときどきそう感じることがありますが、私はソーラー・プレクサス・チャクラに助けを求めます。手でソーラー・プレクサス・チャクラを包み込み、チャクラにその力を囁《ささや》いてもらうのです。ゆっくりと、一語一語を噛みしめながら、私はソーラー・プレクサス・チャクラを少しずつ開き始めます。私はパワーだ。ソーラー・プレクサス・チャクラに身体的なパワーの感覚を感じ始めます。私はパワーだ。パワーの感覚はだんだん強まり、私は思いきり背筋を伸ばします。私はパワーだ。ちょろちょろと流れ始めたエネルギーは間もなく洪水となって流れます。私はパワーだ。胸を張ります。私はパワーだ。顔を上げ、肩の力を抜きます。私はパワーだ。首は反《そ》り、顔は天を見上げます。私はパワーだ。手をソーラー・プレクサスから離し、天に向かって伸ばします。私はパワーだ。私の声は力強さを増し、実際に口を開いて精一杯の声を出すことはしませんが、どんな声が出るかはわかっています。私はパワーだ。私は今パワーに満ち、それでいて平静です。どんなことにも立ち向かえます。どんなことでも乗り越えられます。必要な状態でいることができ、必要なことは何でも学べます。私は私自身に対する責任を持っており、それは誰にも、どんなことをしても奪うことはできません。私はパワーに満ちています。私のソーラー・プレクサス・チャクラは滞りがなく、強力です。私は私自身と私の身に起こることを掌握《しょうあく》しています。私がパワーなのです。私は私の人生に対する責任を受け入れます。

とてもよい気持ちです。ほんの数分で私はコントロールを取り戻し、「可哀相《かわいそう》な私」症候群の発作から逃れることができます。

自分の中のパワーを認識することは、私たちに最も大きな自由を与えてくれることの一つです。もはや私たちは自分を、周りの状況に翻弄《ほんろう》される犠牲者、とは思わなくなります。

よきにつけ悪《あ》しきにつけ、今の自分の状況は自分が作り出したものだ、ということを認められるようになります。

そしてそれと同時に、自分にはまた今よりもよい状況に自分を置くことも可能なのだ、という自信が生まれるのです。

素晴らしいことでありませんか？　私たちは自分の人生を作れるのです。運転席に座って、好きなようにハンドルを切れるのです。

すべては私たち次第です。責任重大です。魅力的ではありますが、あなたには本当にその用意ができていますか？

あなたに起こることを誰かのせいにすることはもうできません。責任放棄はもうできないのです。

あなたの人生はあなたのもの、あなただけのものです。どう生きるかはあなた次第です。

自分の人生は自分で作るもの――意志の力はここソーラー・プレクサスで生まれる！

私たちの意志力はソーラー・プレクサスで生まれます。意志力とは、そうあってほしいと願うことによってそれを実現させる能力のことです。純粋な気持ちと、自分自身も含めてすべての人のためになることをするという意図さえあれば、ほとんどのことは実現させることができます。パワーと意志力が組み合わされることによって生まれる驚くべき力は、想像もつかなかったことを可能にするのです。中でも最も強力なのはもちろん、愛の力です。愛がパワーと意志力と組み合わされれば素晴らしいことが実現します。この章の最初に戻ってもう一度引用文を読んでみてください。

私に起こることのすべての決定権は私にあり
私は私の人生に対して完全な責任を持つ
私は力だ

そう、それでよい。

素晴らしいアファメーションですね。これを書き写してよく目に触れるところ全部に貼っておいたらあなたの人生にどんなことが起きるか、試してご覧なさい。

パワーを賢く使うことができず、自分のした選択の結果が気に入らないことも、ときにはあります。けれども自分の失敗に責任を持てるようになれば、自分の行動を変えて違う結果を導き出すことも、また可能です。仮に自分を一見無力な立場に置いてしまったとしたら、それは私たちが自分のパワーと意志の力を、自分の役に立つように使えなかったからです。必ずしも使い方を誤ったというのではなく、自分のした選択が、本当に自分が欲しいものには繋《つな》がらなかった、ということです。意志の力で人生によいことを呼び込むことは同じくらい簡単です。

自分には何もない、と感じたら、周りを見回してご覧なさい。私たちは誰も、思ったよりたくさんのものを持っているものです。でももしかしたら、あなたの持っているものの中にはもうあなたが欲しくないものがあるのかもしれません。あなたはそれを他のもの、もっとよいものに変えたいのかもしれません。あなたにはそれができます。

長い間患者として診《み》ていたある女性が、あるときついにワークショップに参加しました。彼女はあるとても嫌な経験をして、持っていたものをほとんど失ってしまっていました。私がワークショップでよく使うアファメーションの一つに、「私は必要なものすべて、そしてそれ以上のものを持っている」というのがあります。彼女は、メディテーション中にこのアファメーションを心の中で繰り返そうとしたとき、笑いと涙が一緒にあふれた、と言います。けれどもしばらくすると、それは彼女が自分に対して言える、最も元気の出ることの一つになりました。

所有物、物質的な意味での財産だけ見れば、たしかに彼女は以前より、はるかに少ないものしか持っていませんでした。でもサポート、友情、愛について言えば、実際彼女は彼女が必要とするだけ、いえそれ以上に持っていたのです。自分の価値観を変え、アファメーションを常に繰り返すようになった途端に、自分の人生は変わり始めた、と彼女は言います。

もちろん、今この瞬間、自分は必要とする以上のものを持っている、と認めたからといって、素晴らしいものがこれ以上手に入らないというわけではありません。

私たちのコントロールの及ばない、意識、無意識にかかわらず私たちのどんな行動にも起因しない状況というのも当然あります。私の患者さんの中には、ぞっとするような虐待《ぎゃくたい》、トラウマ、貧困を体験した人がいます。その人たちは大人になっても、自分が知っている唯一の生き方を繰り返すことがあります——たとえば虐待的な環境に自らを置き続けたりするのです。でも、子供時代にしろ大人になってからにしろ、そういう人たちの身に起きる悲劇は、その人たちのせいではありません。そうした悩み苦しむ魂の治療に当たるという大きな特権を与えられた人は、彼らが私たちに教えてくれていることを、しっかり学ばなければなりません。

その転生の歴史を間もなく終え、神の一部として戻っていくばかりの魂は、今生《こんじょう》で自らに非常に重くて苦痛に満ちた仕事を課す、と言われます。いずれ時が経てば、人生におけるすべての出来事は遠大な計画に基づく貴重なレッスンであり、賢く、年齢を重ねた魂がその学びを完結させるために自らに与えているのだということがわかるでしょう。そういう魂は恐らく、自分のカルマ（用語解説参照）だけでなく、人類全体のカルマの一部をも解消させるためにこの世に存在するのです。そうする中で、私たちが何を見、何を変えなければいけないかを彼らは世界に気づかせてくれます。

たとえば地球上の貧困、飢餓《きが》地域に生まれ、数日、数週間、あるいは数ヶ月間しか生きられない子供たちがいます。それは、常に餓《う》えや病《やまい》に苦しみながら生きるたくさんの人々の状況を浮き彫りにするために、その短い間、自らを肉体的な苦難に捧げた魂なのです。同じことが、その他の短命な子供たちにも当てはまります。彼らはその両親や医師たちに、彼らが学ぶ必要のある何かを教えるためにやってくるのです。

だからといって、苦しんでいる人だけが古い偉大な魂であるというわけでも、苦しみが魂の古さを示しているわけでもありません。学ぶことがたくさんあるまだ若い魂が、とても苦痛を伴うやり方でいろいろなことを学んでいることも多いのです。また、カルマとしての借金（用語解説参照）を返済している人もいます。そういう場合、その人は今生では悟りにはあまり近づくことはできません。その人の課題は苦しみを解消することだけだからです。あるいはまた、古く、賢く、穏やかで、すでに学ぶべきことはほとんど学び終えた魂もあります。彼らは人に教え、与え、そうすることでさらに自分が成長するためにここにいるのです。彼らはみな力強く、一人一人が、この地上での人生を生きるために、人間としての意志の力を発揮しています。そしてやがて自由な霊性の世界へと帰っていくのです。

不運な犠牲者などでは決してないのに、無力に見せている人がいます。そのほうが都合がいいからです。そういう人こそ一番したたかであったりします。「無力」でいることには様々な二次性利得がありまナ。たとえば、自分の人生に対する責任から逃れ、自分でも十分にできることを人にやってもらえたりします。でもその結果彼らは自分の成長を妨げているばかりでなく、他にもネガティブな影響があるのです。また、救済者役でゲームに加わりたい人にとっても同じです。

ベティとリックはまさにそんな「犠牲者と救済者」のカップルでした。二人は揃って私に会いに来ました。それはただリックが、自分が一緒でなくてはベティは無事に診察室に辿り着き、彼女のどこに問題があるのかを私にきちんと伝えることができない、と思ったからでした。私がベティに質問をするたびにリックが答え、私がやんわりとベティ自身の答えが聞きたいと言っても、ベティは答える前にリックのほうをちらりと見やって、彼の承認を得ようとするのでした。リックは心底彼女のことを心配し、彼女への愛も本物でした。けれども、彼らはそれぞれ別の形でソーラー・プレクサス・チャクラのゲームにはまっていたのです。彼女は「無力」で、彼のほうが状況を管理していました。彼女はおかげで自分に対する責任を取らなくて済み、彼はそのお返しに彼女から尽きることのない愛情を受け取っていたのです。

これが、第5章でお話しした相互依存の関係です。これについては第7章でもお話ししますが、この問題にはすべてのチャクラが関係しています。ベティには、一目リックを見るだけで彼をコントロールすることができるパワーがあります。その「頼りなさ」のゆえに、彼女は逆に征服者なのです。けれども同時にリックは、彼女が自分で何かするのを阻《はば》むことで彼女をコントロールし続けていました。彼は、ベティは弱すぎて彼なしでは何もできない、というメッセージを、言葉やそれ以外の方法で常に送り続けていたのです。

これが、ソーラー・プレクサス・チャクラが損傷を受けた状態です。二人ともそれぞれに、未解決の問題を二人の関係に持ち込んでいたのです。二人が一緒に成長していくのを見るのは、素晴らしい経験でした。二人は初めて真実を語り始め、お互いが過去の傷を癒し、手放して解放されるのを目撃しました。二人は健康な状態で一緒にいることで多くのものを得、ともに大きく成長しました。ベティが初めて、それまでならきっとそうしたように黙って自分の中にしまい込まず、私はそうは思わないし腹が立っている、と口にすることができた日のことはよく覚えています。それは素晴らしい一瞬でした。私の役割は終わりました。あとは二人に任せればいいのです。

自立し、責任を持てる個人であることは、依存による利得をはるかに凌《しの》ぐ見返りを与えてくれます。たとえば自己実現、それとともに得られる自信、そして堂々と自分の意見を述べる勇気と責任などです。それは私たちを興奮させ、新しい内面の平安と調和に繋がっていきます。人生は以前より生きやすいものになります。自分の人生は自分で作れるのだということに気づき始めるのです。

全体の中の一部としての自分の個性に誇りを持ち、他者の個性をも尊重しましょう

ソーラー・プレクサス・チャクラが開くと自尊心が発達し、それと同時に、他の人をあるがままに認めることができるようになります。私たちが持つ様々な違いを天からの贈り物として受け取り、私たちをより豊かにしてくれるチャレンジと捉《とら》えられるようになるのです。違いに適応し、順応して、自分

恋愛関係

人間の愛を司るのはハート・チャクラですが、長期間にわたる恋愛関係を持ち、それがうまくいくための強さと安定を私たちが得るのは、ここソーラー・プレクサス・チャクラです。自分以外の誰かと深い関係を保つためには、ハート・チャクラと同時にソーラー・プレクサス・チャクラも開いていなくてはなりません。けれどもその結果、関係が終わったときのつらさは二倍になります。二人をハート・チャクラで結んでいたコードを解くだけでなく、ソーラー・プレクサスの結びつきも断ち切らなければならないからです。

ソーラー・プレクサス・チャクラはまた私たちに、家庭、コミットメントと帰属の意識を与えます。また愛国心や、一貫性、忠誠心が存在するのもここソーラー・プレクサス・チャクラです。

の意見や信条を変化させることを覚えます。少々意志を曲げ、必要なら妥協する用意があれば、頑強な樫《かし》としなやかな柳を組み合わせることも可能になり、前進と発展は容易なものになります。

他人と相和し協調するのがうまくなるにつれ、新しいもの、自分と違うものを探求する喜びが生まれます。自分の個性に誇りを持てるようになりますが、それはあくまでも、バランスの取れた全体の中でのことです。これまでは周りからの隔離、孤立を感じることもあったかもしれませんが、今では自分が完結した存在であると同時に、もっと大きな全体の一部である、ということが理解できるのです。経験から生まれた知恵は謙虚さと隣り合わせにあります。自分が自分の宇宙の中心にあるパワフルな存在であると同時に、より大きな計画のほんの小さな一部分にすぎないことを、私たちは知るのです。

私たちは今、人類とだけでなく、自然と、そして宇宙のすべてと調和します。これまでは、権威者、あるいは権力を握っていると私たちが判断した人に対し、卑屈になるか、または反対に反抗的だったり、優越感を持ったり、攻撃的になったりしたかもしれません。すべては平等である、という視点に立てば、そのどちらの態度も間違っていることがわかります。自分以外の人や意見、その人たちが人生にもたらすものを尊重することを私たちは覚えました。疎外されて孤独だと感じたり、劣等感を感じたりする必要がないことも私たちにはわかっています。そうした自信を持つことで、私たちは自分の個性を保ちながら、他の人とともにチームを組んで働くことができます。どんな状況においても私たちは一人一人みな、他の人にはない何かを提供することができるのです。

ソーラー・プレクサスから成功と繁栄の贈り物を受け取りましょう

潮の満ち引き、季節の変遷《へんせん》、昼と夜の移り変わり、月の満ち欠けと月経周期、惑星の回転――自然は常に周期的に動いています。ソーラー・プレクサス・チャクラは、私たちがこうした動きの必要性を尊重することを要求します。エネルギーの流れを保っためにそれが必要なのです。私たちの中にあるパワーと光を外界に向かって放ち、同時に外界からの贈り物を受け取るためにオープンでいることによって、私たちにはそれが可能です。

贈り物を受け取るときには、私は自分の胸のあたりがぽっかりと開くところをイメージします。すると暖かな、元気の出るような感覚があり、心臓とみぞおちの中間あたりにある種の身体的な感覚を覚えます（曖昧《あいまい》な言い方ですが、正確に説明するのは難しいのです）。それから、ユニバースの豊かさと、最終的に私のためになる機会はすべて受け入れる、というアファメーションを言います。天に向かって愛情を送り、そして、必要なものは何もかも、もうすぐ私の人生に流れ込んでくる、という絶対の確信を持ってその愛情を送り出します。それはたいてい奇跡的な結果を生みます。ときには自分が期待したこととは全く違うことが起こったりもしますが、あとになって振り返ってみれば、それは自分の想像力をはるかに超えたものであることが多いのです。

ある地方の公民館の外に立っていた看板に、こんなことが書いてあるのを、最近目にしました。「船が着かないのなら、ボートを漕《こ》いで迎えに行こう」――成功についての努力もこれに似ています。私たちはただじっと何かが起きるのを待ち、それがなかなか起きないと言ってぼやくこともできます。でも賢い人なら、自分が主導権を握って自ら出かけ、途中まで迎えに行き、実現させることが可能なのです。

成功し、裕福であることには何の問題もありません。むしろ私は、私たちはみな成功するためにできる限りの努力をする義務があると思っています。なぜならそうすることで、エネルギーの流れがユニバースに行きわたり、誰もがそれによって恩恵を被《こうむ》るからです。ただしそこには普遍的なルールがあります。受け取るためにはまず与えなくてはならない、ということです。

たとえばあなたの家の水道のシステムを見てみましょう。貯水タンクに溜まった水は、あなたが蛇口をひねるまでは何もせずただそこにあります。蛇口をひねると水が流れ出てタンクにスペースができ、また水が流れ込みます。蛇口をひねらなければ水は澱《よど》み、もうそれ以上水は流れ込むことができません。あなたの人生もそうなる可能性があります。今持っているものを後生大事に抱え込んで、蛇口を固く閉ざしておくことは可能です。でもそれは、エネルギー、所有物、愛、仕事、その他様々な形でやってくる新しい、面白い可能性を遮断《しゃだん》することになるのです。

「受け取るためには与える」というルールを思い出してください。成功の順番が自分にも回ってきてほしいと思うなら、その車輪を少々後押ししてやることが必要です。それにはまず初めに与えることです。そうすれば、仕事、愛、心の平安、物質的な豊かさ、健康、友情、それに恋愛関係など、あらゆる側面での成功で報いられます。善意と純粋な心を持ち、心をオープンな状態に保つならば、欲しいものは容易に手に入るようになります。

このルールに従っていないのに成功しているように見える人はたくさんいる、とあなたは言うかもしれません。でも成功とは、経済的な安定だけで測られるものではありません。前述したようなあらゆる角度から見れば、そういう人たちは結局、大して成功などしていないのがわかるのではないかと思います。いくらお金を持っていても、心が平安でなかったり、忙しすぎて自分の労働の収穫さえ楽しむ時間がなかったりしたのでは意味がありません。健康なソーラー・プレクサス・チャクラは、本当の意味での成功、繁栄につながる道を私たちに開いてくれます。

ソーラー・プレクサス・チャクラがブロックされたときに起こる出来事

私たちが特定の感情を「ネガティブ」と呼ぶのは、それを感じるのが気持ちのよいことではないからです。怒り、憤怒《ふんぬ》、嫉妬、恨み、罪の意識などが含まれます。けれども、もし私たちが自分にその感情を体験することを許すなら、それらの感情は、私たちの人生を大きく動かす強力な力となるのです。何が理由であれ、そうした感情を消化できていないとしたら、それらはソーラー・プレクサス・チャクラに溜まっています。

ソーラー・プレクサス・チャクラの発達は八歳か

消化する炎

恋愛に関係する出来事と平行して起こる様々な消化器官の症状があります。

たとえば恋に落ちた初めの頃には食欲がなくなったり、逆に猛烈に食欲が出たりします。

また、強い絆《きずな》で結ばれた関係の中で傷ついたり裏切られたりすると、吐き気がしたり、食べ物が喉《のど》を通らなかったり、胃のあたりを殴られたように感じたりするものです。

これは、ソーラー・プレクサスが消化器官を含む腹部全体と関係しているせいです。

ソーラー・プレクサス・チャクラが炎のチャクラであることを思い出してください。ソーラー・プレクサス・チャクラは、私たちの消化の過程を支配し、食べ物を燃焼させることによってエネルギーを私たちが使いやすい形で放出できるようにします。

消化する炎が大きく燃えていると私たちは空腹を感じ、肉体に燃料を補給する衝動を覚えるのです。ソーラー・プレクサス・チャクラに波長を合わせることを覚えれば、それが最も大きく燃え盛っているとき、普通は太陽のエネルギーが最も高まる正午に、食事を摂《と》ることができるようになります。

そうすれば食べ物は効率よく消化され、最大限のエネルギーがそこから放出されて、脂肪として蓄積される無駄な部分は最小限で済むのです。

そして消化の炎が弱いときには食べないか、食べてもほんの少しにしておくことができます。体が今燃料補給は必要ない、と言っているのです。このシンプルな合図に従うことが、体重のコントロールをしやすくします。

九歳の頃に始まります。ですからこの時期に経験したトラウマや苦痛は私たちに大きな影響を与えます。一般的に、トラウマの体験が早ければ早いほど、またその痛みが大きければ大きいほど、私たちはそこにフタをしてしまいます。これは心理学用語では「抑圧」と呼ばれます。ときとして私たちは抑圧があまりにも上手になり、それがそこにあることすら、もはや意識しなくなります。

私の患者の中に、子供時代のことを何も覚えていないという人がよくいますが、それは子供時代が大変残酷《ざんこく》なものであったというケースが多いのです。ソーラー・プレクサス・チャクラのヒーリング・ワークを始めようとするとき、抑えていた感情が解放されると、それが火山のように爆発して、あなたや周りの人たちを破壊してしまうのではないか、と心配かもしれません。でも大丈夫、注意深く進めば、破壊的な状況にはなりません。たとえば燃えるような怒りをうまく利用することができれば、それは私たちを一気に、健康な状態へと大きく前進させてくれる燃料となります。終わりを迎えている恋愛関係や虐待的な状況、不要になった慣習などから私たちを脱出させてくれるのは、往々にして怒りか憎しみです。それによって私たちは、長い間縛られてきた感情や心情操作に、巻き込まれないだけの距離を置くことができるのです。

このチャクラがバランスを失ったり塞《ふさ》がってしまっていたりすると、自分を哀れな状況の犠牲者のように感じ、感情は抑えつけられ、自信はなくなり、尊厳を守ることができません。疲労感、エネルギーの欠乏、スタミナ不足に悩む人が多く、前に進もうとしてもその意欲が妨げられてしまうかもしれません。健康なソーラー・プレクサス・チャクラがくれるエネルギーと勢いなしでは、毎日は苦闘の連続となり、私たちは次から次へと障害に遭遇して、そのたびに疲れ果ててしまいます。外からは意志が弱く、自主性、自己表現、そして方向性に欠けているように見えるでしょう。自分が隠そうとしている恐れや痛みが解放され、危機を引き起こす危険のある状況を避けようとするあまり、やる気や意欲をも失うでしょう。

残念ながら、感情の抑え込みは非常にその影響が大きく、大事なものもまた同時に閉め出してしまいます。私たちがそれを何よりも必要としているときに、元気や強さを得るために必要不可欠な愛や喜びを、私たちは失うのです。

　そういう人はたいてい感情的にどうしようもなく不安定です。多くは永続的な関係にコミットすることができず、愛ではなく必要から来る薄っぺらな関係を持ちます。そういう人を深く知ることは誰にもできないため、その人は、何よりもそれを求めているのに、人との関わりによって自分の価値を確認することもできないのです。

　感情体と霊体がブロックされていれば、肉体にもまた障害が起こり、消化不良、潰瘍《かいよう》、胃酸過多、便秘、過敏性腸症候群、憩室《けいしつ》症、その他慢性の消化器官の疾患が見られます。便秘と下痢を繰り返すこともあります。医師という立場から一言、もし便秘と下痢を繰り返すようなことがある場合は病院で原因を調べてください。

　膵臓《すいぞう》を司っているのもソーラー・プレクサス・チャクラなので、糖尿病が起こることもあります。胆《たん》嚢《のう》や胆管が胆石で詰まり、腹部の不快感が症状をさらに悪化させます。食べることに慰めを得ようとする無益な試みは、より複雑な症状の原因となることもあります。すでに弱くなっている消化器官は、超過負担となり、難しい症状をさらに悪化させます。そして肥満が自尊心をますます弱めるのです。

　抑圧された怒りと癌《がん》の発生の関係は立証されていますし、興奮性、睡眠障害、やる気の欠如、疲労感、体重の増加あるいは減少、鬱病、絶望感といったストレス性の症状もいろいろあります。思い当たることはありませんか？

　これはつまり、あらゆる意味で沈滞している状態と氾濫《はんらん》が交互に起こっているようなものです。感情が全く欠落しているかと思えば、制御不能なほどにあふれ出してしまったり、何もやる気にならないかと思うと、ときにエネルギーが爆発し、その結果疲労困憊《こんぱい》してしまいます。また、自己主張して言うべきことを言うのを嫌がるかと思うと、たまに発作的に誰の耳にも痛い真実を口にするのだけれど、それが攻撃的で不適切な言い方だったり、というようなことが起こるのです。

　エネルギーの中央通路が上部のチャクラと下部のチャクラの間で分断されてしまうため、血行が悪くなり筋肉が凝って骨盤や下肢《かし》が冷たくなることもよくあります。このチャクラで、エネルギーを浄化し調和させるのに必要なワークを行うことで、私たちは解放され、肉体的にも感情的にも霊的にも、強い意志、パワー、明晰《めいせき》さ、自信、目的を持って前進することができるようになります。ソーラー・プレクサス・チャクラが浄化され解放されれば、昔からの関節痛がよくなることもあります。

ただし、ソーラー・プレクサス・チャクラが開きすぎていると、他の人のネガティブなエネルギーや感情、特に怒りや不安を拾い上げてしまいがちです。

ソーラー・プレクサス・チャクラを意のままに閉じたり開いたりできることが重要です！

わがままで無茶苦茶をする人、他人のことを一切無視して自分のパワーを行使する人、何も考えず人の気持ちを土足で踏みにじる人――それはたいていソーラー・プレクサス・チャクラに問題がある人です。そういう人は鈍感で自制心にかけ、肉体的、感情的、心理的な意味で他の人、あるいは社会が必要とする境界線を尊重しようとしません。そして自分の人生はおろか、その人が出会う人々の人生までメチャクチャにしかねません。そしてこれは、社会病質人格と名づけられた症状の現れであることが多いのです。

こんなふうに行動する人がいたら、どうか思いやりを持って見てあげてください。もしもその人のソーラー・プレクサス・チャクラが塞がっていて、中にぎゅうぎゅうに詰め込まれた怒り、憤怒、苦痛を取り去ることができずにいるとしたら、その人が必死で隠そうとしている内面の混乱が噴出してしまうのを防ぐことは、その人には不可能なのです。同じことが、加齢や私たちを不意に襲う大きな出来事によって、抑制が弱まり、言わば押さえつけていたフタが開いてしまったときにも起こります。そういう人に必要なのは、古い感情を拭《ぬぐ》い去る勇気とそのための手助けです。ただしそうしたカタルシス（用語解説参照）は、それまで苦しみが溜まっていた場所が同時に癒されなければ、持続的な価値を持ちませ

第六感

ソーラー・プレクサス・チャクラは私たちの「第六感」が存在している場所です。これは私たちが持っている直感が素朴な形で現れたもので、直感は第六のチャクラ、すなわちブラウ・チャクラで再び、もっと洗練された形で登場します。でもまず、ここソーラー・プレクサス・チャクラで直感に波長を合わせることを覚え、もっと高いところにあるチャクラで、それが完成の域へと磨かれる準備を始めるにつれて、私たちは自分の直感を信頼することを覚えます。非常に正確な感覚であり、真実、尊厳、振る舞いに関することにかけては、他の五感よりもはるかに間違いのない指針となってくれる、この特別な感覚が、いつでも使えるところにあることに気づくのです。ソーラー・プレクサス・チャクラはそのセンサーが非常に正確であることから、第二の脳と呼ばれるほどです。

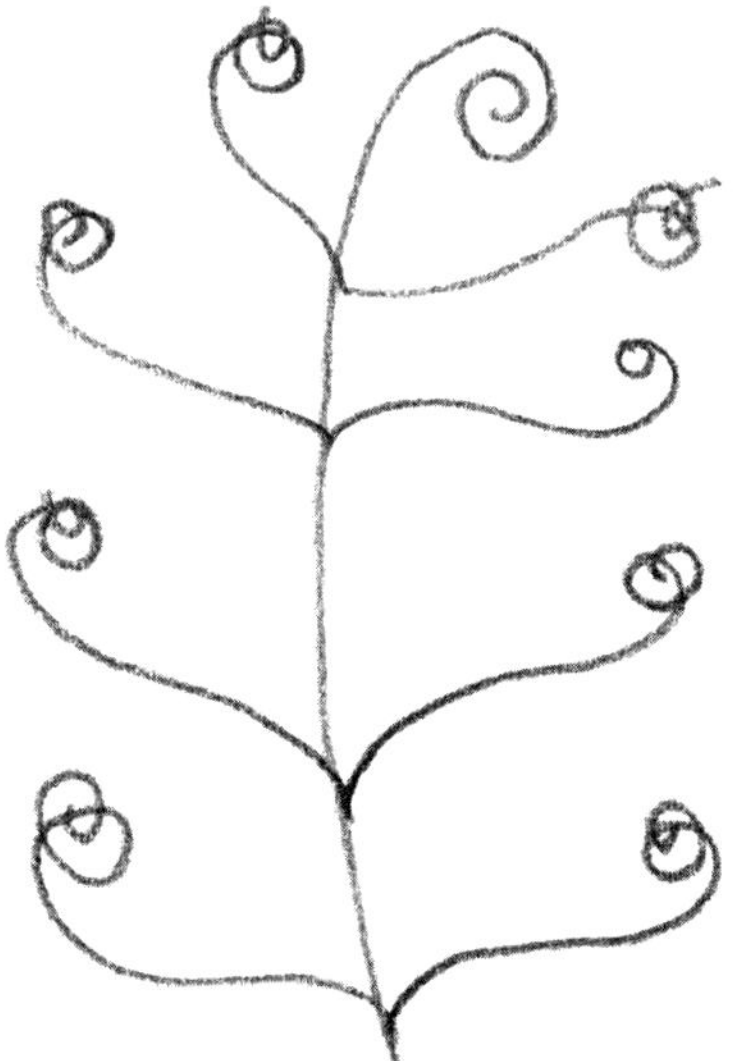

ん。私たちはどのチャクラも任意に閉じることができなくてはいけないのです。ただし、グラウンディングされた状態でいるために、ルート・チャクラだけは常に開いておく必要があります。中でもソーラー・プレクサス・チャクラを閉じることは何よりも重要です。ここで拾うエネルギーは最もネガティブで有害なものだからです。

私の患者の職場の同僚に、怒りっぽくて大人気《おとなげ》がなく、周りの人を尊重せずに、物を投げつけたり、人に罵詈《ばり》雑言《ぞうごん》を浴びせる人がいました。

そのため私の患者は、出勤前にソーラー・プレクサス・チャクラを固く閉じることを覚えなくてはなりませんでした。そうしなければ自分が疲れ果て、ボロボロになってしまうだけでなく、その怒りを家に持ち帰って家族にあたってしまうからです。

いずれ彼はそういう酷《ひど》い状況に自分を置かない方法を見つけるかもしれません。でもとりあえず今、日常的に彼を囲むネガティブなものを、彼も彼の家族も拾い上げないようにすることはできます。

彼がソーラー・プレクサス・チャクラを閉じて、自分を守るために使うのが、後述のエクササイズです。

ためしに今、あなたのソーラー・プレクサス・チャクラに満開の黄色い花があると想像し、目を閉じて、その花が閉じて堅い蕾になるところを思い描いてみてください。

感情的、心理的なガラクタを拾い上げずにすむようになるはずです。

ソーラー・プレクサス・チャクラを意のままに閉じることができるようになるには練習が必要です。また必要なら一日に何度かは、自分が無防備で周囲の混乱に晒されていないか、チェックしてみるといいでしょう。

強まったパワーを使えば
前向きな変化が起こります——
準備はできていますか?

今こそ新しい選択を始めるときです。よく考えて決めたあなたの意志によって、強まったパワーを使えば、前向きな変化が起こり、あなたが望めばその変化は恒久的なものになるのです。

まず、第一歩としてあなたがしなければいけないことは……。

●自分の内面のパワーに気づく
●自分が本当に欲しいものは何かを見つめる
●思考、自制心と自己制御を持って積極的に自分の意志を生かし、自分が生きたいように自分の人生を方向づける
●自分自身に対しても他の人に対しても隔たりなく公正で正直、そして繊細である

簡単だと思いますか？　そう、前向きな姿勢でこれに取り組み、自信を持ち、目的を見失わなければこれは簡単なことです。

いつも通り、あなたがヒーリング・ワークを行っているときに湧《わ》き上がってくるものはすべて過去の思い出にすぎないことを忘れないでください。

あなたはもうすでにそれを乗り越えているのです。

エクササイズ――
ネガティブな過去をこうして手放していきます

＊エクササイズ［1］
言えなかったことを全部手紙に書いてみましょう

あなたの父親と母親それぞれに手紙を書きましょう。でもこの手紙は出しません。この手紙であなたは、両親にずっと言いたいけれど言えなかったことや、言ってみたことはあるけれど聞いてもらえなかったことを、全部言ってしまうことができます。あなた以外の人は決してこれを読まないのですから、言いたいことを手加減する必要は全くありません。悪態をつきたければついてもいいですし、大声を上げたり叫んだりしても構いません。全部手紙に吐き出してしまいましょう。書き終わったら、取り出しやすいところ、ただし他の人の手には届かないところに置いておき、この後一日か二日、必要なら書き

足せるようにしておきます。

本当に書き終えたと思ったら、自分にできるやり方でそれをおしまいにしてください。もしあなたもあなたの両親も、過去にお互いを傷つけた行動から解放され、お互いを許すことができた、と言うことができればそれは素晴らしいですが、もしまだそれが無理でも心配しないでください。

手紙に封をします。封筒を開けて読み返すのは少なくとも一週間経ってからにしてください。二度と読み返したくないかもしれません。それはそれで結構です。燃やす、あるいは他の方法で儀式としてその手紙を破棄してもいいですし、安全なところに保管しておいて、心の準備ができたときに破棄してもいいでしょう。

ゆっくりお風呂に浸かるかシャワーを浴びるかして過去からあなた自身を解放し、過去を手放してください。お湯に入れるかベポライザーでエッセンシャルオイルを使う場合は、ローズやイランイランなどがよいでしょう。

＊エクササイズ［2］

子供時代のあなたに会って話を聞いてみましょう

あなたの「安全な場所」へ行き、あなたの座る場所と、もう一人分の座る場所をあなたの近く、あなたから見えるところに用意します。目を閉じ、九歳か十歳くらいの頃のあなた自身を思い浮かべます。その子に空いている席に座ってもらいましょう。子供時代のあなた自身に、最近どんなことが起こっているかを話してもらいます。静かに、注意深く、愛と慈しみを持って耳を傾けましょう。話し終わったら、その場に相応《ふさわ》しいと感じるやり方で、愛と思いやりの気持ちを持ってその子に応えてあげてください。その子は抱きしめてほしいでしょうか？　褒めてもらいたいのでしょうか？　それとも勇気づけてほしいのでしょうか？　批判したり、叱ったり、叩いたり、あるいはどんな形であれお仕置きはしてはいけません。何よりも大切なのはその子に、あなたがその子を愛し大事に思っていて、決してその子を棄《す》てたりしない、と伝えることです。たっぷり時間をかけてください。落ち着いて、辛抱強く、あなた自身、あなたの中の子供を愛してあげてください。十分にそれができたら、あなたの心の中、その子の住処《すみか》に戻ってきてもらいましょう。お帰り、と優しく言ってあげてください。グラウンディング・エクササイズを行います。自分自身に優しくしてください。しばらく経ったら、書きたいことをノートに書きましょう。

＊エクササイズ［3］

アファメーションをカードに書いて目立つ場所に貼りましょう

以下のアファメーション・リストを元に、細部を変更・調整し、あなたにぴったりのものにしてください。そうしたらアファメーションをカードに書き、あなたが頻繁に目にする、目立つ場所に貼りましょう。ほぼ毎日、何回もそこに行くので、私のお気に入りは冷蔵庫の扉です。

□心とマインドを開き、宇宙のパワーを受け取ります。私はそれを私自身の、そして他の人の役に立てるために使います。

□私の最大限の可能性を実現する機会を、喜んで迎えます。

□私は私自身に責任があり、自分の健康、幸福、言動に対する責任があります。私はそのことを感謝とともに認めます。

□私や他の人が可能な限り最良の人生を送れるように、私の意志を用います。

□あらゆる形の繁栄を受け取る用意ができています。

本当にアファメーションの効果を期待するなら、それを使わなくてはならないということを忘れないでください。

メディテーション——

ポジティブなものだけを残して霊性の高い次元へ進みましょう

＊メディテーション【1】

あなたの「安全な場所」へ行き、少なくとも一時間は誰にも邪魔されないようにしてください。近くにパワーストーンを用意します。ここでもトパーズが役に立ちますが、私の一番のお気に入りは黄水晶（シトリン）です。黄水晶は「豊かさの石」とも呼ばれ、個人的なパワー、繁栄、創造性を刺激します。また、陽気さ、希望、前向きな気持ちもくれるのです。ソーラー・プレクサス・チャクラにこれ以上相応しい石があるでしょうか？

黄色い花があればそれも近くに置いてください。なければ、黄色いものなら何でも構いません。キャンドルをともし、あなたが目を閉じている間も危険のないように確認してください。電話は鳴らないようにしておきます。

いつもの方法でリラックスし、メディテーションの準備を整えてください。

さあ、では、あなたが八歳くらいだったときにさかのぼりましょう。あなたは完全に守られていること、その過程で何が起こっても、それはみな過去の記憶にすぎないということを忘れないでください。今のあなたを傷つけられるものは何一つありません。あなたはもうすでにそのすべてを乗り越えたのです。心を開いて、そこから十二歳くらいまでの間に起こったすべての出来事を包み込んでください。特に思い出したいこと以外は、詳細を思い出す必要はありません。ただそれらのすべてを集めて、大きなひとまとまりにしたものを、浄化し、癒し、手放せばよいのです。あなたがいるのはその時代ではなく、今、この瞬間です。何もあなたを傷つけることはできません。

時間を取って構いません。

さあそれでは、あなたの心から放たれる愛の光で、まだ子供だったその頃のあなた自身を、しっかりと安全に包んであげましょう。その子が安心できるように抱きしめてあげてください。そして一条の光を送り、その時期を浄化し、癒しましょう。光はその中に、その周りにあふれ、その時期を永久に浄化し、癒してくれます。

もし可能なら、その時間を、その期間に出会った人たちや起こった出来事を、許してあげてください。それらを、そしてあなた自身をネガティブなものすべてから解放し、ポジティブなものだけを残してください。急がなくて結構です。もし可能ならば、より高い霊性の次元に進みましょう。その頃あなたが出会った人たちは、その人自身の苦しみ、成長の過程にいたからこそ、ああいう行動を取ったのだということに気づいてください。許してあげましょう。そしてもう行ってもらいましょう。それができなくても心配する必要はありません。このメディテーションの最後に進んでください。

次に、もしも可能ならば、一番高い霊性の次元に進んで、その人たちは実は、あなたが今生で学ぶべきことを教えてくれていたのだということに気づいてください。彼らはあなたの成長のプロセスには不可欠であり、そしてあなたもまた彼らの成長に不可欠だったのです。あなたの人生に重要な役割を果たしてくれたことに感謝し、そして手放してください。それができなくとも心配しないでください。いつでも可能なときにここに戻ってくればいいのです。

さあ、すべては浄化され、きれいになりました。愛と慈しみを持って子供の頃のあなた自身を、あなたの心の中に迎え入れましょう。無限の愛でその子を包んであげてください。気持ちの準備ができたら部屋に戻ってきます。あなたの体を意識してください。足の指を動かし、体に腕を回します。慈しみましょう。人間という存在としての自分を楽しみましょう。準備ができたら意識を目の後ろに戻します。地球と自分が繋がっているのを感じ、ゆっくりと目を開けてください。

時間をとってください。水を飲み、ちょっと伸びをしましょう。そして、ノートに何でも書きたいことを書いてください。

＊メディテーション〔2〕

少なくとも一時間は邪魔の入らない時間を選び、電話が鳴らないようにします。呼吸に意識を集中し、ネガティブなものを全部吐き出して、気持ちよくリラックスした状態に入ってください。もうやり方はわかっていますね。

美しいヒーリングの光の波が頭のてっぺんから入ってきて、体の中を降りていき、すべての細胞、細胞の中の原子の一つ一つを素晴らしいヒーリングの光で満たしていきます。癒し、浄化し、バランスを与えます。すべての細胞が光に包まれています。光の触れるところには元気があふれます。浄化され、調和が取れていく自分を感じてください。

次に、目の後ろから首の真ん中を通って意識を降ろしていきます。スロート・チャクラも通り越します。胸の真ん中、ハート・チャクラも通り過ぎ、意識をお腹の上のほう、ソーラー・プレクサス・チャクラのあるところに持っていきましょう。見えますか？　それは美しい黄金色の光の玉、あなた自身の太陽です。あらゆる方向に輝き、あなたを暖かさと光で満たしています。その暖かさを感じてください。その眩《まばゆ》い輝きをじっと見つめてください。この素晴らしい、輝く光の玉から、太陽の光があなたのすべての細胞に満ちていくのが見えますね。

光に慣れてきたら、その優しさと強さを同時に感じてください。輝く光の玉からパワーが流れ出ると同時に、また流れ込んでいるのを感じてください。あなたは力に満ちていきます。これまでになく有能なのを感じます。自分の強さを感じます。これまでやったことのないこともできます。やり遂げたいと思うことは何でも達成できます。体のあらゆる部分に力が流れ込むのを感じます。手も足も以前より強くなったのを感じます。体の中にパワーがみなぎるのを感じてください。それは暖かな波のようにあなたの体を駆け抜けます。あなたは新しい強さ、新しい力を持っています。あなたはそれをあなた自身のため、また他の人のために使います。宇宙があなたに与える力を、より高い次元から見たときに、あなた自身、そしてすべての人の役に立つように使うことを、たった今誓ってください。あなたに与えられた力は決して悪用しないことを今、約束してください。宇宙から力を受け取り、それを賢く使う準備ができていることを自分に確認してください。

さあ、あなたの中を通り過ぎる感覚を楽しみましょう。その暖かさ、そのパワー、その強さを楽しんでください。たっぷり時間を取りましょう。楽しんでください。

ではこの力にあなたを癒してもらいましょう。昔受けた痛みや苦しみを癒します。古い傷を癒します。自分を癒しましょう。パワーを感じましょう。どこでも好きな場所にそれを注ぎ込んでください。太陽のように流れます。たくさんの眩い光線があふれます。さあ、あなたを癒しましょう。

好きなだけこの黄金色の輝きの中にいてください。存分に楽しんだら、太陽の光はそこに残したまま、部屋に戻る準備をします。すべての人のために使う限り、あなたに必要な力は、いつでもあなたのものであることはわかっていますね。では、戻りましょう。意識をソーラー・プレクサス・チャクラに集中します。光線をその光の輪の中に戻してください。光の輪はいつでもそこに輝いていますが、今はチャクラの上に美しい黄金色の花があるところを想像し、その花びらを閉じて、堅い堅いつぼみにしてください。つぼみは頭を垂れて眠りにつきました。

では、あなたの意識をゆっくりと、胸の真ん中、喉を通って目の裏まで戻します。自分がここにいることを感じてください。あなたの肉体を感じてください。つま先を動かしましょう。地球とあなたの繋がりを感じてください。あなたはしっかりとグラウンディングされています。体に腕を回し、あなたは今この肉体の中に存在していることを意識してください。気持ちの準備が整ったら、そっと、ゆっくり目を開けます。

水を飲みましょう。急がなくて結構ですので、用意ができたら、ノートに何でも書きたいことを書いてください。

第7章

The Heart Chakra : Healing the Heart

ハート・チャクラ

〔恋する関係の持続と決別〕

次元を高めてくれる愛のエネルギー

愛とは頭《こうべ》を垂れ、聖油をもって清められし夜。
愛は空を草原に変え、星を蛍に変える。
愛は勝利する。
岸辺には白と緑の愛、
気高き王の愛は塔に、あるいはバルコニーに。
愛はまた庭園に、未踏の砂漠に。
愛こそは我らが主《あるじ》、我らが師。
我らは黄昏《たそがれ》の中に消えゆき
別の世界の夜明けに目覚めるかもしれぬ。
けれど愛は残る。
そしてその指跡は決して消えぬ。

カリール・ジブラン

ハート・チャクラは人間性から霊性への架け橋——私たちを次元上昇させてくれます

　これまで私たちは、ルート・チャクラで大地にしっかり根をおろし、セイクラル・チャクラに進んで私たちのセクシュアリティを受け入れ、柔軟さと強さを手にしました。ソーラー・プレクサス・チャクラでは、私たちのパワーと意志を統合させて、自分の可能性を実現させることを学びました。次は、霊的な上昇において要《かなめ》となるハート・チャクラです。これより下にあるチャクラは、私たちの人間性をしっかりと支え、上にあるチャクラは、私たちを霊性の世界へと手招きします。ハート・チャクラは地上の世界と、天上の世界を結ぶ架《か》け橋なのです。

　胸の真ん中にあり、緑色の光のスピードで回転するハート・チャクラは、その力強いヒーリング・エネルギーを、体の隅々にまで発散させるだけでなく、宇宙全体に放ちます。このチャクラ一つに、それなしでは人間としての私たちがほんの数分で死んでしまう機能、すなわち心臓の鼓動と、命を支える呼吸が存在しています。そして、愛、思いやり、触覚《しょっかく》が存在するのもここです。そして、ハート・チャクラは私たちに、自分自身との関係を、そして宇宙のあらゆる物との深い繋《つな》がりを見直すことを要求します。

　空気、つまり私たちの最も基本的なニーズである呼吸がこのチャクラの構成要素です。実際、呼吸はあまりにも基本的なものであり、呼吸ができなくなるようなことがない限り、私たちはそれを滅多に意識しません。けれども呼吸は、自律性でありながらまた同時に自分で制御可能な数少ない身体機能の一つであり、深さ、速さ、リズムを変えることで容易にコントロールができます。自律訓練法（用語解説参照）を使えば、私たちは訓練によって、自律神経系が司《つかさど》る身体機能のほとんどを変化させることができるようになることがわかります。たとえば私たちの心拍数、血圧、血行、消化機能などは、以前は自律性であって自分ではコントロールできないと思われていたものです。呼吸と感情には際立った関係があります。不安、恐れ、怒りなどを感じているとき私たちの呼吸は速く、深くなり（過換気）、何かにショックを受ければ、呼吸が止まったかのように感じることがあります。呼吸に意識を集中しゆっくりと呼吸を数えるだけで、ほんの数分のうちに、血圧を下げたり、動悸《どうき》を安定させ、不安な気持ちを鎮めて心を落ち着かせる効果があります。毎日わずかな時間でいいですから静かに座って呼吸に意識を集中させる瞑想《めいそう》を行えば、免疫《めんえき》機能を向上させることもできるのです。

たった今、ちょっと意識して呼吸するのを試してみませんか？　目を閉じて、呼吸に意識を集中してみてください。六まで数えながらゆっくりと息を吸い込みます。そしてその間、平安と心の静けさを吸い込んでいるのだ、とイメージしてください。

次に六まで数えながらゆっくり息を吐きます。そのとき、体の中にある毒素、不安、緊張を全部一緒に吐き出してください。吐き終わったらそのまま息を止めて二つ数えます。もう一度、六まで数えながら息を吸い、平安が体の中に流れ込むのを感じてください。

そして息を吐きながら、不要なものは全部吐き出し、あなたの全身が浄化されるのを感じましょう。息を止めて二つ数えます。もう一度、今度は八まで数えながら息を吸い込み、息と一緒にあなたの滋養となるあらゆるものを取り込んでください。そのまま二秒ほど息を止めてその栄養を全部吸収します。そうしたら息を吐き、それと一緒にもうあなたに不要なものをすべて手放しましょう。もう一度、八まで数えながら息を吸います。今度は一緒に光を吸い込み、それをあなたの体の隅々まで行き渡らせてください。あなたを浄化し、癒し、調和させてくれます。息を吐きながら体全体をリラックスさせましょう。完全にリラックスします。

自分の重さを地球が受け止めてくれているのを感じましょう。そして心の準備ができたら、目を開けてください。

気持ちいいでしょう？　ほんの二、三分、四回の呼吸をしただけで、それまでとは全く気分が違いますね。仮にこれを一時間に一度、あるいは思い出したときにやるだけで、肉体的にも心理的にもどれほどの違いが生まれるか、きっと驚くことと思います。

では、気分が一新したところで、愛について考えてみましょう！

愛とは何でしょう——
それは健康なハート・チャクラのエネルギーのことだったのです

私たちが愛と名づけたのは、健康なハート・チャクラのエネルギーのことです。世界中でこれほど語られ、文章になり、歌に歌われたものは他にないにもかかわらず、それはほとんど定義が不可能です。世界中にはいくつもの言葉でこれを呼ぶ文化もありますが、それが恋人、親子、友人、兄弟の間の気持ちであろうと、ペットに対する感情であろうと、あるいはそれが神に対する熱烈な崇拝であろうと、そのエネルギーには共通点があり、私たちはそれを愛と呼ぶのです。

愛は私たちを高め、豊かにし、美しく、賢くします。すべてを許し、対立を消し去り、傷を癒します。最も意味深い関係を人と築き、結ばれることができるのも愛があればこそですし、愛は扉を開き、海をも越えるのです。

ハート・チャクラが持つ愛は、宇宙全体のあらゆるものの間に存在する関係を包含し、私たちを自分の中の最も高いところへと引き上げ、生きる物すべてに対して慈悲の心を持たせてくれます。

一体感の中に、えも言われぬ喜びを感じさせてくれるのもこの愛ですし、それはまた激しい悲しみや苦悩の原因ともなります。

それは平凡なものを崇高なものへと昇華させ、私たち自身の人生だけでなく、私たちが出会うすべての人の人生をも変化させます。そのカリスマ的な力は、多くの人々を私たちに引きつけ、彼らに自信と希望を与えて励まし、彼らが心を開いて、ただ愛するという行為のためだけに、率直にそして情熱的に愛することを可能にします。

ここから先、私たちの霊的な上昇の頂点に至る過程にはすべて、何らかの形での愛が存在します。力強い愛、優しく甘い愛、保護し守る愛。理解は愛を深め、知恵が愛を強化し、そして魂が愛を終わりのないものにします。

すでに見てきたように、セイクラル・チャクラのレベルでは、私たち人間は恋愛関係を必要としますし、クラウン・チャクラでは理解を学びます（第10

章を参照のこと)。そしてその二つをハート・チャクラの持つ愛が一つにします。その結果私たちは、すべての存在を包み込んで愛するだけでなく、すべての時間、空間を超え、あらゆる行動の一つ一つに愛を注ぎ込むことができるのです。これが、「神聖な愛」と呼ばれるものです。

頭頂から入って胸ではじけ、あらゆる方向へ広がるヒーリング・エネルギー……それが愛

私が四歳か五歳で初めて霊的エネルギーの流れを感じたときのことは第1章でお話ししました。

自分に何が起こっているのかを理解し、多少のコントロールができるようになるには、数年かかりました。

今でもまだ、それは思いがけないときに起こって、私を驚かせることがあります。

始まるその瞬間に気づかないことも時折ありましたが、やがてこの力強くはっきりとしたヒーリング・エネルギーの流れが始まると、その動きを感じ取ることができるようになりました。

最初その流れは私の胸の真ん中から始まると思っていましたが、意識を集中すると、それは私の頭頂から入ってきて私の体を流れ降り、胸のところで弾けてそこからあらゆる方向に広がるのだ、ということがわかりました。

数秒もしないうちにそれは私の全身を満たし、それから私のオーラの中にあふれていって、私は自分がまるで松明《たいまつ》のように、愛の光を発散させていることに気づくのです。

チャクラのことを何一つ知らないときから私は、自分の中、あるいは自分の周りに、エネルギーがほんの一瞬その動きを止め、変化してそれからまた流れ出すポイントがあるのを感じていました。

私はまるでそのエネルギーのシャボン玉の中に立っているように感じたのです。

もちろん今では、クラウン・チャクラを開いて愛と光を受け取り、ブラウ・チャクラでそこに内なるビジョンを加え、それからハート・チャクラに迎え入れてそれを研《と》ぎすまし、ハート・チャクラ、また

は私の手や足から、まるでレーザービームのように、強い威力を伴って発散させることができます。

あるいは柔らかいクッションのようにふんわりと広がったままにしておくこともできます。部屋いっぱいにそれを満たして緊張した状況を鎮めることもできますし、苦しんでいる人がいれば、その人が自分の問題を解決するまで、そのエネルギーの中に包み込んでいてあげることもできます。

私はそのエネルギーを、人々が自分で自分を癒す手助けをするために使います。どんな方法であれ、その人が健康でいるために、その人自身のエネルギーを使えるように力づけるのです。

それは私が持っている最も役立つツールの一つです。その愛は純粋で精神的なものなので、私にとって分け隔てなく愛するのは、とても簡単なことなのです。

そしてそれはあなたにもできることです！　チャクラをきれいにするワークさえしたならば、誰にでもこの愛のエネルギーを、感じることができるということを私は知っています。

自分をあるがままに受け入れ、恐れを手放す——それが愛することの基本です

では、ハート・チャクラが要求するように愛することができるようになるために、私たちはまず何をしなければならないのでしょうか？　自分をあるがままに受け入れ、それに満足できなければ、誰かを本当に愛することはできません。私たちは自分の中の男性性と女性性のバランスを取ることを、セイクラル・チャクラで学びました。今度は、肉体、精神、霊性のバランスを取る必要があります。そうすることで初めて私たちは、自分自身と自分以外の人の両方を、束縛することなく、その霊的成長を促《うなが》し、支えるような愛し方で愛せるようになるのです。

中には「自分を受け入れる」という概念を、受け入れられない人がいます。あるがままの自分を受け入れてしまったらそれっきりで、進歩の余地がないではないか、と思うのです。事実は全くその逆です。

自分を受け入れることは、成長と発展のための跳

躍台になってくれます。たとえあまり好きではないとしても、少なくともそれは自分が立脚できるしっかりした地盤なのです。自分を受け入れることは、自己満足でも傲慢《ごうまん》でもありません。私は自分が完璧でもう変化の必要がないとは思いませんが、同時に、今この瞬間私はこういう人間で、そしてそれでいいのだ、と心から言えることが必要なのです。それによって私は自分自身に対して、思いやりと、必死で学ぼうともがく子供を見守るときの優しさを、持つことができるのです。

ここでようやく無条件の自己愛への扉が開き、それによって、変化の可能性と現実性を認めることができるようになります。今この瞬間、自分の成長の旅路のどこに自分がいるのかを無条件に受け入れなければ、自分以外の人を無条件に受け入れることもまたできません。愛する、とは、相手の成長、学び、霊的目覚めを手助けすることに他なりません。ただし、相手を受け入れ、尊重するからといって、必ずしもその人と人生をともにしていくとは限りません。ときには、どうしてもうまくいかない状況に、それ以上お互いが傷つかないよう別れるのがお互いのためだ、ということを受け入れることこそが、恋愛関係における最も愛情にあふれた行動であることもあるのです。

社会のあり方、地球のあり方を受け入れる、ということについても同じです。私はまず最初に、物事をあるがままに受け入れ、その状況に愛を送り込みます。そしてそれから、私にとって最も愛にあふれた行動の仕方は何であるかを決めるのです。この状況の中にい続けるのか、その状況から離れるべきか？　それとも積極的にその状況を変える努力をすべきか、そうだとしたら、最も愛に満ち、効果的な方法は何か？　どうすれば、すべての人にとって最も愛に満ちた結果を招くことができるのか？

物事を違ったやり方で捉えることで、ほとんどの場合、関係者すべてにとって、愛情あふれる解決方法を見つけることができます。そしてその中には、他の人が選んだ生き方に自分が影響されるのを避けるために、自分を、自分の人生をそこから切り離す、という決断が含まれるかもしれません。ジェラルド・ジャンポルスキーの書いた『愛と怖れ—愛は怖れをサバ折りにする』（訳者注：ヴォイス、199

0年。原題『Love Is Letting Go of Fear』は「愛とは恐れを手放すということ」という意味）という本があります。内容はタイトルが物語っています。恐れを手放しさえすれば、私たちはもっと広く、もっと健全な愛し方ができるのです。

人は往々にして愛というものを、たとえばこれから切り分けるケーキのような、量の限られたものとして捉えがちです。私が大きなスライスをもらえば、誰かのスライスが小さくなる、というわけです。もっとよい見方があります。たとえば、愛とはたくさんの風船のようなものだ、と考えたらどうなるでしょうか。一つ一つが特定の人への特別な愛に満たされ、その人にぴったり完璧にフィットするように作られているのです。私はたくさんの風船を一度に手に持つことができ、私の愛する人全員、一人に一つずつ風船があります。しかもこの、一つ一つユニークで完璧な風船は、私がどれだけたくさんの風船を抱えていようがしぼむことはありません。

そしてもし、物理的に一緒にいなくても、私はまだその人の風船を持っていることができます。私はそれを見つめ、その美しさを楽しみ、そしてその人のことを考えます。するとまるで一緒にいるかのように、私とその人の間には愛が行き交うのです。たとえこの先一度も会うことがなく、時間をともに過ごすことがなくても、その人の風船は、私たちが共有したもの、お互いへの好意、一緒に過ごした大切な時間の楽しい思い出などでいっぱいのままなのです。それを誰か他の人に奪われる心配はありません。そしてもしも、もう私の人生の一部でなくなった人の風船を手放したい、と決めたら、私は優しくその風船を空へと放します。それによって受け取る愛情が少なくなる人は誰もいません。誰もが十分な愛情を受け取れます。それが愛なのです。

霊的成長こそが本当の愛——相手への依存・嫉妬は愛から神聖さを奪ってしまいます

愛し合っている、と言う人たちに私はよく、それはどういう意味か、と尋ねます。その答えにはたいてい、一緒にいたい、互いを魅力的だと感じる、離れているとどうしていいかわからない、互いが必要だ、などが含まれます。けれどもそこには、愛の持つ一番大切な部分が欠けていることが多いように思います。

それは、自由という側面であり、その中に自分が含まれていても含まれていなくても、相手が健康で幸せで、その最大の可能性を実現していてほしいと望む気持ちです。

問題はこういう愛の側面が、自分の愛する相手が成長して自分から離れ、自分を置き去りにするという可能性を伴うこと、そしてそれが私たちを不安にするということです。また独りぼっちになるかもしれないのです。その恐れを感じると私たちはたいてい、相手にしがみつこうとします。

しがみつけば相手の成長のプロセスが止まり、相手を一生自分のものにしておけるかのように感じます。

けれどもこうして相手を縛りつけ、ほとんど所有したいという欲求は、実は愛などではありません。それは依存です。

依存は私たち自身の自信や自尊心の欠落から生まれ、嫉妬を生み、しばしば問題を引き起こします。愛から神聖さを奪い去って凡庸《ぼんよう》なものに貶《おとし》め、やがて完全に破壊してしまうのです。

私たちがこの地上で生きる唯一の目的は、霊的な成長であり、その過程は立ち止まることなく進み続けます。疲れたり、努力をするのが面倒臭くなったりして、一休みし、人生を積極的にコントロールすることをしばらくは止《や》めたとしても、その間、時間が止まるわけでも私たちの成長の過程が止まるわけでもないのです。

その間も私たちはたゆみない成長を続け、消極的ではあっても人生を、そしてそこから与えられるレッスンを吸収しています。

自分の成長を自ら止めて変化しないように努め、それによって、私たちに変化しないでほしいと願う自分以外の誰かのニーズを一時的に満足させられたとしても、いずれそれは怒りを生み、その結果二人の間にあった感情を殺すことになります。

本物の愛は、決して私たちを縛ったり私たちが成長を止めることを望んだりはしません。

ハート・チャクラと無条件の愛——愛をもって手放すということを学びましょう

距離を置く（デタッチメント）、ということについて私が話をすると、愛着（アタッチメント）の間違いだと思う人がいます。愛するものには愛着があると言うほうが、一見つじつまが合っているからです。でも、真実の愛の核にあるのは自由であり、そして自由とは手放す、ということなのです。互いを十分に尊重し、自分が首を突っ込んで相手の成長と発達に必要なプロセスに干渉しなくても相手は生きていけるという自信があれば、二人を結びつけるのはむしろデタッチメントです。

ハート・チャクラが健康であれば私たちは他の人と健全な距離を保つことができ、その結果、自由な呼吸、解放感と空間を楽しむことができます。人を真に愛し支えながら、自分自身の人生を楽しむ時間が余分に持てることは言うまでもありません。

では、無条件の愛というのは存在するでしょうか？　答えはイエスです。けれども私はときどき私が愛する人に向かって、その人の行動について、特定のやり方でやらなければいけないならば、それを尊重はするけれど、私までそのやり方が好きである必要はない、と言うことがあります。無条件に誰かを愛し、本当にあるがままに受け入れることは、その人の行動をも好きである、あるいは受け入れなくてはいけない、ということではないのです。

あなたを愛しているけれど、あなたの行動は嫌い。無条件の愛に関するセオリーがしばしば挫折するのがここです。あなたとあなたの行動は同義ではありません。あなたの行動はいわばあなたがある目的のために身につける上着のようなものだと考えてください。あまりその上着を着慣れてしまうと、あなた自身を含む誰もがみな、それがあなたの一部であるかのように思ってしまいます。でもそうではないのです。本当のあなたはその下で、しばらくの間見えないでいるだけなのです。

あなたには、その上着を脱ぐことも、もっと魅力的な上着に着替えることもできます。私が着る上着を選ぶ責任は私にあり、もしも不快な上着の下に隠れ続けていたら、周りの人がいつまでも私のそばにいてくれることは期待できません。それはあなたも同じです。私には誰も変えようとする権利などありません。やってみたところで無駄なことですが。それは愛することの核心——つまり、相手に、自分の可能性のすべてを実現させる自由を与えるということ——を見失うことになるのです。

ある人が何を健康で幸福な状態と考えるかは、私とは違うかもしれませんし、どちらが正しいなどと誰に言えるでしょうか？　誰にでも自分のやり方で自分なりの満足を見つける権利があるのです。

ですから私は、ある人の行動は好きではないし違った行動を取ってくれたら嬉しいけれど、それでもその人を無条件に愛し続けることができます。

けれど、私がその人をどんなに愛していようとも、もしもその人の行動が、私にとって嫌悪すべきものであり続けたならば、やがて、まだ愛してはいるけれども、もう私の人生の中にはいてほしくない、と決断するときがくるかもしれません。

恋愛関係における調和——ハート・チャクラは去るべきときを知らせてくれます

恋愛関係の始まるとき、自分たちはカルマ（用語解説参照）によって結ばれ、前世でも一緒だったと感じ、それが信じられないほど素晴らしい、お伽話《とぎばなし》のような恋だと感じる人が少なくありません。ところがその数ヶ月後には、自分たちには共通点がほとんどなく、別れるしかない、ということがわかるのです。

昔はそんな短命な関係を、もっとしっかりした基盤に立った、長く続く関係と区別するために、長い婚約期間を設けたものでした。

お互いをよく知り、また自分自身が成長を続けるにつれ、相手と意見が合わない、あるいは衝突する点に私たちは気づきます。長い間にそうした相違点の数があまりにも増えれば、二人の相性は悪くなり、その関係は我慢できないものになるかもしれません。こうした性格の不一致が原因で、ときにはほんの短い期間ののち、ときには長い歳月ののちに、二人は別れることになるかもしれません。けれど、もしも二人のハート・チャクラの間に本当のコネクションが存在したならば、たとえ性格の不一致によって今《こん》生《じょう》では、もう一緒にいることができないとしても、愛情がなくなることはありません。

自分の内面に調和とバランスを持っていることは、長い目で見れば、他の人——たとえそれが自分の愛する人であっても——と調和することよりも私たちにとってはるかに重要です。実際世の中には、世間がよしとするものと生涯調和できずにいるように見えながら、自分自身に忠実であるために幸福な人もいるのです。

もしもあなたの恋愛関係が非常に調和に欠けたもので、自分が同意できない、あるいは好きでないことを我慢するために自分の中のバランスが崩れるようならば、その関係を続けることは自分にとってどんな益があるのか、真剣に考えてみる必要があります。ときには、長年我慢と妥協を続けたあとに、ほんの些細《ささい》な一つの出来事によって、私たちの忍耐が限度を超え、内面の尊厳が失われる結果になります。そうなれば、別れは避けることができません。忍耐力は、特に恋愛関係においてはゴムひものようなものです。私たちはみなある程度それを持っており、誰かに侮辱《ぶじょく》的なこと、傷つくようなことをされるたび、ときには私たちのためにならないほど、ゴムひもが伸びます。「もうこんなことは二度と許さない！」と言っておきながら、次に状況が巡ってくると、同じ行為を我慢し、許し、そうしてまたもう二度と同じ状況は許さない、と誓う——そんなことをあなたは何度も繰り返してはいませんか？

同じ状況が起きると、あなたはそれを我慢するためにまた少し忍耐力を強くします。それが数回繰り返されるかもしれません。でもあなたの忍耐力のゴムひもは伸びて、伸びて、やがてもうこれ以上伸びないポイントに近づいていきます。その間、口ではもうこれ以上この状況に我慢できない、と警告するかもしれませんが、あなた自身さえそれに耳を傾けることはせず、そしてあなたの行動は言葉とは全く裏腹なのです。

けれども、それが我慢できる回数をついに超えてしまうと、私たちは突然忍耐を失います。ゴムひもはパチンと弾けて縮んでしまい、事態はもう手遅れです。相手の行動を我慢できないどころか、同じ行動に対してもともと持っていた忍耐力はもうありません。私たちはもう言葉と裏腹の行動は取りません。そして私たちはその恋愛関係からすでに片足を抜いてしまっています。

相手が私たちの望むように態度を改め、しばらくの間、関係がかろうじて続くこともありますが、実際にはその関係は私たちが忍耐を失った瞬間に終わっているのです。何とか方向を修正し、その関係を続けたいと必死にもがいても、心の奥深いところで私たちにはそのことがわかっています。最終的な決断を下すにはまだしばらく時間がかかるかもしれませんが、いずれはその関係は終わりにしなくてはなりません。

幾多の危機的状況を通じて二人を結びつけていた、ハート・チャクラの強い絆はくたびれ、切れてしまいました。今度はその、天にも昇るような愛の喜びが起こった場所を癒さなくてはなりません。ここで学ぶべきレッスンは、自分と相手の間に、現実的で愛情にあふれた境界線を最初に引いておき、その境界線を守ることとです。恋をすると、相手を独り占めしたいとときどき思うのは当たり前のことです。恐らく一番良いのは、一夫一婦制と相互尊重は共存できる、という理解に基づいた関係でしょう。でもこうした理解は自発的に得られるものでなくてはならず、相手に脅《おど》され、強要されたものであってはなりません。愛にとって自由は必要不可欠な要素です。自分らしくいる自由、成長する自由、自分の可能性を実現する自由、そしてもしも避けられないなら、憎しみや報復の心配なしに関係を終わりにする自由もまた必要なのです。

「恋に落ちた」状態から「愛し合う」へ――愛と依存は別のものです

恋をする、うつつを抜かす、依存する。どれも似たように感じます。本物のように感じられても、中には短命で支離滅裂《しりめつれつ》な関係もあります。

私たちが恋に落ちる理由と、誰かを愛し続ける理由は全く違うもので、それは第4章で触れた中毒症にもちょっと似ています。

セイクラル・チャクラのところで、男性性と女性性のバランスについて、そして、自分自身に欠けている部分を補ってくれる相手を求める傾向が私たちにあることを学びました。もちろんその他にも、個人的な経験、両親の長所や欠点、子供の頃に何を学んだか、など、様々な要素が影響します。女の子は自分の父親と結婚し、男の子は母親と結婚する、とよく言われます。でも、ときにはそれと正反対の人を求めることもあります。私たちにとって、父親は最初の男性という役割モデルであり、母親は最初の女性という役割モデルです。両親を好きか嫌いかが大きな影響を持つのです。ただし、両親が嫌いで、父親あるいは母親を眺めて「あんなのは金輪際《こんりんざい》ご免だ」と思ったとしても、結局同じような人を選ぶこともあります。

飛行機で知り合ったある人が、自分とその兄がどんなに異なった人生を選んだかについて、話してくれたことがあります。その人の父親は気難しくて暴力をふるい、お酒を浴びるように飲んでは母親を殴りました。息子のうち片方は、若干お酒が過ぎることはありましたが、それでもまずまず成功し、結婚してもうけた二人の子供も、それぞれ成長して幸せな人生を送っていました。もう片方の息子は未成年の頃から次々と問題を起こし、二度の離婚をし、傷ついた痛みの他には、人生から何も得るものがありませんでした。ある人が二人に別々に、なぜ二人の人生がこんなにも違うものになったのか、と尋ねると、一人はこう答えました。「あんな両親がいたら他には生きようがないだろう?」。もう一人の答えも全く同じだったのです。

もちろん、この二人の男性について私たちが知っていることはわずかですが、重要なのは、私たちには選択肢が与えられている、ということです。私たちはみな、異なった人生設計、異なった性格、異なった忍耐力、そして異なったカルマを背負っています。

多くの場合、誰かと恋に落ちるのは、その人とあなたが長い年月にわたる古い絆を持ち、様々な形で幾度となく一緒に生まれ変わったソウルメイト(用語解説参照)だからです。そういう二人はお互いを魂のレベルでよく知っており、共通点がたくさんあるのです。依存はそれとはまた別のものです。

二人の人間が恋に落ち、その関係が健全で永続的な関係に移行するためには、基本的にそれぞれがまず自立し、健康である必要があります。図9のAとBの二人の関係が、CとDと比べてどんなふうに進行するか、詳しく見ていきましょう。

AとBは健康で、自分というものに対する明解な理解を持ち、健全なハート・チャクラとソーラー・プレクサス・チャクラを持っています。この二人が互いに惹《ひ》かれ合うと、二人は互いに近づきますが、自分の境界線は保ったまま、友情を育み、互いの存在によってより豊かで幸福になったように感じます。そして二人が恋に落ちる瞬間がやってきます。二人は突然境界線を失い、互いの中に流れ込んで、どこまでが自分でどこから相手が始まるのかもわからない、形の曖昧《あいまい》な塊《かたまり》となります。

あなたにもそういうことがあったのを覚えていますか？　足が地につかず、ふだんなら決してしない行動を取り、夜も眠れず、詩を書き、ラブレターを送り、電話をかけまくり、友人や家族が聞きたくもないディテールを喋り……。そういう経験がありませんでしたか？　私にはあります。

恋愛のこの段階はとても疲れるものなのですが、私たちのチャクラは大きく開き、燃料のアドレナリンもたっぷり分泌しているので、自分がろくに眠らずあまり食べもせずに、普段よりずっとたくさんのエネルギーを消費しているという事実さえ、認識しないことが多いのです。でもこんな状態が続けられるわけがありません。自分がエネルギーを使いすぎていることに気づくときが、いずれはやってきます。そしてそれは、相手の男性が脱ぎっぱなしにした下着を、自分が拾い上げなくてはならないことを二十回目に思い知らされたときかもしれません。また、女性が歯磨きのフタをしないことに、男性がうんざりした瞬間だったりします。突然私たちはこの「他人」が自分のスペースの中にいることに気づき、自分の境界線が戻ってきます。私たちはまだ相手と非常に深い繋がりを持ってはいますが、心理的かつ感情的に、何が自分のもので、何が相手のものであるかに気がつくのです。

それから、二人をともに包み込み、外界に対して

図－9

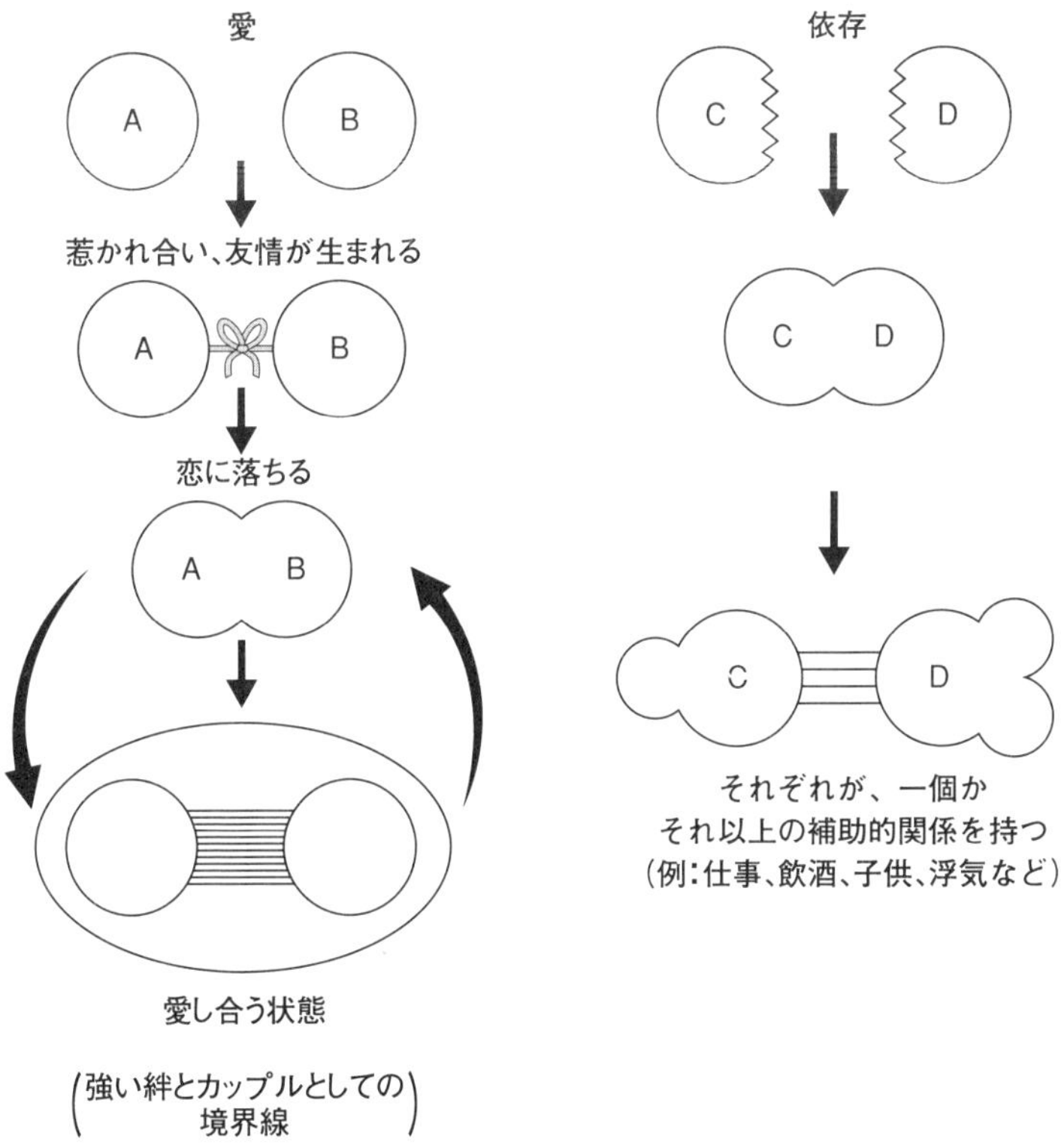

愛と依存は違うもの。それぞれに自立した健康な２人が心の絆で結ばれ、愛し合う状態と、ひとりでは自立できない者同志が何かに頼る必要性から相手を求める「相互依存」は、一見似ているようだが実は非常に違ったもの。

二人がカップルであることを示す境界線が生まれます。そうなれば二人は離ればなれになっても大丈夫です。自分たちが愛し合っていること、二人を繋ぐ強い絆がそこに存在することを知っているからです。

　こういうカップルには、休暇、週末の小旅行、あるいは一緒に過ごす一晩など、ときにあらためて「恋に落ちる」素敵な瞬間が訪れます。そして月曜の朝、恋をしたうきうき気分で仕事に戻り、数時間もして日常の単調な仕事をこなすにつれ、二人はゆっくり「愛し合う」状態に戻っていくのです。このカップルは幾度となく「恋をしている」状態と「愛し合っている」状態の間を行ったり来たりして、二人の関係はずっと新鮮でエキサイティングに保たれることでしょう。

　こういう二人が関係を終わりにすることを選んだ場合、その絆、特にハート・チャクラとソーラー・プレクサス・チャクラの絆を断ち切る過程には、痛みが伴いはしますが、お互いを憎み合うことにはならないでしょう。別離の最初の過程を通り過ぎれば、二人は友人関係を保てるかもしれません。

　図9のもう一つのカップルを見てみましょう。二人はどちらも自立しておらず、自分の足りない部分を埋めてくれる誰かを求めています。こういう二人の恋愛関係は「必要性」に基づいているのです。

　二人とも、誰かを愛し愛されたくてたまらないので、自分の境界線をあっという間に失い、しばしば友情を育む段階を飛び越えて、例の形の曖昧な塊となって結ばれます。問題は、関係が始まる前に、自立できず、自分には何かが欠けていると感じていた二人は、その関係がうまくいかなくなっても別れようとしない、あるいは別れることができない、ということです。

　自分が本当に何を必要としているかを相手に伝えることも、こういう二人にとっては困難です。それによって相手を失うのが怖いのです。こうしてあらゆるレベルにおいて二人は動きが取れなくなり、どちらにとっても変化、成長のできない不健康な状況に閉じ込められてしまいます。別れれば再び一人でやっていかなくてはならず、それよりは虐待的な状況を我慢したほうがまし、と考えることが多いのです。その結果、二人はつらい状況を長い間続けることになります。

これは相互依存の関係であり、二人とも一個の完結した存在であるためにお互いを必要としているのです。そういう関係において少しでも自由を得る方法は、それとは別に補助的な関係を持つことです。関係の相手は他の人、たとえば女性の場合、自分の子供の一人と非常に強い絆を作ることであったり、あるいはある行為（飲酒、仕事、浮気など）であったりします。

こういう関係の終焉《しゅうえん》は往々にして非難や敵意にまみれ、暴力や報復するという脅迫、ときには実際の報復を伴うことすらあります。

マイケルという患者のことを思い出します。飲酒問題を抱えていた彼は、こと細かにその原因を私に話してくれました。彼の非難は主に彼の妻に集中しており、彼とその妻の間には明らかに典型的な、愛と憎しみの混ざり合った関係があるようでした。しどろもどろに彼が語った自分史はあからさまな作り話で、飲酒の量のことや酒の他の中毒症について、見え見えの嘘をついていました。酒の他の中毒には妻以外の女性との性交渉もあり、それを彼は妻の不感症のせいにしたのです。

彼にはある程度のヴィジョンを持って、創造的に行動する能力がありました。彼の作り話自体、相当創造的ではありました。しかし、自分というものに対し、また自分を形作る境界線に関する認識が欠如しており、その結果、自分の周りの人を、その人の境界線に対して何の敬意も払わずに操るのでした。あらゆる方法を使って人を自分の世界に引きずり込み、しっかりしがみついて、相手が自分らしく生きようとする試みに、芝居がかった攻撃的な態度で応じたのです。

こうした彼の束縛に縛られていた彼の妻、マージェリーは、そこから脱出しようとしているところでした。彼女は、お伽話のように思えたロマンスが目の前で崩れていく痛みに耐えるため、セラピーを受けていました。けれど彼女もまた、彼女なりの依存症を抱えており、一人になる可能性に耐えられないため、次の恋人を準備していました。二人がともに学ばなくてはならなかったのは、自分が一人きりで、お互いを含め、これまで使ってきた杖がなくとも生きていける、ということでした。

相互依存関係にある二人のそれぞれは、いずれは成長し、自立することが可能ですが、その過程で二人の関係が崩壊することもあります。マイケルの場合、飲酒問題からの回復の過程で、ついに彼の行動に対する忍耐を失ったマージェリーが、彼の元を去っていくのに耐えなければなりませんでした。マージェリーは、過去に酒を止めるようマイケルに懇願《こんがん》していたのですが、マイケルが止めたときにはすでに遅すぎたのです。

別居、離婚、死別の悲しみ――愛する二人にはハート・チャクラに強い絆が育ちます

愛を持って互いに心を開く二人には、そのハート・チャクラの間に強い絆が育ちます。そのため、別れは決して易しいものではありません。二人が互いに感じた愛情が深ければ深いほど、喪失の痛みも激しいのです。

その他にも、家を失ったり、他国に亡命したりといった様々な別離も、ハート・チャクラの絆が突然に引き裂かれることによって同様の痛みを引き起こします。あなたが今悲しみの中にいるとしたら、この章の最後にあるメディテーションが役に立つはずです。

生まれる前の赤ん坊のチャクラはまだまだ未発達ですが、両親は生まれてくる子供とすでにハート・チャクラの絆を培っています。流産や死産などがあった場合、両親には死別の傷を癒す十分な助けが必要です。最近ではずいぶん改善されましたが、かつてはこのことは無視されたものでした。フィリス・クリスタルはその先駆的な著書『Cutting the Ties That Bind（縛る絆からの解放）』（Samuel Weiser社、1993年）の中で、別離と向かい合うための素晴らしい方法を紹介しています。

離婚のように自分が選んだ結果であろうとなかろうと、ハートで結ばれた絆は切り離され、癒されなくてはなりません。たとえば、助からないことがわかっている病気の場合のように、悲しみの大部分が物理的な別離の前に起きることもよくあります。別れようとしているカップルの場合、実際に別れるはるか以前に、少なくともどちらかのパートナーが、

霊的、感情的に離れてしまっているのが普通です。

ハート・チャクラがブロックされたときに起こる出来事

チャクラ・システムのどこをとっても重要なのはバランスですが、ハート・チャクラは他のどのチャクラよりも極端な状態に順応しやすいので、バランスを取るのが難しいことがあります。

ハート・チャクラのバランスがよく取れている人は、たとえ困難な状況に直面しているときでも、楽観的にものを見ることができ、全体として世界は快い場所であると考えますが、ハート・チャクラがブロックされているとそれは不可能です。否定的なものの見方、悲観主義に圧倒されて、目の前にあるよいことも見えなくなってしまいます。

社会全体として見ると、私たちのハート・チャクラがブロックされているように思えることがあります。報道されるのは悪いニュースばかりで、私たちはみな、他人の過ちや不運について、悲しく、ショッキングで痛々しいディテールを読みたがるようです。

十二歳から十五、六歳の頃にトラウマや感情的な痛みを経験するとハート・チャクラの発達に影響があり、私のところにはハート・チャクラが固く閉ざされて、傷つきやすく、世界に拒絶されたように感じ、愛することも愛されることもできない患者がたくさんやってきます。そういう人の多くは批判的で気難しく、恨みがましくて、恋愛関係に問題を抱えています。ある人に対して好意を抱かず、あるいは憎しみすら感じて、その人から受けたと思い込んでいる侮辱に対して報復を望む一方、自分に害を及ぼさない人のことを溺愛《できあい》したりします。誰も彼も自分を拒否していると感じ、自分の世界に閉じこもってしまうか、苦し紛れの報復に出ます。その結果、その人の周りでは誰もリラックスできず、自然に振舞うことができません。そしてそうした態度が、その人が必死で求めている他人との近しい交わりを不可能にするのです。

誰かと相互依存の関係にあった人もまた、ハート・チャクラに大きな問題を抱えていることがよくあります。イブリンもそうした一人でした。私に会いに来る前、彼女は運命の人と思った相手と七年間暮らしていました。背が高く魅力的で賢い女性で、ハキハキと話し、感性が鋭く、精神的でもあることは明らかでした。恋人のテリーは素晴らしい男性で、ほとんど一目惚《ひとめぼ》れだったのだと彼女は言いました。二人の関係は刺激的でエキサイティング、セックスも素晴らしく、愛情にあふれ、経済的にもそれぞれ安定し、旅行に行ったり、欲しいものは何でも手に入れることができました。

人は誰しも二人をゴールデン・カップルと呼び、二人の愛を羨《うらや》む人がいることを、彼女は知っていました。けれども二人の関係において、時折起こっていたことの真相を、彼女は誰にも明かしてはいなかったのです。

関係の最初から彼女はテリーがドラッグを用いていたのを知っていました。けれどもテリーによれば、それは彼の業界ではごく当たり前のことで、何の問題もなくみんなやっていることであり、もし自分がドラッグを使わなければ、パーティーの場でできることが多いコンタクトやビジネスの手がかりを失うことになるというのでした。

イブリンはその状況が嫌でしたし、それまで彼女の周りにはドラッグをする人は誰もいませんでした。しかし、いずれ状況は変化するだろうと思い、問題視しないことにしたのだと彼女は言いました。でも時間が経つにつれ、彼女にはそれが問題であることがわかりました。家や休暇のために使うつもりでいたお金が姿を消すようになり、そのことをテリーに尋ねるたびに、テリーはひどく身構え、腹を立てるのです。でも彼女を何よりも悩ませたのは、彼女自身のリアクションでした。彼女はそれでもテリーを心から愛していましたが、自分たちの状況に怒りを感じるあまり、収拾がつかなくなってしまったのです。泣きながら、そしてうつむいたままイブリンは、自分がテリーに暴力を振るうようになったこと、テリーは決して報復はしないけれど、自分がどんな人間になってしまったかを思うと耐えられない、と言いました。そんな状況を続けられないことはわかっていました。自己嫌悪に陥り、ときにテリーを見ることすらできなくなりました。自分の忍耐力があまりに限られており、いつか何か取り返しのつかないことをしでかすのではないかと恐れていました。泣きながら彼女は、ときどき逆上して彼を殺したいと思うことさえある、と言いました。

　イブリンが看護師として人を助ける職業に就《つ》いたのには、彼女自身の家族との関係が影響していました。大酒飲みだった彼女の父親は彼女が十四歳のときに事故で亡くなり、彼女も家族も非常につらい思いをしました。彼女の中では愛と怒りが入り混じり、彼女にはどうしてもそれを理解することができませんでした。彼女のハート・チャクラは大きく開いたままになっており、そこにテリーが現れたのです。彼女の母親が父親に対してしたように、彼女はテリーをよりよく愛そうとできる限りのことをし、彼のために嘘をつくことで彼を救っていたのです。

　彼女は自分を愛してくれる人から真実を隠していました。そしてとうとう彼女は忍耐の限界を超え、これ以上自分が傷つくのを防ぐためにハート・チャクラをぴったりと閉ざしてしまったのです。彼女は自分の中の大切な部分が失われたように感じていました。三十四歳の彼女は子供が欲しいと思っていましたが、こんな状況で妊娠するのがよくないこともわかっていました。彼女の嘆きは、テリーとの関係に失ってしまった夢、失われた自分自身、そしてまた、自分の子供時代と父親に対するものでもあったのです。

　私がまず彼女に教えなければならなかったのは、どうしたらハート・チャクラを自在に開いたり閉じたりして、よいものは受け取り、これ以上傷つくことから自分を守れるかでした。それから悲しみを表に出してしまうことも必要でしたし、具体的に解決しなければならない問題もありました。もしテリーがドラッグを止めなかったら、彼女はどこにいて何をしたいか？　二人の家に住み続けることは可能か？　いざ必要なときに逃げ込める場所はあるか？　どうしたら、この状況について、彼女が今後新しい態度を取るつもりであることを、テリーに率直かつ愛情に満ちた言い方で伝え、その言葉をきちんと実行して、彼を混乱させないことができるか？　彼女のサポート態勢を整えるにはどうすればいいか？　そのためにはもちろん、信頼できる誰かに本当のことを話さなくてはなりません。そして、好きだったのに失ってしまったと感じていた自分の中の霊的な部分に、もう一度つながるにはどうすればいいのか？

グリーン、またはピンク色の美しい花がハート・チャクラのところにあり、それが開いたり閉じたりするのを自分が優しく見守っているところを想像する、というとてもシンプルなエクササイズをするだけで、たちまち自分の感じている痛みの強さをコントロールできるということに、イブリンはとても驚きました。

彼女は今度テリーがドラッグを使ったらどうするか、具体的なアクション・プランを立てました。きっぱりと、でも攻撃的にならずに、自分が何を必要としているか、何をするつもりかを伝えることです。それから彼女は家を出ていき、一定の時間が経つまで戻らないようにします。その間彼女は、自分自身を慈しみ、自分自身に優しくしてアファメーションを言い、テリーに憎しみの波動を送らないようにします。どちらのためにもならないからです。

同時に彼女は自分がセラピーを受けていることをテリーに話し、彼にも受けてほしい、と伝えます。また、二人の関係を今後どうしたいかについて、できるだけ早く決断をする、ということも伝えました。

驚いたことに、イブリンが態度を変化させると、ほとんどたちどころにテリーの態度も変化しました。ドラッグはすぐには止められず、結局セラピーを受けることが必要でしたが、イブリンが自尊心を取り戻すにつれて、二人は再び会話が持てるようになり、信頼と友情を取り戻すことができたのです。彼女が自分の人生を立て直し、必要ならばテリーなしでも生きていけることがわかると、二人の関係にも変化が起きました。彼女は相互依存の関係から抜け出して、自分自身のニーズに目をやることができるようになりました。二人の関係はやっと対等なものになり、二人は真のパートナーシップに向かって歩みだしました。そして二人の結婚生活は、それぞれが成長したことでより豊かなものになったのです。

イブリンのように、ハート・チャクラに問題がある人の多くは、その状況や相手を嫌うのと同様に、自分自身のことも嫌っています。そういう人は自らを中傷《ちゅうしょう》し、自己嫌悪に陥って、他者の気持ちを思いやることができません。感情的に成熟することが

触れ合いと慈しみ

ハート・チャクラの司る感覚は触れ合いです。それは優しく撫《な》でたり、愛情を込めて抱きしめたり、マッサージしたり、という身体的な触れ合いはもちろん、慈しみに満ちた感情的・霊的な触れ合いのことでもあります。あなたはどこまで人があなたの心に「触れる」のを許せますか？　慈しみを受け入れることができますか？

もしかしたらあなたはあまりにもたくさんのものがあなたに触れることを許してしまっていて、目の当《ま》たりにする苦しみに引きずられ、その痛みのために無力感に陥《おちい》っているかもしれません。少々周りと距離を置くことを覚えるほうが、長い目で見れば誰にとってもより生産的な結果を生みます。

また、あなたにはあなたの周りの世界ときちんとコンタクトが取れていますか？　他の人たちが抱えている苦しみを理解していますか？　あなたの周りの人は、あなたが愛情とはこういうものだと思い込んでいるのとは違う方法で愛情を表現してはいませんか？　口にした言葉を超えて、その人がどんな方法であなたにメッセージを伝えようとしているかを理解しようとしてみてはどうでしょうか？　人はあなたほどコミュニケーションがうまくないかもしれません。人々が口に出さない部分に耳を傾けていますか？　あなたは言いたいことを全部言えていますか？　他の人が人生においてどういう段階にいるか、それに対して思いやりを持てますか？それとも思いやりが過ぎて、その人たちに自分を虐《しいた》げる口実を与えてはいませんか？　何よりもまず、自分自身に対して思いやりを持ちましょう。人に触れ、また今のあなたにできる範囲で、人があなたに触れるのを歓迎しましょう。

できず、責任を回避しようとする傾向もあります。

ネガティブな態度が人を寄せつけず、それによって自分は人に愛されないという思い込みが、現実のものとなってしまいます。そういう人が一番恐れていることの一つが他の人からの拒絶ですから、恋愛関係を避け、フラれて傷つくのを不安に身を震わせて待つよりは、自分でコントロールできる状態でいることを選ぶことも多いのです。否定的な考えに凝り固まってしまっている人の特徴の一つは、誰が救いの手を差し伸べようとしても「ええ、でも……」と繰り返すばかりで、それを受け入れようとしないことです。そうして結局は、どんなに優しく思いやり深い人も業《ごう》を煮やしてしまうのです。優しさをひどく欲しがっているのにそれが恥ずかしく、ときには他の人の繊細な気持ちを嘲笑《あざわら》ったりもします。

必ずというわけではもちろんありませんが、ハート・チャクラが自分の意志で開いたり閉じたりする能力を失ってしまっている人が、介護や福祉の仕事に就《つ》いていることがよくあります。そういう人たちは人を助けることに必死で、あらゆる人の苦しみが終《しま》いには自分で担ぎきれないほどになってしまいます。デタッチメントの仕方を覚えなかったばかりに、彼らは燃え尽き症候群で、介護やセラピーの力を失い、疲れきって、まさに恐れていた悪夢の通りになってしまいます。彼らのハート・チャクラは大きく開いたままで、人の感情を全部感じてしまうのです。

ハート・チャクラがブロックされている場合には、感情が歪められてしまいます。距離を置いて受け入れることができず、全体像が見えなくなってしまうのです。「愛」が歪められて悲劇的な結果を招いたという例は、いくらでもあります。何か一つのことを変えようという情熱はあっても、執着によって視野は狭まり、自分を正当化するのに熱心なあまり、その変化がまた別の不当な状況を生み、また別の被害者を将来的に生むことになるという事実が見えなくなってしまうのです。

たとえば胎児の人権を守らんがために中絶する人を攻撃したり、動物保護を唱えて実験室で働く人間を傷つける人たちは、たくさんの人を自分から遠ざけ、その運動にも損害を与えています。もっと広い視野を持ち、愛と受容という観点から状況を見るならば、どんなときでも必ずよりよい、もっと効果的な方法があるはずです。それはつまり、最も必要とされているところに愛を吹き込む、ということです。

エクササイズ――
ハート・チャクラを開いてポジティブな態度を取れるようになりましょう

＊エクササイズ［1］
ポジティブなサイクルを作る

健康なハート・チャクラはポジティブな物の見方と楽観的な態度を生み、それによって私たちの人生を変えてくれます。考え方がネガティブだとどんなことが起こるかをまず見てみましょう。

たとえば「私は人から好かれない」というネガティブな考えを私が持っているとします。私は、誰も私のことを好きにならないと決めてかかります。人が私を嫌い、拒絶することを期待している私は、心を閉ざし、親しみやすい態度を見せません。このようなネガティブな行動は友好的な反応を生まず、私はネガティブなフィードバックを受け取り、それが自分は人から好かれないというネガティブな思い込みを、ますます確かなものにします。そうして私は改めて、ネガティブな思考、思い込み、行動、フィードバックのサイクルに陥り、独りぼっちで孤立するまでそれを繰り返すのです。けれどもこれは、すべて私自身が招いたことであって、誰が何をしたわけでもありません。私が自分で舞台を用意し、脚本を書き、すべての役割を演じ、終幕までやり遂げたというわけです！

さて、ではサイクルを逆にしてみましょう。私は心を開いてポジティブな態度を持つというリスクを取ります。もしかしたら私は人から好かれることができるかもしれない。もしそれが本当なら、私を好きな人がいるかもしれないから微笑《ほほえ》んでみよう――するとどうでしょう！　人は微笑みを返してくれるではありませんか。このポジティブな反応が、私は人から好かれる、という考えを肯定します。私は自信をつけます。自尊心が高まるのでさらに大きなリスクを取ることができるようになり、私の世界は広がり、より幸せになれるのです。

ですからあなたも、毎日ポジティブな考えを持ち、それを実行する、と自分に約束してください。ここにすぐに使えるアファメーションをいくつか書いておきます。あなたの悩みがすべて解決するとは約束できませんが、ハート・チャクラとあなたの精神にはよい影響があるでしょう。なぜならあなたの精神はあなたが口にする言葉は一つ残らず信じるからです。そして一番効果的なアファメーションは自分で作ったものですから、自分にぴったりくるまで次のアファメーションを書き直して構いません。

□私は心を開いて愛を受け取り、与えます。私の生活は完全に調和とバランスが取れています。

□私にとって一番大切なのは私自身であり、私は愛と慈しみを持って自分を扱います。

□私の人生は可能性、素晴らしいこと、喜びでいっぱいです。心を開きさえすれば、それは全部私のものです。

□私はどんな状況にも愛を注ぎます。愛が私の人生に流れ込んでいるのを知っているからです。

＊エクササイズ［2］
自分への手紙

一番の親友に書くようなつもりで、自分自身に手紙を書きましょう。心配なこと、フラストレーションを感じていること、願い事、目標、誇らしく思っていることや嬉しいことなどを書いてください。あなたの生活の中で気に入っていること、変えたいと思っていることを書くのです。書いたら封をして、三日か四日経ったらあなたの「安全な場所」へ行き、思いやりと理解の心を持って、その手紙を注意深く読んでください。

では、とても愛情にあふれた視点から返事を書き、最近の出来事についてあなたがどう感じているか、あなたはどうするべきだと思うかを伝えてください。するべきことのリストを作ってもいいですが、それを全部今日すぐにできるとは思わないでください。何から始めますか？　何か一つ小さな変化を今日起こすとしたらそれは何でしょうか？　できることはいつでも必ず何かしらあるものです。さあ、それでは変化を起こすための現実的なスケジュールを立てましょう。

たとえば……。

□今日から私は自分自身を、親友を扱うように扱う。自分についてよくないことを言ったり考えたりしたら、そのたびにそれをもっと適切で優しいことに変える。

□今日、イエローページで、参加できるエクササイズのクラスを見つける。

□火曜日に買い物に行ったら自分のために花を買う。

□私の幸福と霊的成長にとって重要なものを買うための予算を立てる。たとえばヒーリング・ミュージック、キャンドル、パワーストーン、エッセンシャルオイルなど。

□金曜日には昔取った英検の合格証を引っ張りだして、見えるところに貼る。自分が達成したことを誇りに思えるように。

□毎日、お風呂やシャワーのあと、よい匂いのするボディーローションやマッサージオイルで自分の体をマッサージする。お金が貯まったらプロのマッサージを予約する。

□今度姉が電話をかけてきて、週末に家族で遊びにくると言ったら、私の都合はどうかを考える時間をくれるように言う。

＊エクササイズ［3］
よいもの、美しいもので自分をいっぱいにする

私は自分の心や精神を、よいもの、美しいものでいっぱいにしたいと思っています。ですから、よいニュース、ポジティブな考え、ヒーリング・ミュージック、素敵な思い出、愛に満ちた行動、よい匂いの香水、優しい感触、元気の出る光景などを送り込むようにするのです。

災害、殺人、悲劇で心が掻《か》き乱されるのは嫌ですから、たいていはそういうことについての記事を読んだり、テレビや映画でそうしたものを見たりしないようにしています。そういうものが存在することは知っていますし、見ないふりをしているわけではありません。どこにいても被害者、加害者に対して、また今生で自分に課したつらい課題に必死で取り組んでいる人たちに、愛とヒーリングを送ることはできるのです。

あなたの精神は、あなたがそこに送り込むものによって、必要以上に思い悩んではいませんか？　それはあなたにとってよいことでしょうか？　それと同じことを自分の肉体にしたいかどうか、自分に聞いてみるといいかもしれません。体によくない食べ物、毒性のあるもの、汚れた水を飲んだらどうなるでしょうか？　あなたの人生を振り返って、今のあなたのネガティブな思い込みの原因がどこにあるのか見てみてください。まだそれが必要ですか？　それは子供の頃から頭の中で回っている古いカセットテープのようなものではありませんか？　それをもっとポジティブで、今のあなたに相応《ふさわ》しいものに録音し直してみませんか？

＊エクササイズ［4］

愛と光を送る
別れたい相手には光だけを送る――

あなたが今日気がついた「よいこと」を五つ挙げましょう。次に、よいことを考え、愛と光と一緒にそれを少なくとも五人の人に送ります。これを毎日規則正しく行えますか？　それはあなたの心も、あなたがそれを送る人の心も癒してくれます。

一つだけ注意してください。よいものを送ってあげたいけれどその人とコンタクトは取りたくない、という相手がいるとします。自覚的に、賢い選択として別れると決めた相手かもしれません。その場合、あなたにとっても相手にとっても、せっかくあなたが努力して癒したハート・チャクラ間の繫《つな》がりを再構築することは避けるべきです。その場合は愛よりもむしろ光を送りましょう。そうすれば相手にはあなたが送った心の平安とヒーリングが伝わりますが、あなたの心と相手の心のヨリが戻ることはありません。

メディテーション――
ハート・チャクラを開き、苦しみと混乱の人間関係を許して手放しましょう

＊メディテーション〔1〕

いつものようにあなたの「安全な場所」へ行き、少なくとも一時間は誰にも邪魔されないようにしてください。近くにパワーストーンを用意します。ローズクオーツ、緑のトルマリン、エメラルドを使ったジュエリーなどがよいでしょう。

ローズクオーツは「愛の石」とも呼ばれ、私たちが自分や他の人を愛するのに非常に役立ちます。心の傷を癒し、痛みで凍りついた心を解きほぐしてくれます。トルマリンにはいろいろな色のものがありますが、緑色のものはヒーリングと同時に保護の力もあり、ネガティブなものを追い払ってくれます。エメラルドは無条件の愛を象徴し、優しさと繁栄をもたらし、洞察力も高めてくれます。また昔から、翡翠《ひすい》にはたくさんの愛が込められているので、愛する人にしかあげてはいけない、と言われていました。もし翡翠を持っていたらここで使うとよいでしょう。始める前に、あなたに翡翠をくれた人に愛を送り返しましょう。

エッセンシャルオイルやお香を焚《た》きたい人は、ラベンダー、ジャスミンなどがよいでしょう。花か植物のポットがあればそれも「安全な場所」に持っていきましょう。なければ何か、緑かピンクのものを近くに置いてください。電話が鳴らないようになっていることを確認しましょう。

リラックスする方法はもう覚えましたね。ではいつもの手順でリラックスし、心地よい状態になってください。何を思い出してもそれはみな記憶にすぎないこと、過去に起きたことは何一つ、今のあなたを傷つけることはできないということを、忘れないでください。あなたはもうすでにそのすべてを乗り越えたのです。

今度は、十二歳から十五、六歳の頃にさかのぼり、その頃に起こったすべての出来事、感情を包み込んでください。特に思い出したいこと以外は、詳細を思い出す必要はありません。ただそれらのすべてを

集めてひとまとまりにし、癒す準備をしてください。急ぐ必要はありません。

頭の中で、その中に、周りに、その向こう側に、光を照らしてください。その光で、その頃起こったすべてのことを癒し、中でもあなたの中の、十二歳から十六歳の間で止まってしまった部分を、癒してあげてください。光と、そして愛を、あなたの隅から隅まで行き渡らせ、あなた自身を癒してください。

さあ、では、あなたの心が発する愛の輝きで若い頃のあなたをしっかりと、気持ちよく包み込みましょう。安心できるように抱いてあげてください。過去はもう過ぎ去りました。

もし可能なら、その期間に出会った人たちや起こった出来事を許し、あなたをそれらとの繋がりから解放してください。あなたが望まない限り、それらのものとあなたには何の関係もありません。過去は過去、そして過去を癒すことは可能です。もう何もかも手放してしまっていいのです。いつものように、これ以上続けることができないと思ったらここでお終いにして、ゆっくりと部屋の中に意識を戻し、グラウンディングしてから目を開けてください。もし可能ならば、より高い霊性の次元に進み、その頃あなたが出会った人たちは、その人自身の成長の過程において、苦しみと混乱があいう行動を取らせたのだということに気づいてください。許してあげましょう。そして慈悲の心を持って見送りましょう。

次に、もしも可能ならば、一番高い霊性の次元に進んで、その人たちは実は、あなたが今生で学ぶべきことを教えてくれていたのだということ、他にあなたがそれを学ぶ方法は、なかったのだということに気づいてください。彼らはあなたの成長のプロセスには不可欠であり、そしてあなたもまた彼らの成長に不可欠だったのです。彼らがあなたに教えてくれたこと、あなたの人生に重要な役割を果たしてくれたことに感謝し、そして、慈悲、愛、感謝とともに手放してください。

さあ、すべてはきれいになりました。急ぐ必要はありません。

愛と慈しみを心に満たし、それを若い頃のあなた自身に吹き入れます。心は穏やかに癒されます。無限の愛であなた自身を包んでください。気持ちが整ったら、ゆっくりと部屋に戻る準備をします。あなたの体を意識してください。足と手の指を動かし、体に腕を回します。慈しみましょう。あなたの肉体を楽しみましょう。準備ができたら意識を目の後ろに戻し、意識がしっかりとここに戻ったら、地球と自分が繋がっているのを感じてください。自分がしっかりと大地にグラウンディングされているのを感じたら、ゆっくりと目を開けてください。

時間を取ってください。水を飲み、ちょっと伸びをしましょう。そして、ノートに何でも書きたいことを書いてください。

必要なら、最後のメディテーションに進む前に一休みしましょう。

＊メディテーション【2】

目を閉じましょう。あなたの内側にある「安全な場所」にもう一度戻ります。意識をハート・チャクラの位置に降ろしましょう。美しいピンク色のバラのつぼみが見えますね。花びらは閉じています。その美しさはまだ完成していません。静かに観察し、あなたに用意ができたら、そこに暖かさと光を吹き込んで、つぼみが開き始めるのを見守ってください。ゆっくりと花びらが動き始め、重なっていた花びらはほどけて咲き始めます。開いて、開いて、やがて満開となります。美しい、完璧に咲いたピンク色のバラです。その花は今がピーク、花盛りです。成長の過程はどれもそれぞれに美しかったけれど、全開したときこそそれは完璧です。完全に形取られた素晴らしい花です。

この花はあなた自身の成熟の比喩《ひゆ》です。あなたは今満開を迎えています。あなたはその成長のピークにあり、このバラのように、満開で成熟し、驚くほど美しく、見事です。このバラはあなたからあなた自身への贈り物。そして、あなたとあなたの開花は世界への贈り物です。その美しさを保ってください。その見事さを保ってください。あなたこそが贈り物なのです。その感覚を楽しんでください。この瞬間を存分に味わってください。見事に成熟し、いっぱいに開花した自分を抱きしめてください。

バラの花の真ん中から愛の光線を発し、どこへでも好きなところに送りましょう。それは、癒し、清める最も純粋な愛です。それを送り出すと同時に、あなた自身もまた、その光に癒されていることに気づいてください。それを一番必要としているところ

喪失の嘆きを癒すメディテーション

あなたの「安全な場所」へ行き、花とパワーストーン（ローズクォーツが最適です）を用意します。あなたが失って嘆いている人やもの（たとえば、引っ越さなくてはならなかった家、大切にしていたのになくしてしまったもの、手に入らなかった子供時代など）を思い起こさせるものや写真を用意してもいいでしょう。呼吸に意識を集中し、吐く息と一緒に、ネガティブなもの一切を足の裏とルート・チャクラから外に出してしまいます。

ちょっとの間、自分に優しくし、光があなたの中に流れ込んであなたの周りを包み込むのを感じてください。失ってしまった人あるいはものを思い浮かべ、それを失ったことによって湧き上がる感情を味わってください。あなたの人生はこれからも続いていくということ、手放すのはつらいかもしれないけれど、あなたが自由になり、成長を続けるためにはそうするしかないことを思い出してください。

ゆっくりと意識をあなたの悲しみの対象に集中し、その人、あるいはものを目の前に思い浮かべましょう。今あなたはあなた自身を癒す必要があり、あなたは自分自身への、そしてその人（もの）への愛でそれを行うのだと伝えてください。

美しい白い光が頭のてっぺんに流れ込み、あなたの全身に、細胞の一つ一つに、あらゆる細胞の原子の一つ一つに入り込んで、やがてあなたは光に満たされ、光り輝き、癒されていきます。光はあなたの手のひらに届き、そこにあるマイナー・チャクラから外に流れ出すことができます。さあ、愛に満ちた深呼吸とともに、愛するものを手放しましょう。両手のひらでハート・チャクラを包むようにし、手のひらから流れ出す癒しの光で、ハート・チャクラから引き抜かれた絆《きずな》が残した傷跡を癒してください。

　同じ喪失の悲しみを味わっているパートナー、親類などがいるかもしれません。たとえば親を亡くしたり、子供を亡くしたり、流産や中絶を経験したり、子供時代に同じ喪失やトラウマを体験した兄弟姉妹がいたり、といった場合です。その場合はその人たちと一緒にこのメディテーションができれば素晴らしいと思います。何を失ったことを嘆いているのか、このメディテーションで何をしようとしているのか、事前によく話し合って準備をしましょう。ともにメディテーションを行い、光で全身を満たし、同時にお互いのハートを手で包み込み合いましょう。自分自身が、そしてお互いが癒されていくにつれ、二人の間に愛が行き交います。失ったものを手放したら、喪失の体験について、たった今分かち合ったヒーリングの体験について少しの間話し合ってください。メディテーションの最後は、たとえば抱き合う、手を握るなど、お互いの支えになるような体の触れ合いを持ち、たっぷり時間を取ってから日常に戻るようにしましょう。邪魔が入らずに一緒に時間を過ごせる、訪ねてくる人がいないことがわかっている日を選んでください。家族の誰かが亡くなったときは、家族や子供と一緒にこのメディテーションをするとよいでしょう。

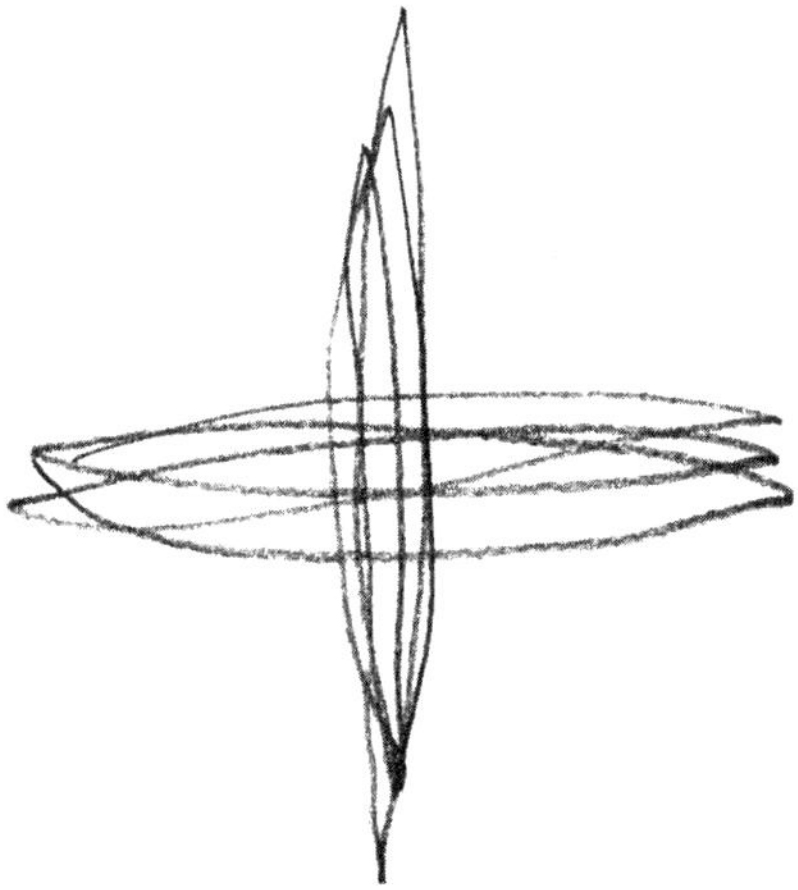

にその光線を照らしましょう。それが触れるものすべてを癒してもらいましょう。無条件の愛に世界を癒してもらいましょう。この無条件の愛は、あなたから世界への終わりのない贈り物です。

好きなだけこの状態を続けてください。存分に楽しんだら、愛の光線をゆっくりと止めてください。止まってもその光はずっとあなたを癒し続けます。バラはそのまま持っていますが、あなたのハート・チャクラの中にしまってください。微笑んで、自分が癒えていくのを感じましょう。その感覚を楽しんでください。急がなくていいですから、準備ができたらゆっくりと意識を体に戻します。床にかかるあなたの体重を意識してください。ゆっくりと伸びをし、意識を部屋に戻して完全に目覚めてください。目の後ろに意識が戻ったのを確認し、体に腕を回して自分の肉体を感じてください。抱きしめ、慈しんでください。

準備ができたら、ゆっくりと目を開けましょう。急がなくて結構です。あるがままでいてください。

第8章

Throat Chakra : Speaking Our Truth

スロート・チャクラ

あなたの進むべき道(真実)について
高い次元からヴィジョンを得る

あなたの魂にたくさんの窓を持ちなさい
宇宙の栄光のすべてが魂を輝かすことができるように。
たった一つの教義のための小さな窓では
数えきれない源から照らす眩《まばゆ》い光は捉《とら》えられないのだから。
妄信というブラインドは取り外し、
真実そのもののように広大で天ほども高く
偏見を持たない窓から光が降り注ぐように。
星が奏でる静寂の音楽と自然の声に耳を傾けなさい。
するとあなたの心は真実と善に向かうだろう、
まるで植物が太陽にその顔を向けるように。
何千もの見えない手があなたに向かって伸び
平和を冠にいただいた彼らのいる高みへとあなたを連れていくだろう。
そして大空はその力のすべてであなたを強くしてくれるだろう。
恐れずに、中途半端な真実は捨て去り、完全な真実だけを摑《つか》み取りなさい。

ラルフ・ウォルドー・トライン

スロート・チャクラは軽やかな表現とスムースなコミュニケーションを可能にしてくれる

私たちは、ルート・チャクラが司《つかさど》る根本的な生存本能から始め、セイクラル・チャクラに進んで、セクシュアリティと自分以外の人に手を差し伸べる能力を身につけました。ソーラー・プレクサス・チャクラでは私たちの中にあるパワーについて学び、そしてハート・チャクラで無条件の愛に到達しました。ここから私たちは音とコミュニケーションの世界に突入します。五番目のチャクラ、スロート・チャクラが私たちに声を与えてくれるのです。スロート・チャクラは、下位のチャクラが司る本能や感情と、もっと上のチャクラが司るヴィジョン、思考、知識、理解を結びつけてくれます。スロート・チャクラが発達していると、よりよいコミュニケーション、創造性、誠実さ、透聴力（用語解説参照）、そしてチャネリングといった能力を身につけることが可能です。

スロート・チャクラはあなたの感情的な部分と知性的な部分の架《か》け橋であると同時に、ウィットや即興能力をも司っており、スロート・チャクラの発達によってこれらの能力も高まります。スロート・チャクラが開いている人には、素敵な軽やかさがあります。自分を大真面目に取らなくなり、のびのびとして遊びの精神が旺盛になり、子供のように「何でもやってみる」ことができるのです。それでいて、必要ならば瞬時にして自分のパワーにアクセスし、指揮を執り、リーダーシップを発揮することができます。状況に合わせて行動の仕方を自在に変えられる様子は、まるで人格の違う二人のように見えるかもしれません。

今までは感じるだけだったことを、スロート・チャクラは言葉で表現可能にしてくれます。この言葉による表現能力によって私たちは自分を外界に示し、他の生き物より優れた存在となるのです。スロート・チャクラを開いて自分独自の表現に言葉を与えることで、私たちは同時に私たちの声が届くすべての人たちを、私たち自身の世界に迎え入れます。

残念ながら、よく考えず不用意に口を開くことが、私たちにはあります。けれども口にされた言葉が持つ重さと責任を理解するにつれて、私たちはより注意深く言葉を選ぶようになります。なぜなら、一度空中に放たれた言葉は、決して取り消すことができないからです。

魂の声に裏打ちされた よりよいコミュニケーションに 進みましょう

スロート・チャクラは私たちを言葉によるコミュニケーションに進ませてくれます。口にされる言葉の重要さは、『ヨハネによる福音書』が「初めに言葉があった」と始まることからもわかる通りです。それはまるで、人間という種の起源が音と言葉にあるかのようです。囁《ささや》きから叫び、歌から悲鳴まで、喉《のど》で行われるコミュニケーションは、人間にしかできません。

けれどもコミュニケーションとは、話し言葉、書き言葉、放送された言葉といった、発せられた言葉がすべてではありません。コミュニケーションの環《わ》は、聞くこと、耳を傾けることによって初めて成立するのです。イルカの発するカチッ、カチッという音や囁くような音であれ、子供たちのおしゃべりの声であれ、赤ん坊の吐息のほんの微《かす》かな変化であれ、他の動物に比べて限られた範囲とはいえ、人間の耳は音に敏感にできています。

私たちの理解は、非言語的コミュニケーションによってさらに深まります。私たちはまた、自分の内側でもコミュニケーションを行っています。自分の体やそこから常に発せられる信号に耳を傾け、私たちを優しく導く魂の声に耳を傾け、そして背景幕のように常にそこに存在する、宇宙とより高次の叡智《えいち》に耳を傾けます。けれどもそれは、ちょうど熱帯地方の夜に樹々の間で啼《な》くセミの声に似て、すっかり慣れてしまうことによって、聞こえないことが多くなってしまうのです。そうした音の美しさに気づき、それが自分の生活に与えるインパクトを完全に理解するためには、私たちは立ち止まって耳を澄まさなくてはなりません。

コミュニケーションなしには、思考やアイデアは表現されないまま孤立した無形のものにすぎず、当人の思考を拡大する以外にはほとんど役に立ちません。それらを理解した上で具体化し、形を整え、実体のあるものにするのがコミュニケーションなのです。自分の知っていることを世界と共有することによって、そのエネルギーは解放され、私たち独自の考えの周りに、他の人が意識が集中し、エネルギーが加わります。それはまるで見事な絹の織物を広げて周りの人にその美しさを感じ、手で触れてもらい、その魔法を分け合うのに似ています。

私は、人間関係のあらゆる問題の根本原因はコミュニケーションにある、とよく言うことで有名です。そしてそれは恋愛関係に限らず、職場の同僚や、私たちが出会うほとんどの人、誰とのコミュニケーションでも同じことです。雑な言い方に聞こえるかもしれませんが、まんざら間違いではないのです。微笑《ほほえ》みから始まり、愛情と礼節をもって進み、必要なときは多少のユーモアで膨《ふく》らませ、思いやりと慈悲の心によって深められる。そんなコミュニケーションを持つことができれば、失敗はまずあり得ません。

喉を開く、歌う、感謝を声に出す——これがスロート・チャクラのおそうじ

私たちの声は天からの素晴らしい贈り物です。私の親友は素晴らしい声の持ち主で、その音色の豊かさ、音質の力強さ、感情表現の豊かさは、別の過去生から持ってきたものとしか思えません。残念ながら彼女は恥ずかしがり屋で、滅多にその声を使うことがないのですが。

自分に与えられた天与の才や技術を使い、それらを発達させることについては前にお話ししました。私は彼女がプロの歌手になるべきだ、と言っているのではありません。彼女には、それで食べていくことができ、人の役にも立てる才能が他にあるのです。でも、たとえばあなたが友人から素晴らしいプレゼントをもらったら、感謝を示し、その贈り物を使うか、あるいは他の人もそれを楽しめるように飾ったりしますね。だったら、神から与えられた贈り物はなぜそうしないのでしょうか？　偽りの謙虚さでそ

れを持っていないふりをするべきでしょうか？　それとも正々堂々とそれを喜び、人と分かち合うべきでしょうか？　私たちに与えられたものは、どんな形であれそれを人と分かち合うためにあるのです。

喉を開いて歌を歌う。それは私たちの精神を高めてくれます。でも何よりも歌は、スロート・チャクラをきれいにし、それによって、コミュニケーションや創造性、そして天から与えられた贈り物をじゃましているものを、取り除いてくれるのです。ですからあなたが歌を歌えるならそれは素敵なことですし、歌えないと感じているとしても、詠唱したり、マントラ（用語解説参照）を覚えてリズミカルに唱えれば、歌うのと同じように喉を開き、あなたの人生に大きな変化を与えてくれるはずです。

どんな方法で喉を開くにしろ、いつも声に出して感謝することを、自分の中でルールにするといいでしょう。心の中で感謝するのはよいことですし、黙って感謝の祈りを捧げるのがふさわしいときもあります。でも、あなたはいつでも喉を開いて、感謝の気持ちを表現することができるのです。

私の家に初めて滞在する人はきっと誰もが、朝、ベッドルームから出てきた私が、その途中であらゆるものに挨拶するのを、面白がっていることと思います。私はまず朝に対しておはよう、と言い、次には空に、それから家中を少しずつ、すべてのものにおはよう、と挨拶して回り、それがそこにあること、私の人生の中でそれが果たしてくれている役割に対して、感謝するのです。変でしょうか？　そうかもしれません。でも感謝を声に出すことで、私の家の中には愛にあふれた波動が生まれます。

私の家が穏やかに落ち着いていて、愛にあふれているのを感じる、と人に言われると、とても嬉しくなります。ヒーリング・ワークを家で行うのもその理由の一つですが、話したり、詠唱したり、歌ったり、手を叩いたり、基本的に気持ちよくエネルギーを動かすことによって、愛に満ちたサウンドウェーブを作っているのです。また私は、音楽やベル、風鈴、鐘、シンギングボウルなどで美しい音を奏でます。それは私の耳を楽しませ、スロート・チャクラをクリアにし、キラキラきらめくエネルギーを作り出して、私や私の家を訪ねるすべての人の気持ちを、晴れ晴れとさせてくれるのです。

物語を語ることはありますか？　小さい頃両親にお話を読んでもらうのが好きではありませんでしたか？　私の友人であり仕事仲間でもある人に、ユダヤ人のストーリーテラーがいます。彼は、何百年にもわたって彼の民族に、書き言葉ではなく口承で伝わってきた古い物語を語ります。私の五十歳の誕生日のお祝いに私は他のたくさんの友人と一緒に彼を招き、その夜の集いの最後に彼に物語を語ってほしいと頼みました。それはとても不思議な経験でした。私たちは電気を全部消し、キャンドルだけにしました。彼が話し始めると、部屋全体の雰囲気が変化したのです。全員のエネルギーが変化し、私たちは彼の声と物語にうっとりと聞き惚れました。ときどき私はほとんど催眠術にかかったかのような状態から無理して目を覚まし、一体何が起こっているのかを観察しました。それは物語とは関係なく、私たちが彼の美しい声に集中しているのが原因でした。私たちのスロート・チャクラは開き、私たちの間に行き交う愛は磁力のように互いを惹《ひ》き合っていたのです。その夜そこで起こったヒーリングは魔法のようでした。想像力、コミュニケーション、そして愛に心を開くのは、それほどパワーのあることなのです。

スロート・チャクラは今この瞬間の真理に忠実に変化することを求めます

このチャクラのサンスクリット語の名前はヴィシュッダといい、「純粋」という意味です。健康で発達したスロート・チャクラは、私たちのコミュニケーションの質と純粋さを高めてくれます。スロート・チャクラは、私たちが自分の経験、能力、意志、そして愛を一つにし、世界に向けて自分が真理だと思うことを伝えることを要求します。それは単に事実を寄せ集めた「真理」ではなく、命を持ち、発達し続ける動的なプロセスです。

私たち一人一人が、経験と成長の過程に基づいた自分だけの真理を持っています。もちろん事実は大切ですが、スロート・チャクラが司る真理はそれよりはるかに重要なものです。それは誠実さ、深さ、パワーを伴った、ここまでの旅路で私たちが学んできたことすべてを統合したものです。そしてそれは、私たちが世界に向けて自分の真理を表現する中で、より高位のチャクラが司る洞察力、叡智、明瞭さ、理解によってさらに豊かなものになります。

私たちの真理とはつまり、私たちのヴィジョン、夢、希望、気づき、思考を深め、心と頭が思うことを突き詰めていった結果を含んでいます。自分が最も誠実になれるものであり、それは他の誰の真理とも違っているかもしれません。自分自身に誠実に行動することは、他の誰とも違う価値基準や態度を持つことを、私たちに求めるかもしれません。それでいいのです。なぜなら、一度自分自身の真理を知ってしまった人は、その真理に従った内面の行動基準に従わなければ、自分の誠実さを脅《おびや》かす恐れがあるからです。自分自身の真理に沿わない行動をとれば、その代償は後悔、悲しみ、喪失感、恥、そして、自分の内面の叡智に相応《ふさわ》しい行動を取れなかった、という苦悩です。

発達したスロート・チャクラを持っている人が言うことは、たいがい聞き入れられます。そのメッセージが誠実さを帯びているばかりでなく、その言葉には高位のチャクラから生まれる強さ、優雅さ、明瞭さがあるからです。

スロート・チャクラは私たちが自分の真理に忠実であること、他人の意見がどうあれ、それを守る勇気を持つことを望みます。ただし忘れてはならないのは、真理を常に最新のものにしておくことです。数年前、いえ、昨日、あるいは五分前に真理だったことが、新しい経験、事実、新しい感情によって、今この瞬間の真理ではなくなる可能性もあります。真理を更新し、必要ならば、しばらく前にはある見解をどんなに情熱的に信じていたとしても、今は別の見解を持っているということを認める勇気を、スロート・チャクラは私たちに求めるのです。

それができれば同時に、私たちはそれぞれみな成長の過程において異なった地点におり、したがって普遍的な真理に対する理解の度合いもそれぞれ異なっている、ということを受け入れるための、思いやりや理解力を得ることができます。どんな意見の違いや強い信念も、それを時間と成長のプロセスが生んだものとして捉えることができれば、支持し、受け入れることが可能です。それは連続するフィルムのワンショットにすぎないからです。

自分の真理を責任を持って他の人と共有し、他の人の真理に耳を傾ける用意がある限り、この宇宙は常に前進しています。ですから私たちは真理を、軽快な気持ちで柔軟性を持って扱い、新しい事実や概念を歓迎し、自分の人生に取り入れる必要があるのです——ちょうど今あなたがこの本を読みながらそうしているように。

スロート・チャクラは私たちに、堂々と自分が正しいと思うことを述べ、自分が間違っていたときにはそれを認め、新しい情報を入手したらそれに従って考えを改め、自分の真理を常に活《い》き活きとした最新のものにしておく勇気と責任を持つことを要求します。

この最後のポイントはこれからお話しするたとえ話がよく表現しています。

ある朝、偉大な司令官が側近を部屋に集めて彼の軍事作戦を説明します。側近たちは部屋を退くと、各小隊にその作戦を伝えます。昼食時になると司令官は再び側近たちを招集し、朝伝えた作戦は無視するように言い、新しい戦術を伝えます。側近たちは再び司令官の部屋を退き、新しい作戦を実施に移します。日没時、司令官は再度側近たちを作戦室に集めます。彼は昼食時の命令を取り消し、また別の作戦を提示します。側近の一人が、一日に三度も作戦を変えては、自分たちが馬鹿に見える、と不平を言います。偉大な司令官は優しい表情で彼を見るとこう言います。「君は私が今朝の情報に基づいて今夜の作戦を練るのと、たとえ愚かに見えようとも、今手元にあるより正確な情報に基づいて、現時点で正しい作戦を立てる勇気を持つのと、どちらがお望みかね？」。そして彼らは戦いに勝利したのです。

スロート・チャクラはあなた独自のメッセージ（天職）を発信するのを助けてくれます

体の前面にあるスロート・チャクラは一般的なコミュニケーションを司っていますが、首の後ろにある部分の焦点は、自分だけの独自なメッセージを世界に発することにあります。私たちがそれをするのに最適な手段が仕事、職業です。

スロート・チャクラで行うヒーリング・ワークの一つは、私たちが真に欲しているものは何か、自分の心は自分をどこに導こうとしているのかを定義し、それに従う勇気を持つということです。すでに私たちは、それが喜びか苦痛かを行動の選択の基本原則とするセイクラル・チャクラを通して、ユニバースは私たちが正しい方向に向かっているときには障害のない楽な前進を私たちに許し、正しい方向に向かっていなければ、そっと行く手に障害物を置く、ということを学びました。あとはそれに磨きをかけて、正しい道を進めばいいのです。

母親として子供を育てることが、人生における私の使命である時期がありました。それからフルタイムで医師として、ヒーラーとして働くときがやってきました。現在私はその道の続きで、より多くの時間を教えること、書くこと、ヒーリングのエネルギーをチャネリングすることに費やしています。私は自分がまだ自分の可能性のすべてを実現していないことを知っています。そして私は人生を、愛、平和、ヒーリング、教えること、そして、私自身と他の人たちの霊的な成長のために捧げているのです。

発達したスロート・チャクラは創造性(好きでたまらないこと)を発見し、実現させてくれます

虹の色をした梯子《はしご》の一段一段のように、私たちはこれまでの章で学んだことのすべてを使い、より高いレベルの理解に組み込みます。そういう意味で、セイクラル・チャクラとスロート・チャクラの間には特別の関係があります。セイクラル・チャクラで姿を見せ始めたアイデアに、この五番目のチャクラで創造性が加わり、そしてあらゆることが可能になるのです。

「でも私には創造性がない」と言うのをしばしば耳にします。なんと悲しい条件づけでしょう。誰がそう言ったのですか？　あなたの絵を壁に貼ってくれなかった先生ですか？　それとも学校の劇でクレオパトラの役をくれなかった先生ですか？

私たちは誰もみな、創造性を持っています。中に

は自分のその部分を発見していない人もいますが、それはたいてい創造性を司るスロート・チャクラが本当に発達を始めるのが十六歳頃であることが原因です。多くの人にとって十六歳というのはちょうど、成長を促す刺激と励ましを日々受け取っていた時期を過ぎてしまった頃です。その結果残念なことに、神に与えられたこの自分の中の財産を楽しむことなく、自分は人より創造性が少ない、と信じ続ける人がいるのです。私は別に、私たちは全員均等に創造的であると言っているのではありません。私たちはそれぞれみな、独自の贈り物を持ってこの世に生まれてきているのです。私は簡単な曲をピアノで弾くことはできますが、今生では、偉大なピアニストになるために生まれてきたのではないことを知っています。でも私にも私の授かった創造性がありますし、あなたにもあるのです。何年か前には私自身、自分には創造性がない、と言う人たちの一人だったと思います。でも歌の歌詞を借りれば、「今の私を見てほしい……」。

それが何であれ、好きでたまらないこと、それがすなわち、私たちが創造性を持っている分野です。私のワークショップの一つに「好きなことを楽しんでする」というのがあります。このワークショップの参加者は、自分が何をしているときが一番楽しいか、自分は何が得意かを検証します。それを土台にして、創造的で自分に適し、喜びを感じることができ、エネルギーを前向きに使い、十分な収入の得られる、真に豊かなライフスタイルを構築することができるのです。そういう人は有能で、世の中に貢献できるだけでなく、自分がしていることを楽しんでいるので、周りに喜びと愛を発散させています。それが創造的であるということです。

ヒーリング・ワークのポイントは「自分自身に誠実に生きる」こと――

自分自身に誠実に生きること。それがスロート・チャクラでのヒーリング・ワークの一番重要な部分です。

私にとっての真理がごく個人的な問題であるのと

同じく、私にとっての誠実さもまた非常に個人的な問題です。それは私にとっての真理が何であるかに関係しており、私はそれが許す範囲の中で行動し、私の理解と与えられた条件づけが決定する行動規範に従わなくてはなりません。条件づけは主に、今生に生まれ変わるときに私が選んだ変更不可能な要素に基づいています。私が英国北東部の小さな町で私の素晴らしい両親の元に生まれたこと、田舎流の素朴な価値観を持って育ったこと、白人女性として二十世紀に生まれたこと――これらは私なりの誠実さを培《つちか》うのにとても重要でした。もし私が三十年遅くエチオピアに生まれていたら、あるいは二百年ほど前のインドの宮殿に生まれていたら、それはとても違ったものになっていたでしょう。自分では変えられないこうした要素と条件づけ、そして私の霊的成長の度合いによって、私にとって、自分に誠実であるとは何を意味するのかが決まりました。そして、それに従った言動を守る勇気を持つことを求めるのが、スロート・チャクラです。

たとえば、ゴミを投げ捨てて環境を汚すことは私にとって恥ずべきことですが、私の生活においては何の意味もないと思われる、人間が作った規律をときどき無視しても、私は平気です。また、もし私の子供たちが栄養失調で死にかけていたら、私の価値観はきっと異なったものになるはずです。私は別に法律や規則を無視しても構わない、と言っているのではありません。けれども大きな進歩が起こるのは、自分にとって何が誠実なことか、という視点に立って、不当で窮屈で不必要だと思われることを、正そうとするときだと私は思います。もう一つ、真理と誠実さに関連したスロート・チャクラの大きな課題は、道徳性です。これもまた非常に個人的で気まぐれな問題であり、私たちの状況に従って常に変化しています。

昔あったテレビ番組に、参加者の道徳観をテストするというものがありました。参加者は、あるストーリーのほんの一部だけを聞かされて、その人だったらその次に何をするのが一番いいと思うかを尋ねられます。たいていの場合、出演者は最初ある行動を道徳的に正しいと感じるのですが、あとになって事実をすべて知らされてみると、知っていたらそれとは全く違った行動を取っていただろう、という結

万物の母体物質「エーテル」

スロート・チャクラに関係する元素はエーテルです。それはすべてのものを含有する「場」のことで、あらゆるものはそこから生まれ、まるで海のように、あらゆるものがそこに浮かんでいます。すべての粒子、物質、物理的な存在はこの場、この母体から生まれます。それだけではなく、すべてはその一部でありそれを構成する一部です。太古から存在し、循環し、形を変え、変化し、様々な化学的反応の中で使われてきた微粒子はすべて、今もその一部なのです。何もないように見えるところがあっても、それはいわば微粒子の存在が疎《まば》らでわずかなものしか浮遊していないように見えるだけです。空白の空間はありません。私たちは何ものによっても隔てられてなどいないのです。あらゆるものは、このエーテルという母体を通し、他のあらゆるものと、それがどんなに小さかろうと何かしらのコネクションで繋《つな》がっています。

第7章で、私たちのすることはすべて連鎖反応を生む、ということを説明しました。その概念はここでより精緻《せいち》になります。私たちはこの、宇宙に遍在する母体によって一体化され、その中で一つになって動いているわけですから、もし私が優しさに満ちた行動を取ればそれは行く手のすべてを動かし、すべてに影響を与えて、いずれは優しい影響を伴って私に戻ってきます。不純な目的でした行いも同じです。どんなに長くかかろうと、それは必ず自分に跳ね返ってくるのです。

果になります。彼らが誠実さ、道徳性について高い基準を持っていることに変わりはありませんが、与えられた状況の変化が違った判断をさせたのです。

自分の人生を振り返ると、ときどき自分の取った行動に身のすくむ思いをすることがあります。たとえそのときにはどんな理由にしろそれが適切な行動だと感じたとしてもです。また人生を振り返ると、そのとき自分が持っていた価値観や道徳観のために手に入れ損なったものもあります。でも私は、それがそのときの自分の立ち位置だったのだということを受け入れなくてはなりません。その時点で私の道徳観に適《かな》っていたこと、正しいと感じたことが、現在の私の理解と一致しているとは限りません。私はその頃の自分自身や自分の周りにいた人たちに対し、愛と許しを送ってそれを手放し、そしてそれが私やその人たちの成長のプロセスには必要不可欠であったことを認めなくてはならないのです。今現在の私のスロート・チャクラの（そして他のすべてのチャクラの）発達状態に従えば、昔私がしたことの中には今は罪の意識なくしてはできないことがあります。逆に、五年か十年前、いえ、昨日までは決してしようと思わなかったのに、今の私なら罪の意識を感じずにできることもあります。

透聴力・チャネリング・テレパシー……スロート・チャクラがもたらす天の贈り物

霊性の段階を上がっていけばいくほど、私たちはたくさんの贈り物を手にします。発達したスロート・チャクラがもたらしてくれる贈り物の中でも最も素晴らしいものが、透聴力、チャネリング能力、そしてテレパシーです。

透聴力は精神的な聴力のことで、耳で音を聞くのとはちょっと違います。聴覚障害者でも透聴力を身につけることはできます。私自身はそれを、どこからともなく訪れ、心で「聞く」絶対的真実、として認識します。

チャネリングは昔から存在する現象ですが、その性質はここ数年で変化しています。チャネリングによって私たちは、高次元にいる私たちの師とのコミュニケーションの回路を開き、彼らの知恵や教えを私たちの言葉として持ってくることができるのです。こうして得られた情報が、「死」、宇宙、天体物理学、生命の本質、といった様々な分野において、私たちの知識を深めてきました。肉体を持たない存在から明示された素晴らしい教えがいろいろあります。セス、ジルダス、オリンなどはそのほんの一例です(参考文献参照)。

アストラル界に接触する霊媒能力者が非常に高い地位を与えられてきたせいか、それとは全く別の、より高い次元と接触を取るチャネリングはしばしば批判的に受け取られてきました。直接的で正確な本当のチャネリングには、解放された、無条件に愛することのできるハート・チャクラと、発達したブラウ・チャクラとクラウン・チャクラ、そして発達したスロート・チャクラが必要です。前にも言いましたが、大きな能力を与えられた人はたいがいそうした能力を持つ者として選ばれたということに対して、謙虚であるものです。力を見せびらかす人には注意しましょう。自惚《うぬぼ》れは魂ではなく自我の産物です。

これと似た能力がテレパシー、すなわち以心伝心で人の心を感じ取る能力です。私たちは誰でも、多かれ少なかれこの力を持っており、特に自分が愛する人、特別に気が合う人との間では、この力が発揮されやすいものです。母親の多くは自分の子供と心を通じさせることができ、たとえ遠く離れたところにいても子供に何か悪いことが起きればそれを感じることができます。恋人同士は相手が考えていること、言おうとしていることがわかります。しかし残念ながら、恋人同士でも時間が経って別の理由でコミュニケーション不足が始まるにつれ、多くの場合この力は失われてしまいます。

誰かに電話をかけようと思っていたらその人から電話がかかってきた、という経験は私たちのほとんどが持っているはずです。いろいろな意味で、こういうごく普通の、見過ごされがちな力が強くなったものがテレパシーであり、スロート・チャクラの発達によってそれが可能になります。私たち一人一人はみな繋がっています。最終的には私たちは皆、霊のレベルで一つなのです。ですからもし私が心の中でメッセージをエーテルに向かって送り出せば、私がそのメッセージを送った相手はいずれはそれを受け取るのです。

たとえば私が、愛情のこもったメッセージを私の息子に送ったとします。そのメッセージの愛に満ちた波長はエーテル中に送り出され、やがてそのターゲットに届きます。たとえ無意識のレベルであっても、息子はそれを受け取るのです。ある意味では、私が愛情を送っていることに息子が気づこうが気づくまいが関係ありません。どちらにしろ、息子の人生が私が送った愛によって、よりよいものになるのは同じなのです。ですから私は愛情のこもったメッセージを送ることで、状況を劇的に変化させることができますし、同様に、憎しみのこもったメッセージを送れば状況は悪化します。けれども、すべては循環して私に戻ってくるわけですから、意識的にも無意識にも自分が送り出すメッセージは、すべて愛のこもったものであり、高い次元から見たときに、その人のためになるものであるように気をつけなくてはなりません。

第7章で、許しを送る、ということについてお話ししたときに、愛よりも光を送ったほうがよいケースがある、と言いました。その人によいものを送りたいとは思うけれど距離は置きたい、という人とハート・チャクラで繋がってしまうのを防ぐためには、これはとても重要な点です。

テレパシーとは、この現象がより強く、鋭くなったものにすぎません。思考という形を取って送り出されたメッセージにより敏感になり、それを自分の意図するままに読むことができるようになる、ということなのです。他の霊的な能力と同様、テレパシーもまた悪用されがちですから、もしあなたがテレパシーの能力を持っているとしたら、他の人のプライバシーを侵害しないように気をつけてください。

また、霊的な力を宴会芸のように使う人には気をつけなくてはいけませんし、私はそれを要求する人を避けるようにしています。非凡な現象に魅了される人がいるのは当然ですが、見せ物にするのは避けてください。私たちに与えられた能力は、意図された使い方で使わなくてはなりませんし、他のどんな能力もそうであるように、もしも私たちがテレパシー能力を悪用するとしたら、私たちにはそれを持つ資格はありませんし、恐らくはそれを失うことになると思います。

スロート・チャクラがブロックされたときに起こる出来事

スロート・チャクラは透き通った明るい青色の光のスピードで回転し、青色の光は首とその周辺器官を照らしています。喉《のど》そのもの、声帯、甲状腺と副甲状腺、口、気管と食道、耳、頸椎《けいつい》、そして頸動脈神経叢《そう》などです。

スロート・チャクラがブロックされていたり活発に機能していなかったりすると、肉体的には咽頭炎《いんとうえん》、風邪、体腺の腫《は》れ、首の痛み、歯の問題などが繰り返し起こります。甲状腺機能低下症あるいは甲状腺機能亢進《こうしん》症を起こすかもしれません。前者は倦怠《けんたい》感、体重の増加、憂鬱《ゆううつ》感、肌や髪がガサガサになるなどの症状、後者は体重の減少、不安感、不眠、イライラ感を伴った興奮状態といった症状となって現れます（付録Aを参照のこと）。

私に会いに来たとき、メルヴィンは鬱状態で怒りを抱えていました。三十代の頭脳明晰な男性でしたが、人生に幻滅していました。どこへ行っても人は初めのうちこそ感じがよくて親切だけれど、しばらく経つと自分のことしか興味がなくなる、と言うのです。メルヴィンはずいぶんとあちこちに住んだことがあり、自分に合った仕事、環境、そしてガールフレンドを見つけた、と思ったことが何度もありましたが、それはいつも必ず悪い結果に終わるのでした。次第に彼は、誠実な人間、それどころか、常識を備えた人間さえどこにもいないと思うようになっていきました。彼は自分の傲慢《ごうまん》さにはとんと気づかない様子で、自分が毎日どんなに愚かで鈍感な人たちを相手にしているかについて、滔々《とうとう》と私に不満を言い続けました。

彼の話し方は明瞭で説得力があり、そして彼はとても饒舌《じょうぜつ》でした。初めて彼に会う人は、彼の明晰な頭脳と、彼が選んだ話題について見せる情熱に惹かれるだろうということが想像できました。と同時に、しばらくしたら人は、彼が他の人の意見におかまいなく、自分の話を聞かせているだけであることに、うんざりしてしまうだろうということも想像できました。

アファメーション

ここまでの各章ですでにアファメーションを使ってきましたが、それが効果を持つためにはもちろんスロート・チャクラの力が必要でした。創造のツールとしての言葉の力は、特にそれが精神的なヴィジョンを伴っている場合には、決してあなどれません。アファメーションを使って自分の世界を創造する過程は、他の何を創造するのとも違いません。

美しい椅子を持っているとしましょう。それはどうやってそこに存在するようになったのですか？　どこかで誰かが、自分が作れるものを頭の中で思い描いたのです。その人は次に、そのイメージを絵に描くか、あるいは誰かに言葉で説明して、詳細なプランを作ります。それから、すべてが完璧になるまでそのプランには修正が加えられます。そしてやっとそれを実際に作る作業が始まり、ついに椅子が存在することになるのです。

アファメーションはこれと同じように、私たちが自分の世界を構築し生活を変化させるのを助けてくれます。まずイメージを持たなくてはなりません。あなたが本当に創造したいものは何ですか？　これについては次章でより詳しく見ていきますが、何が欲しいのかと尋ねると、わからない、と答える人がたくさんいます。それでは欲しいものができていなくて当たり前です。この本の最初に言ったことを思い出してください。ヒーリングは能動的なプロセスなのです。あなたがそれをしなくてはなりません。あなたを導く手助けをしてくれる人はいますが、あなたの人生を癒すことができるのはあなただけです。さて、あなたが本当に欲しいものは何ですか？　それがわかれば、椅子を作ったのと同じプロセスでそれを創造し始めることができます。アファメーションは見取り図であり、設計図です。実際に見取り図を描くこともできます。私はこれを宝の地図と呼びます。または、コラージュを作って目につくところに貼っておき、自分が何を創造しようとしているのかに常に焦点を合わせられるようにするのもよいでしょう。大切なのは、本当に自分が思う通りのものになるまで微調整をし、修正を加えることです。アファメーションの場合は、一言変えるだけで何もかも変えられますから簡単ですね。

はっきりした話し方、活き活きして豊かな言葉使い、話題にしていることに対する情熱——にもかかわらず、メルヴィンにはよいコミュニケーションを取るために欠かせないものが欠けていました。彼は注意深く人の話に耳を傾けることができず、思慮に欠け、他の人が口を開く番だということを示す社交上のきっかけに従うことができないのでした。自分は何でも知っていると思っていたせいで、彼は学べるはずの多くのことを学ぶ機会を逃しただけでなく、彼ほどの知識を持っている人は他には誰もいないという印象を人に与えました。その結果彼に会った人はほとんどが自尊心を傷つけられたのです。気軽に口にしたことをいちいちくだらないといって非難し、ものごとをくそ真面目にとらないからといって軽率だとそしる彼のことを、彼の仕事仲間は傲慢なやつだと思っていたに違いありません。メルヴィンにとって人生はとても深刻で、すべては黒か白のどちらかであり、灰色はあってはならなかったのです。

言葉数の多さとコミュニケーションの履《は》き違えは、彼のスロート・チャクラに問題があることを端的に表していました。彼は自分のことも世界も大真面目に取りすぎていました。そして、スロート・チャクラがブロックされている人の多くがそうであるように、世直し運動に携わっていました。悲しいことに、彼のような人は運動の役には立ちません。なぜならそのうんざりするような攻撃的な態度で、周りの人を遠ざけてしまうからです。

そういう人はしばらくの間は人気があるのですが、いずれ周りから人は遠ざかり、自分が誤解されたと感じるか、あるいは自分の周りにいるのは馬鹿だらけだと思い込みます。でもそういう人は、何度も繰り返して誤解を受ける原因が自分にある、という大切な法則に気づきません。改善されなければならないのは恐らくその人のコミュニケーション能力と理解不足なのです。スロート・チャクラがブロックされていると創造性が阻害《そがい》されます。そしてそれはしばしば、自分に相応しい居場所を求める果てしのない探求を強《し》いることになります。メルヴィンが仕事、住む場所、ガールフレンドを次から次へと失っていたのも無理のないことです。

私たちが人生の旅路にいる、と言うとき、私たちはまさに「路」を歩いています。次なる丘を登り、ちょっと何かを変化させたり、すでに持っているものにさらに加えたり、それを成長させたりしながら常に前進を続け、自分の到達すべき場所に向かうのです。そのためにスロート・チャクラは不可欠です。けれども他のどのチャクラもそうであるように、それは単独で存在したり機能したりはできません。スロート・チャクラが存分に開花し、私たちをゴールに導いてくれるためには、六番目のチャクラのヴィジョン、四番目のチャクラの愛、三番目のチャクラのパワーと意志と可能性、そして二番目のチャクラのアイデアと意見が必要です。

エクササイズ――
ターコイズとラピスラズリでスロート・チャクラを強化しましょう

スロート・チャクラに特に役立つパワーストーンはターコイズとラピスラズリです。ターコイズは強力な保護者であるだけでなく、コミュニケーション能力、創造的表現力を高め、感情のバランスを整えます。ラピスラズリは甲状腺を強化し、サイキックな能力を高め、創造力の発現を促し、生命力を強めます。また、銀は話す能力を伸ばし、高次の自己に対する信頼を増すことで知られていますから、ターコイズやラピスラズリを使った銀のアクセサリーを持っていたら身につけるとよいでしょう。

エッセンシャルオイルでは、穏やかな鎮静効果のあるラベンダーやヒヤシンス、あるいは創造力を刺激するパチュリ、ホワイトムスクなどが適しています。

＊エクササイズ〔1〕
耳に心地よい音を使って

このエクササイズは、音を使ってあなたの周りのスペースを浄化するのを助けます。耳に心地よい音は聴力を助長し、創造力を強めるだけでなく、スロート・チャクラのブロックを取り除くことによって、あなたのコミュニケーションの能力のすべてを高めてくれます。

私にとって耳に心地よい音とは、人の声、鳥の鳴き声、音楽、ベルの音、風鈴、風の音、雷鳴、流れる水の音、雨音……まだまだあります。騒音や不調和な音は不快なだけでなくスロート・チャクラに有害であり、それが避けられない状況に置かれると、気分を鎮めて再び創造性を発揮できるようになるまでに時間がかかります。

気持ちのよい協和音はあなたがいる場所の波長を変えるのに役立ちます。試しに窓を開けて、聞こえるところに風鈴を下げたり、ムードを変えてくれる音楽をかけたり、雨音や浜辺で波が砕ける音など、自然の音を録音したCDを一、二枚買ってみてください。もちろん、歌ったり、手を叩いたり、詠唱したり、太鼓を叩いたり、シンギングボウルを使ったりして、自分の音を作ってもよいでしょう。どの方法を選んだとしても、あなたがいる場所の、そしてあなた自身のエネルギーがどれほど変化するか、きっと驚くと思います。やってみてください！

＊エクササイズ〔2〕
音楽は最良のヒーリング

私たちの知る限り、音楽は人間の精神に変化を起こさせるのに最も有効な手段であり、しかも合法です。それぞれのチャクラにはそれに適した音楽がありますが、自分にとって何が一番相応しいかはあなたがよくご存知のはずです。ルート・チャクラにはどっしりと地に足のついた音楽がいいかもしれませんし、セイクラル・チャクラには水の要素に波長が合う、流れるような曲が合うかもしれません。ソーラー・プレクサス・チャクラにはパワフルで心を奮い立たせるような大曲が、ハート・チャクラには穏やかで愛にあふれた音楽がいいでしょう。

これらのすべてを感じ取るのはスロート・チャクラです。音楽はとてもパーソナルなもので、私たちの発達のプロセスに合わせて好みも変化します。ヒーリングに適した音楽は、車の運転中、または自分の居間で踊りたいときに聴く音楽とは、全然別のものかもしれません。自分を忘れ、チャクラを癒し、別の次元に自分を引き上げてくれる音楽を聴きたければ、私のお気に入りを試してみてくださってもいいですが、あなた自身のお気に入りもどうか見つけてください。

自分を奮い立たせ、エネルギーを高め、特に怒りを解放するための強力なヒーリングを行う際に私が聴くのは、映画『ラスト・オブ・モヒカン』（1992年版）のサウンドトラック、中でも一曲目です。この曲には素晴らしいクオリティがあり、カタルシスを起こすには目覚ましい効果があります。カタルシスは、抑圧されていた感情が噴出したあとに残る傷跡を癒してこそ、その人にとって意味がありますから、もしあなたが自分一人でヒーリング・ワークをしていてカタルシスを経験したら、続けて何か穏やかで心地よい音楽を聴いてください。私の場合、ルート・チャクラに響くのはパンフルートや太鼓の音色です。

セイクラル・チャクラには、浜辺に打ち寄せる波の音、小川に降る雨の音などの音を試してみるといいでしょう。またクラシック音楽にも、流れるような、セイクラル・チャクラに見事に触れるものがあります。私が好きなのはグリーグやショパンです。私の近くのレコードショップへ行って聴いてみてください。ソーラー・プレクサス・チャクラは、パワフルでエモーショナルな音楽に反応します。私に効果があるのはラフマニノフの『ピアノコンチェルト二番』で、これは彼自身が鬱病を克服したときに書かれたものです。その短調の旋律は私の気分を変化させるのに驚くような力を持っています。

映画『愛と哀しみの果て』のサウンドトラック（MCAレコード、1986年）やディヴィッド・ランツの美しいピアノ曲は私のハート・チャクラを揺さぶります。クラシックにも現代曲にもロマンチックな楽曲はたくさんあるので、選ぶのに迷うことでしょう。スロート・チャクラのためには歌の入った楽曲を試してみてください。私が好きなのはグレゴリオ聖歌で、特にヒルデガルド・フォン・ビンゲの『エクスタシーの歌』（Deutsche Harmonia Mundi、BMGミュージック、1994年）はお気に入りの一つです。

ブラウ・チャクラにはテリー・オールドフィールズもいいですし、他にもいろいろありますが、私が特に好きなのはステファン・ローズの『Music for Healing』（ニュー・ワールド・ミュージック）です。クラウン・チャクラにとって最高の音楽は静寂ですが、鳥のさえずりなどの自然の音を好む人もいます。でも音楽がどうしても欲しければ、フィリップ・チャップマンの『Return of the Angels』（ニュー・ワールド・ミュージック）などがふさわしいでしょう。

スロート・チャクラのために

自分のために時間を取り、電話が鳴らないようにして、あなたの「安全な場所」に行って準備を整えてください。すぐに音楽がかけられる状態にしておきましょう。このエクササイズをするときは、座った姿勢でも横になっても、好きなほうで構いません。目を閉じてください。何回か深呼吸して、青い空の色をした美しい花がスロート・チャクラの位置にあるのを想像しましょう。その花びらがゆっくりと開いていきます。準備した音楽をかけ、音に導かれるままに従ってください。耳を凝らしてじっくり聞き入る必要はありません。ただその音の中にいればいいのです。開いたスロート・チャクラを通して音楽をあなたの中に流れ込ませてください。音の一部になりましょう。そのパワーを感じてください。

曲が完全に終わるまで動かないでください。さあ、ではノートに、頭に浮かぶことを何でもいいですから書きましょう。文法が間違っていないか、意味がわからないことを書いていないか、字が間違っていないか——そういうことは一切気にしなくて結構です。ただ動くままに手を動かし続けて、伝えたいことをみんな吐き出してください。流れるままに、考えようとせず、ただノートに文字が現れるのを見ていてください。書くより話すほうが簡単だと思う人は、何か録音用の機材を用意しましょう。記録し終わったら必ず日付を書いておき、あとから読み（聞き）直せるようにしておきます。

*エクササイズ［3］
詠唱・マントラ・自分の音

詠唱（チャンティング）はもともと宗教的な修行の一部で、ある言葉や音を繰り返し唱えるものです。メディテーションを助ける道具として、精神状態の変容を誘発し、意識を高め、集中力を高めるのに非常に効果があります。

昔から伝わる詠唱や祈りの言葉を使ってもいいですし、好きな音や言葉を使って自分独自のものを作ることもできます。たとえば自分の名前を唱えるのも効果的です。初めは小さな声で、それから声の高さ、強さ、音色を変えてみて、どんな変化が起きるか見てみましょう。この、シンプルだけれどもパワフルなエクササイズをすると、あなたはどんなに自分を愛し、高い自負を持っているかに気づくかもしれません。私には「オム」という言葉さえあれば十分です。私はそれを、詠唱するときも、マントラとしても、自分の音を発するのにも使います。自分の音を発するというエクササイズを私のワークショップですると、参加者は初めは必ず恥ずかしがりますが、その効果はやがてわかります。やり方は以下に説明する通りですが、自分の音を発するにはどんな音や言葉を使っても構いませんし、どこででもできます。このエクササイズはまた、あなたのいるスペースを浄化し、エネルギーの状態を変化させます。

やり方は次の通りです。まず目を閉じて、どれか一つのチャクラに意識を集中させます。次に、肺いっぱいに息を吸い込み、喉を開いて、一番出しやすい音でいいですから思いきり声を出してください。優しく愛らしい声を出したり、力強い声を出したり、いろいろと遊んでみましょう。あなたの声が様々な波動を生み出すにつれ、あなたの体の中の、そしてあなたの周りのスペースのエネルギーは全く違ったものになります。

では今度は違うチャクラを選びましょう。するとあなたの出す声は自然と違ってきませんか？　このエクササイズは、歌手、あるいは講演などで声を職業の一部として使う人には特によい効果があります。では目を閉じてください。声を出さずに、チャクラの一つ一つに順番に意識を集中させます。次に、意識を集中して下位のチャクラのエネルギーをスロート・チャクラに持ち上げ、上部チャクラのエネルギーをスロート・チャクラまで降ろしてください。そうしたらその全部のエネルギーを一気に使って、喉を開き、あなたの魂から声を出しましょう。力を込めて、ハッキリと声を出してください。もう一度息を吸い、今度はその声を続く限り出し続けてください。音のパワーが強まったのがわかりますか？　あなたは宇宙に向かってクリアで美しいエネルギーを、愛に満ちた素晴らしい音を、ヒーリングの波動を送り出しています。誇りを持ってあなたの声を発してください。宇宙にあなたの声を届けてください。あなたの声をしっかりと聴かせてください。このたった一つの音に、あなたの中の真実、あなたの誠実さを込めて、世界にそれを届けてください。あなたが身につけようとしている他のヒーリング・エクササイズと一緒に行えば、このエクササイズはあなたの人生を変える手助けをしてくれるでしょう。

＊エクササイズ【4】自分の本当に欲しいもの——アファメーション

ノートを用意し、三十分くらい邪魔の入らない時間を取ってください。私たちのほとんどは、自分が欲しいもの全部を持っているわけではありませんが、それは自分が欲しいものは何であるかを知らないからであることが多いのです。これからちょっとの間、家、仕事、恋愛など、自分にとっての理想はどういうものであるかを考えてみてください。あなたが本当に欲しいものは何ですか？　イメージを具体化し、書いてみましょう。時間が経ち、欲しいものを欲しいと言うことに慣れてくるにつれて、いろいろ付け加える必要も出てくることと思います。

書き留めたものを元に、アファメーションを作りましょう。アファメーションは現在形で書く肯定文です。たとえばあなたが「田舎に白いフェンスのある家が欲しい。家の裏には私の馬のための小さな放牧場が欲しい」と書いたとしたら、アファメーションは「私は田舎に白いフェンスのある家を持っている……」となります。

私はもう長いこと自分を癒すことを続けていますが、今でも毎日アファメーションを言います。アファメーションは、健康、人間関係、家、仕事、お金など、私の生活の何から何まで、あらゆる側面に及びます。これまでに私がアファメーションを書き込んだノートは山のようにあり、時折私はそれを読み返して、自分が作り出してきたものを確認し、私の人生の展開に感謝を捧げます。アファメーションには必ず日付を書いておき、欲しいものあるいはそれ以上のものが手に入るまで何日も、ときには何週間も続けて特定のことについて、アファメーションを言い続けることもあります。それからアファメーションの内容を他のことに移します。

中にはいつも変わらない内容もあり、おまじないのように、交通渋滞にはまっているときや、やろうとしている他のことがうまく進行しないときなどを

キャデラックとフォルクスワーゲン

欲しいものはその通りイメージしましょう。そしてそれを欲しがることを恐れないでください。

これからお話しする物語を最初にどこで聞いたのか覚えていませんが、私はワークショップでよくこれを使います。ほとんどの人はこの物語を面白がり、また役に立つと言います。ですから作者の許可なしにここに記すことを許していただきたいと思います。

ある男が死んで天国に行きました。天国の入口にはお迎えの人がいて、天国への道を案内してくれました。途中、道沿いにいろいろな新品の製品があふれていることについて迎えの人が謝ります。

「申し訳ありません。ここへ来る皆さんに用意したものなんですけれども、要《い》らないと言われてしまったものなんです。ほかに保管しておく場所がなくなってしまって……」

「こんな素晴らしい品物を要らないと言うなんて信じられない」と男は言いました。「あそこにはキャデラックなんかあるじゃないか。一体誰がなぜあれを要らないと言ったんだい？」

「お言葉ですが」と迎えの人が答えます。「あれはあなたのために用意したものなんですよ」

「あれを要らないなんて私は決して言わないよ」驚いて男は言いました。

「でもあなたはお祈りの中で、フォルクスワーゲンが欲しいと言い続けていました」迎えの人は言いました。「だから私たちはフォルクスワーゲンを差し上げたんです」

自分が本当に欲しいものは何かを知るのは大切なことなのです。

利用して、一日に何度も繰り返すものもあります。同じことを何度も繰り返して言ったり書いたりしますが、時折意味がより強まるように一言二言変えることもあります。アファメーションの最後はいつも、シャクティ・ガウェインが著書『理想の自分になれる法』（広済堂出版、1999年刊。原題は『Creative Visualization』）の中で使っている、「これらすべて、そしてそれ以上のものが、今、私の人生で現実となっています」という一文で締めくくり、それから感謝の言葉を続けます。それらのことがみなすでに、私の人生で現実となっていることを知っているからです。たとえ今はまだそれが私には見えないところにあるとしてもです。

メディテーション——
あなたのスロート・チャクラに
ヴィジョンが届くようテレパシーで
宇宙にメッセージを送りましょう

＊メディテーション［1］

あなたの「安全な場所」へ行き、電話が鳴らないようにして、一時間くらい時間を取ってください。いつものようにリラックスし、呼吸に意識を集中し、ネガティブなものはすべて吐き出します。

リラックスできたら、意識をあなたが十五歳か十六歳だった頃に戻してください。そして、そこから二十一歳までの期間をまとめて一包みにします。

特に思い出したいこと以外は、詳細を思い出す必要はありません。何があっても、その頃あなたに起こったことはすべて記憶にすぎないことを忘れないでください。

それはもう過ぎ去ったことです。その頃に起こったことは何も、今のあなたを傷つけることはできません。急がなくて結構です。

ではあなたのハートから愛と光を送り、その頃のあなた自身を包んでください。あなた自身をそっと優しく抱き、守ってあげましょう。

しっかりと、その頃のあなたが必要としていたように、愛情を込めて抱きしめてあげてください。可能ならば、光と許しを送って、その時代を浄化し、癒してください。

より高い霊性の次元に進みましょう。人々があの頃あなたにしたことは、あなた自身も含めて、みなそれぞれが成長のプロセスにあり、その人の人生の中でそういう段階にいたからなのだということがわかりますか？　みな自分なりの傷や痛みの中にいたのです。

では、もしも可能ならば、いたわりの心で許してあげてください。あなた自身を、そしてその人たちを永遠に解放しましょう。手放してください。

次に、もしも可能ならば、三番目の段階に進んでください。さらに一段高い霊性の次元に進んで、もう一度振り返りましょう。

あの頃あなたの人生の一部だった人たちは、あなたが今生《こんじょう》で学ぶと決めたことを教えてくれていたのだということが、今ならわかるかもしれません。彼らはあなたがより完全な存在になるのを助け、そしてあなたもまた同時に、彼らのためにそうしていたのです。もし可能ならば、愛、慈しみ、感謝とともに、彼らを、そしてあなた自身を許しましょう。自由にしてあげてください。解放しましょう。

これであなたはもうあの時代に縛られることはありません。過去は癒されました。

心の準備ができたら、あなたが信じる高次のパワーに感謝を捧げましょう。

思春期、そして青年期のあなた自身をあなたのハートに再び迎え入れ、心穏やかな、完全性を味わってください。好きなだけその状態でいてください。そして存分に味わったら、ゆっくりとあなたの肉体に戻ってきましょう。足の指を意識し、動かしてみてください。手の指を動かしましょう。ゆっくりと伸びをしてください。

目の後ろに意識が戻ってきたと思ったら、自分の肉体を意識し、感謝しましょう。あなたの体を愛してください。目を開けて、完全にこの部屋に戻ってきましょう。

水を飲み、ノートに何でも書きたいことを書いてください。

＊メディテーション［2］

あなたの「安全な場所」に行き、電話が鳴らないようにして、楽な姿勢を取ってください。パワーストーン、エッセンシャルオイル、もしあれば青い花を一、二本近くに置いておきましょう。いつもの方法でリラックスし、ネガティブなものは全部捨ててしまってください。

ゆっくりと意識を喉《のど》、首の前側の部分に降ろします。目を閉じて、その部分を頭の中に思い浮かべてください。そこに美しい、明るい青い光が見えますね。冷たい、でもとても生き生きとしたブルーです。透明で、キラキラ輝く、明るい青です。

その光は外に向かって輝いています。はるか遠くまで、あらゆる方向に光っています。すべての場所に向かって光を放っています。世界中に、人々のハイアーセルフに光を届けています。光り輝く、明るい、すべてを癒す光です。コミュニケーションの道筋をきれいにしながら、サーチライトのように光っています。この光の道を通して、愛情のこもったメッセージを世界に送りましょう。

今、すべてが明瞭なこの瞬間、あなたの思いは、あなたがそれを届けたい人に必ず届く、そのことを信じて、力強く、愛とヒーリングに満ちたコミュニケーションを送り出しましょう。

思いでメッセージを伝えましょう。愛をこめて、はっきりと、テレパシーで思いを伝えてください。この惑星の先に広がる宇宙へ、時間と空間の枠をも超えて、今あるすべてのよいものに向かって、そしてこれから存在するすべてのよいものに向かって、そしてこれまで存在したすべてのよいものに向かって、メッセージを送ってください。愛と感謝を示す力強いメッセージと、コミュニケーションと愛への願望を送ってください。あなたにとっての真実の道を開いてください。

今度はこの美しい青い光の道を通って、高い次元であなたのためになる情報がすべて、あなたのスロート・チャクラに届きます。あなたの天職について、あなたが進むべき道について、あなたの究極の真実についての叡智です。インフォメーションが流れ込むままにしてください。何も考えず、それを強制せず、理解しようともせず、ただ受け身でそれを受け取ってください。

テープレコーダーをオンにするか、またはノートとペンを手に取りましょう。喉を開き、あなたのメッセージを伝えてください。途中で止《や》めず、何も考えずに、ただそれが流れ出るに任せてください。流れ出る叡智を永遠に記録にとどめましょう。

今言いたいことを全部記録したと思ったら、レコーダー、あるいはノートを置いてください。

もう一度目を閉じ、必要ならもう一度リラックスしてください。イメージの中で一気に、すべてのチャクラを開きます。一つ一つのチャクラが持つ力を、スロート・チャクラに集めましょう――ルート・チャクラの安定性、セイクラル・チャクラの柔軟さ、ソーラー・プレクサス・チャクラのパワーと可能性、ハート・チャクラの愛、ブラウ・チャクラのヴィジョン、そしてクラウン・チャクラの理解力。それを全部このポイントに集めて、全部が一つになったパワーをスロート・チャクラに与えてください。

さあ、喉を開きましょう。ただ一つの音に、あなたの全存在のパワーのすべてを込めてください。息に乗せてその声を出してください。伸ばせる限りその音を伸ばしたら、もう一度深く息を吸い、そしてもう一度、あなたの声を響かせてください。あなたの波動を宇宙の果てまで届かせてください。

この音が世界に放たれると、それによって世界のすべてが変化します。その波動は広がってすべてのものに触れ、それとともにあなたが送り出した愛は、世界中に届きます。

好きなだけこれを繰り返してください。十分に繰り返したら声を出すのを止めましょう。声は止んでも、その残響は永遠に続きます。

その場所で沈黙し、宇宙の声に耳を傾けてください。愛に満ちたあなたの内面の声があなたに語りかけるのを聞いてください。

好きなだけこの状態を続けてください。そして戻ってくる前に、感謝を捧げてください。

準備ができたら、この部屋に戻ってきましょう。イメージの中で、あなたのチャクラを閉じてください。あなたの中で、チャクラは安全で、落ち着いています。

ゆっくりと意識を体に戻します。手足の指を意識しましょう。少し動かしてみてください。ゆっくりと伸びをし、自分の体を抱きしめ、意識が目の後ろに戻ったら、ゆっくりと目を開けてこの部屋に戻ってきます。水を飲み、書きたいことを何でもノートに書いてください。

第9章

The Brow Chakra : A Way Forward with Wisdom

ブラウ・チャクラ

叡智を持ってチャクラ全開への道を歩みましょう

我々が最も恐れているもの、それは自分が無力だということではない。

我々が最も恐れているもの、それは、自分には計り知れない力がある、ということだ。

我々が最も恐れるもの、それは我々の光であって、闇ではない。

我々は自分に問いかける。

自分ごときが賢く、美しく、才能にあふれた素晴らしい人物であろうはずがないではないか？

だが、そうであってはなぜいけない？

あなたは神の子である。

あなたが遠慮をしても世界の役には立たない。

周りの人が気後れしないようにとあなたが身を縮めることは何の美徳でもない。

我々は、自らの内にある神の栄光を現すために生まれてきたのだ。

そしてそれは限られた人々のものではなく、すべての人の内にある！

我々が自らの内にある光を輝かせるとき、
無意識のうちに他者に対しても同様のことを許している。

我々が自分の持つ恐れから自らを解放するとき、我々の存在は同時に他者をも解放する。

ネルソン・マンデラ——大統領就任演説、1994年

ブラウ・チャクラは霊肉結合によりあらゆる夢を可能にする魔法の力です

より高いところに達するほど、私たちの持つパワーは静かで穏やかなものになり、私たちはより大きな自由を感じるようになります。このチャクラのサンスクリット名、アージュニャーとは「指揮」を意味し、ここでようやく私たちは、自分の人生の指揮を執《と》れるようになるのです。ブラウ・チャクラはこれまで私たちが理解してきたことのすべてを、魅力的なシンフォニーにまとめあげます。ここまで私たちが通ってきた上昇の道筋はすべて、私たちが自分の人生を自分でしっかりと把握し、前進するのを助けてくれたわけですが、それが本当に魅惑的に実現するのがここ、ブラウ・チャクラなのです。魂の表出と奇跡がここで起こります。

インスピレーション、洞察力、理解力、叡智《えいち》、そしてヴィジョンを伴ってこのチャクラが覚醒《かくせい》すると、想像もできないような陶酔の境地へと私たちを導き、夢でしかなかった、あるいは夢にさえ見たこともなかったような贈り物を与えてくれます。それは子供たちの夢を形作る贈り物であり、魔法の数々です。私たちがまだ幼く、自分がどんなにパワフルな魂であるかを忘れていなかった頃、あらゆることが可能だった頃、そんな空想はどこかにしまって現実的になりなさい、と言われる前には知覚できたもの。教育、科学、そして理性的な思考に支配されるようになってしまう前には理解できたものの数々です。

私たちはブラウ・チャクラでこうした夢の一部を思い出します。そして、安定した地球のエネルギーにしっかりと足をつけ、ルート・チャクラの力で肉体の中にしっかりと存在したまま、再び拡大意識とヴィジョンを楽しむことができるのです。さあ、霊性の次元に上昇してください。そこでは肉体の目には見えないものが見え、人間の聴覚では聞こえないものが聞こえ、理性の説明がつかない洞察力を使うことができます。

二つの次元に同時に生きることで、あなたの日常はより豊かなものになります。霊的なあり方があなたにとってはごく当たり前になり、その結果あらゆることがより刺激的に、より喜びに満ちたものに感じられるようになり、あらゆる経験がさらに豊かで活き活きとしたものになるのです。人生の出来事の一つ一つにそこから学べるレッスンがあるということに気づくにつれ、人生はそれまで以上に素晴らしいものになります。そしてあなたは、なぜ今日仕事に向かう途中、いつも曲がる道を曲がり損ねて違う道を通ったのか、なぜ赤信号で止まったときに道路を横断していた人があなたの目をじっと覗《のぞ》き込み、あなたはその顔を一生忘れないと思ったのか、ある人が敵意に満ち、自分を妬《ねた》んでいるように見えるのはなぜなのか、なぜ人生は今この場所に自分を導いたのか――そうしたことを知りたいと思うようになるでしょう。

ここまでの旅路の強調点は、過去を許し、古い不必要な荷物を引きずらないようにすることにありました。今私たちには、自分が通ってきた道以外、自分には他に生きようがなかったのだということが一目瞭然としてわかり、そしてそれを理解とともに許すことができます。なぜなら私たちはこれまでしてきた経験のすべてが与えてくれる叡智の恩恵に浴しているからです。至高の理解が訪れるのはまだこれから、七番目のチャクラでのことですが、ブラウ・チャクラで得られる叡智は人が教えられるもの、知識、学術的な見識を超越したものです。学校を早くに去った、あるいは学業に専念する機会がほとんど与えられなかったにもかかわらず、何時間でも座ってその人の話を聞いていたい、と思う人があなたにはいませんか？　物の見方が全く違い、知恵に満ちた言葉が次から次へと、豊富な人生経験から来る活き活きとして表現力に富んだたとえを使ってあふれ出る、そういう人です。

私の父がそうでした。どんなにシンプルなストーリーからも驚くような洞察を引き出す父の話に、私は何時間でも聞き入ったものでした。そういう人に、私は世界中で出会っています。シンプルな言葉であなたの人生を変えるような叡智を語る、アフリカの老婦人たちもいました。そういう叡智は、オープンで障害物のないブラウ・チャクラを持っていることの表れです。ローレンス・ヴァン・デル・ポストも傑作『風のような物語』（訳者注：サンリオ、1982年。原題『A Story Like the Wind』、現在絶版）や『はるかに遠い場所』（訳者注：サンリオ、1982年。原題『A Far Off Place』、現在絶版）の中で、同じくアフリカを舞台に、同様の叡智を使って素晴らしいメッセージを伝えています。

ヘルメスの杖の図（105頁）をもう一度見れば、中央に竿《さお》があり、その周りに二匹の蛇が絡まり合っているのがわかると思います。この竿はスシュムナと呼ばれるエネルギーの中央線を、二匹の蛇は同じく体を縦に走るエネルギーの通り道、イダーとピンガラを象徴しています（用語解説参照）。最上部でこの三つが出会うポイントが、ブラウ・チャクラを象徴します。これは頭部にある二つのうち最初のチャクラで、二つとも脳と直接繋《つな》がっており、互いに深い関係を持っています。

ときに誤って第三の目と呼ばれたりするブラウ・チャクラは、生理学上の二つの目の中央やや上に位置しています。これは実際的、生理的な意味だけでなく、内なるヴィジョン、洞察力をも含めた意味で「見る」ことを司るチャクラです。洞察力は英語でインサイトと言います。イン・サイト、つまり内なるヴィジョンのことです。ブラウ・チャクラは他のチャクラのパワーすべてを一つにし、私たちの霊性がついに満開を迎えるクラウン・チャクラへの最終的な上昇の準備をします。

まるで奇跡のよう——ブラウ・チャクラが起こす思考の現実化について

ここで私たちは再び、子供の頃に知っていた魔法と無限の可能性の世界に立ち返り、ずっと持っていたのに、生活の中で埋もれてしまっていた力を取り戻します。それらを再発見し、そしてさらに磨きをかけるのです。霊的な存在である私たちの本当の力を再び手に入れます。

あなたがヒーリング・ワークを継続していたならば、下部のチャクラによって与えられた啓示《けいじ》の数々は、それだけですでにあなたの生活を変えてくれているはずです。けれども、魔法が現実となるのはこのブラウ・チャクラです。このチャクラを浄化し、発達させることによって、ほとんど念じるだけで物質的な実体を発現させることができるところに、私たちは到達します。思いによって私たちはパワフルなヒーリングを送り出し、自分の人生を変化させ、周りの人の規範となることができます。インスピレーションを歓迎しましょう。あなたの頭と心が欲しがるものは、何でも手に入れることができるようになるのですから。

前章で、自分にぴったりくるまで調整しながらアファメーションを繰り返すことで、いかに自分の人生を変化させられるかについて学びました。もちろん私たちはすべてのチャクラに関してヒーリング・ワークを続ける必要がありますが、ブラウ・チャクラは思いの現実化をもう一段階進めてくれます。アファメーションを止《や》めていいと言っているのではありません。前にも述べましたが、私は今でも毎日アファメーションを繰り返します。でも、ブラウ・チャクラが開くと、突然物事は一気に簡単になり、人生はますます驚くように流れ出します。秘訣は、霊性の流れに逆らわないことです。そういう状態にいるとき、私たちは力強いイメージを世界に向かって送り出し、それを現実化しています。そういうとき、どんなことも起こり得るのです。

シャクティ・ガウェインはその素晴らしい著書『理想の自分になれる法』（前出）によって、私たちの世代全体を、自己啓発についての全く新しい理解へと導いてくれました。以来多くの人がヴィジュアライゼーション（視覚化）のテクニックを日常的に使っています。現在では、病気の治療のツールとしてもヴィジュアライゼーションが非常に有効であることが認められています。たとえば、健康な細胞が癌細胞に打ち勝ち破壊するところを視覚化することで、病気の進行を抑えることができますし、気管がゼイゼイ言うのを感じたときに、細気管支が開くところを視覚化すれば、喘息《ぜんそく》の発作を防ぐのに役立ちます。私たちは皆、生活のあらゆる側面をヴィジュアライゼーションによって好転させることができるのです。

運動選手の多くがこのテクニックを使い、たとえば、自分が完璧なショットを打つ場面をイメージします。中には、試合がどう展開してほしいかを何度も頭の中でリハーサルするまで本番に臨もうとしない人もいます。バスケットボールの選手を対象としたある比較試験によれば、自分たちが試合に勝つところをヴィジュアライズしたチームが、実際に練習しないにもかかわらず成績を伸ばしたことは疑いようのない事実でした。ヴィジュアライゼーションに少しの時間を割くだけであなたの人生にどんな変化を起こすことができるか、想像してみてください。

ブラウ・チャクラが開くとヴィジョンによる完璧な人生の実現、霊視能力の発達が起こります

これは視覚を司るチャクラです。私たちはここで、内なるヴィジョンを呼び覚まし、明確にします。セイクラル・チャクラで開き、スロート・チャクラで深まった創造性に刺激され、今度はそれにヴィジョンを加えて自分の人生がどうあってほしいかというという明快な像を描くのです。ヴィジョンと創造的な思考、善良な心、純粋な意図、それに自信が加われば、私たちは自分の人生を実現することができます。

宇宙は様々な出来事のシンクロニシティを通して、私たちを進むべき方向に向かわせようとし、賢明な人はそれに従います。私たちは選択の自由を持っていますが、忘れてはならないのは、私たちは理由があってここにいるのだということ、そして基本的に私たちは、進むべき道から何の代償もなしに大きく外れることは、許されないということです。

私がある場所である仕事をするように定められているとしたら、私はそこにいることでしょう。宇宙は様々な手段で私をそこに導き、私に分別があれば私はその道標《みちしるべ》に従います。ときにはそうした道標を無視して自分のしたいようにしようとしたこともありますが、そんなとき私はユニバースのひと蹴りで私の進むべき方向に引き戻されました。ユニバースと協調して歩みさえすれば、私は人生をはるかに楽しく、実り多く、面白いものにできます。私は自分の欲しいものを作り出すことができます――ただしそのためには、私が宇宙に求めるものが、私自身にとっても、またすべての人にとっても、真に価値のあるものでなくてはならないのです。ヴィジョンが役に立つのはここです。そして私が持つヴィジョンは、私個人のことに限られる必要はありません。

たとえば、世界中の誰もが愛によって力に満たされ、私たちはもうチャクラを閉じる必要がなくなる、とか、貧困が解決された、とか、世界中が尊敬と尊厳に包まれ、交渉による和平が武力衝突にとって代わる、というふうに、全世界についてのヴィジョンを持つこともできるのです。

私は様々なヴィジョンを持つことができます。中には一瞬にして実現が可能な小さなヴィジョンもあれば、現実にするためにはたくさんの人が共有するグループ・ヴィジョンの一部となる必要があるものもあります。どんなビジョンであれ、それは生まれたその瞬間から非常に強力に物事を変えていきます。明確なヴィジョンを持った人は、世界に大きな貢献ができるのです。たった今、目を閉じて、この惑星のために素晴らしいヴィジョンを作ってみてはどうですか?

ブラウ・チャクラはまた、通常とは違う視覚を与えてくれます。普通私たちは、物理的な物体の外側の輪郭しか見えません。たとえばフタの閉まっている箱があれば、私にはその形、色、質感などは見えますが、それが透明な素材でできていない限り、中に何が入っているかは見えません。あなたには友人の輪郭、形は見えますが、体の中で物理的に何が起こっているかを見ることはできません。私たちの目にそれしか見えないのは、自分にはそれしか見えない、と私たちが考えているからです。

でも、それ以上のものが見えてはなぜいけないのでしょう? 内側が見えないのは、分子の塊が一見視界を遮《さえぎ》る場所に配置されているからにすぎません。あなたが頭に描くものを現実化することができるなら、この分子の壁を通り越して見ることも、可能なのではないでしょうか?

発達した第六のチャクラはそれを可能にします。訓練すれば、物体の内側を見ることもできるようになります。ヒーラーの中には特にこの能力に優れている人がいます。

彼らは体の内側を見て診断を下し、ブラウ・チャクラと、そしてもちろん開放されたクラウン・チャクラとハート・チャクラを使ってヒーリングのエネルギーをチャネリングします。この内側を見る視覚については、バーバラ・ブレナンが著書『光の手――自己変革への旅』(前出)で見事な説明をしています。

　このチャクラの発達時期は通常二十一歳から二十六歳の間ですが、今生では最後までこのチャクラが発達しない人もいます。

　また、このチャクラからの贈り物を完全に受け取るには、何度もその発達時期を繰り返す必要があるかもしれません。前章とこの章で説明した霊的な能力の多くは、四十代、五十代になって私たちがチャクラの発達のサイクルを繰り返すまで発達しません。

　ブラウ・チャクラが刺激されることによって与えられる能力のうち恐らく最も知られているのは、時間と空間の壁を越えてものが見える霊視能力でしょう。これには、なくしたものや行方不明の人を探したり、違う時間を垣間《かいまみ》見たり、あるいは単にすべてがより明瞭に見える、といった、実用的な使い道があります。

　他の霊的な能力と同様、時間と努力する意志さえあれば、誰でもある程度は霊視能力を身につけることが可能です。

使用法に注意！
ブラウ・チャクラはあなたの過去も未来も見せてくれます

　このレベルまで来ると私たちは、時間の概念、そしてそれが何を意味するか、という問いを突きつけられます。季節の移り変わり、昼と夜、そして月の周期などは、自然界のすべてのものは周期性を持っていることを私たちに示しています。では時間とは単に、日常生活を秩序づけ、矛盾のないコミュニケーションを取るために、人間が作ったシステムにすぎないのでしょうか？　時間、日にち、週、年といった単位を会話の中で使ったときに、お互いが理解できるように？

　時間は実際は連続体として存在しています。それならば、すべての時間を一度に見ることができるはずではないでしょうか？　教育、伝統、自分で自分に押しつけた限界などの目隠しをすべて取り除いたら、今、この瞬間という視点に立って、時間の連続体に沿って両方向を同時に眺め、過去と未来の両方をクリアに見ることができるのでしょうか？　それともすべての時間がこの一瞬に存在していることがわかるでしょうか？

　ブラウ・チャクラは、私たちが時間と空間という限界を乗り越えてものを見るのを阻《はば》んでいる障害を取り除き、それによって得られる情報を、私たちにとって最も有益な使い方ができるようにしてくれます。

　この旅路を進んでいく中であなたはすでに、遠い遠い過去を含めて、自分の過去をよりはっきりと、意識するようになっているかもしれません。過去の出来事や、ときには過去生で体験したことが、折に触れて表面に出てくるのに気づいているかもしれません。たとえば、ある特定の場所や時代に強く惹《ひ》かれるようになったり、以前に知っていたことがある、あるいはずっと前から知っていた、と感じる人に出会ったりするかもしれません。それは恐らく本当です。カルマによって結ばれたそういう関係は珍しいものではありません。

　思い出や記憶という概念は、私たちにとってはごく普通のことなので、そういう体験は、未来を垣間見るというよりはるかに受け入れやすいものです。でもこうした過去生の一場面は、単なる記憶ではありません。前にも言いましたが、過去とはそこから何かを学ぶためのものであり、それ以上のものではありません。

　もしあなたが繰り返し過去生での体験を思い出すようであれば、過去生に関するワークショップに出席するなどして、その意味を考えてみるのもよいかもしれません。

　そうすることでしばしば、現在の行動パターンや恋愛関係のあり方の原因がわかるものです。特にそれが破壊的であったり、同じことを何度も繰り返しているようであればなおさらです。

　過去生に立ち戻って過去を癒し、今生まで持ち越してしまったものをついに手放すことができれば、あなたにとってとても有益かもしれません。でも過去生のヒーリング・ワークをするときには必ず、あなたと周りの状況の両方をしっかりと受け止め、セッションの中で何が起こってもそれをしっかり癒せるような、技術と経験の確かなセラピストを選んでください。

解決し、癒さなければならないことは今生だけでたっぷりあるから、過去生を見にいく必要などない、と言う人もいるでしょう。そして多くの人にとってそれはその通りです。でも中には、過去生を振り返ることで、今生での苦難の解決策が簡単に見出せる場合もあるのです。ですからもしもあなたが、これを読みながら過去生を見てみることに本当に興味を覚え、軽い、興奮した気持ちを感じるようならば、過去生退行のセッションから得るものがあることでしょう。

未来はどうでしょうか？　未来もまた連続した時間の一部にすぎず、見方さえわかれば、未来を垣間見ることも、そんなに難しいことではありません。前にも言いましたが、そうした能力を宴会のゲームに使わない、ということを忘れないでください。どんな場合も時間の流れを進んだりさかのぼったりするのは、自分自身のため、そしてすべての人の益になるためのものでなくてはなりません。

霊視を職業としているのでない限り、未来を計画したり予言したりするのは自分のことだけに限るべきでしょう。

様々な記憶もブラウ・チャクラが司っています

記憶はブラウ・チャクラが司っており、このチャクラのブロックを取り除くことによって、すっかり忘れていた過去の記憶が、洪水のように押し寄せることがあるかもしれません。エクササイズをしながらもしもそれを苦痛に感じたら、あなたはすでにその現実を乗り越えており、今その記憶をも乗り越えることができる、ということを思い出してください。ただし、自分に思いやりと優しさを持って接し、第2章でお話しした「優しい聞き役」、あなたが信頼できる聞き手に、自分の体験を聞いてもらいましょう。

記憶というのは日常生活のごく当たり前の一部なので、何らかの理由で記憶力に問題を感じない限り、ほとんど意識することもありません。記憶には三つの段階があります。まず初めに、記憶に記録を残すだけの集中力が必要です。記憶力に問題があるように見えるのは、実は集中力の問題であることが多いのです。第二段階では記憶は整理され、保存されます。そして必要な情報を必要なときに思い出すのが第三段階です。

また、記憶には短期記憶と長期記憶があります。学校で習ったことを覚えているのは長期記憶です。朝食に何を食べたか、たった今誰かに教わった電話番号、それは短期記憶です。普通人は年を取るにつれ、短期記憶力が弱まっていきますが、子供の頃の素敵なお話などは覚えているものです。

これはみな知的な意味での記憶ですが、この他に、肉体が持っている記憶もあります。たとえば私の体はその細胞に記憶を蓄えています。理性では記憶していないことでも、肉体はある状況に特定の反応をすることがあります。その一例は、性的虐《ぎゃくたい》待を受けた経験を持つ女性の多くが、性交しようとするときに性器部分が無感覚になるというものです。そしてまた、感覚的な記憶もあります。たとえば私は、意識の上では一度も行った記憶のないところなのに、ある場所に行くと不安や恐れを感じることがあります。知的な意味での記憶は押し殺されても、感覚は残っているのです。このように記憶には様々な種類とレベルがあることを知っていると、過去に自分に何があったのか、そして自分は何を癒す必要があるのかを知る手がかりになります。

第六感はここブラウ・チャクラで磨かれ、素晴らしい直感（洞察力）となります

私たちはソーラー・プレクサス・チャクラで第六感を認識することができるようになる、ということを見てきました。この第六感は、ここブラウ・チャクラでさらに磨かれて、直感（洞察力）となります。人間の六つ目の感覚である直感はとても便利なものですが、しばしば女性に特有の特徴として、半ばからかいをこめて「女の六感」などと呼ばれます。これは恐らく、科学的に証明できないものに従って行動することに対して、男性よりも女性のほうが抵抗が少なく、その結果これまで直感を表に出す人は女性に多かったからだと考えられます。

直感は実際、女性原理を司り、いわゆる女性脳と呼ばれる右脳の機能です。でも第5章でお話しした通り、霊的に進化した人は男性性と女性性のバランスがよく取れているので、男性でも同じように直観を巧みに使える人もいます。

理性的な思考や論理を司るのは左脳（男性脳）です。残念なことですが、科学的証明の追求を重視する現代教育は、より創造的で女性的な才能を抑えつける結果になりがちです。そして直感もそうした才能の一つなのです。実際私が医師として働いていた間、客観的事実が指す方向に逆らって私の第六感に従い、霊的能力によって強められた直感の命ずるに従って患者を治療するたび、周囲の冷笑を浴びたものです。もちろん、現代医学に基づく検査を行って、直感による診断が正しかったかどうかを確認しなかったわけではありません。重要なのは、科学的なものと霊的なものを融合させることで、自分にとっても誰にとっても最良の結果を得ることができる、ということです。

もし誰かが電話をかけてきて、キングスクロス駅で一時に会おうと言い、でも私は直感的に二時にウォータールー駅、と感じたとしたら、私はウォータールー駅に行く、と私はよく人に言います。でも本当はそれほど単純なものではありません。そこには様々な要素が絡んでおり、気分的なものも大きく左右します。勘が冴えて、仕事をしているときには、私は自動的に自分の直感に従うのです。

私は直感を使ってとても正確に診断を行い、その診断をバックアップする科学的な証明が手に入るよりずっと早くに、治療を開始することができます。私はその人の歴史の始まりにアクセスし、その人に起こったことを、その人が私に話すより前に正確に辿ることができるのです。けれどもまた私は、こうしたいという強い欲求のために直感を完全に無視したり、ある人がよい人だと信じたいばかりに、その人についての明白な事実を見落としてしまうこともあります。後者はたいてい仕事ではなく私の個人的な人間関係の場合です。覚えておかなくてはならないことは、私たちの直感はとても便利なツールであり、磨けば完璧なものにすることができますが、私たちはときとしてそれを忘れ、または無視している、ということです。

訓練と指導を受ける前に、また本人の同意なしに、あなたは勝手にヒーリングを行ってはいけません！

この本はヒーリングについての本です。そしてヒーリングはいろいろなレベルで起こります。自分や誰か他の人が自分の中に平安を見つける手助けをする、というシンプルなことである場合もありますし、出血の進行を抑える、あるいは手足の骨折を治すというような劇的なことである場合もあります。

ヒーラーが行う正式な意味でのヒーリングには、ハート・チャクラとクラウン・チャクラがオープンであること、さらにブラウ・チャクラから来るヴィジョンを必要とします。チャクラ・システムを上昇すればするほど、あなた自身のヒーリングの能力は目覚めていくのです。

一言忠告しておきます。本人の許可なく人に対してヒーリングを行うのは暴力行為です！　患者の許可を取る必要がないのは、たとえば事故の現場など、圧倒的な緊急事態の場合だけです。愛情にあふれた美しい行いをしている、と自分が感じるからといって、それが誰しもに受け入れられる行為であるとは限らないのです。人は誰も皆、どのような治療を受けたいかを決める権利を持っており、非常に特殊な状況を除いて、その意志を無視する権利は誰にもありません。

もちろん、ヒーリングを受け取る人自身がそのヒーリング・エネルギーのかなりの部分をブロックすることは可能です。でもそれは重要な点ではありません。もしあなたがヒーリングは自分の天職であると感じるならば、どうか信頼のおける学校できちんとしたトレーニングを受けてください。そうしたトレーニングには必ず倫理問題が含まれます。

純粋な心と善良な意図があればダメージを引き起こすことはない、とよく言われますが、それは必ずしも真実ではありません。私の患者の一人にある種の治療をしてもらうために、代替医療の治療師を雇ったことがあります。その人は患者の同意を得ず、事前に予告もせずに、直接患者の体に触れるヒーリングを始めたのです。結果は惨憺《さんたん》たるものでした。私とその患者が、時間をかけ、慎重に対処してきていた問題が一気に表面化してしまい、新米の治療師はそれらに対処することがまったくできなかったのです。それは表面化し、対峙《たいじ》される必要があったからそうなったのだ、と言う人もいるでしょう。でも同時に、それによって引き起こされる苦痛を適切に処理できるだけの経験のあるヒーラーが必要だったのです。ここで学ばなければならない教訓は、患者の同意があり、あなたがきちんとした訓練を受け、指導されていない限り、いたずらにヒーリングを行うことはしない、ということです。もちろんそれと、自分の子供を抱いてその子に愛を注ぎ込む、あるいは明らかにそれを必要としている状況に愛を送り込む、というのは全く別問題です。でも少しでも迷ったら、干渉はしないでください。

テレパシー（思念によるメッセージ）も研ぎすまされるが、使い方にはルールがあることを忘れないで！

このセクションは「テレパシー入門」と読んでもいいかもしれません。でもそんな呼び方は、私たちが一日に何度となく行っていることを、一種の神秘的なヴェールで覆《おお》ってしまいます。

テレパシーとは、一人の頭の中から別の人の頭の中へ、言葉や聴覚の刺激を使わずに情報を伝達することです。私たちはこの能力をスロート・チャクラで与えられ、ブラウ・チャクラでそれに磨きをかけます。誰かが情報の送り手になり、もう一人が受け手になれば、この能力をより正式に身につけることができます。

話をしたい人がいて、その人のことを考えていたらその人から電話があった、という経験を私たちはみな持っています。また、お互いを非常によく知る二人が、相手が困った状況にあることを、思念によるメッセージで知るということもあります。アメリカ旅行中に出会った若い男性は、彼がアフリカの、連絡の取りにくいところで病気になったときのことを話してくれました。彼の母親はそのときある会議のためスカンジナビアにいたのですが、誰も彼女に連絡を取れなかったにもかかわらず、突然、すぐに家に戻らなくてはならない、と察知したのです。ブラウ・チャクラにブロックがなければないほど、こうしたコミュニケーションがとりやすくなります。他の霊的能力と同様、これもまた悪用される可能性があり、ここでお話ししたような特別な場合を除き、相手の同意なしに使ってはいけません。最もわかりやすいルールは、同じことを誰かが自分にしたら自分はどう感じるだろうか、と考えてみることです。恐らくプライバシーを侵害されたように感じるのではないでしょうか？　私だったらそうです。ほとんどの場合、私は喜んで自分の考えを他の人と共有しますが、私の思考は私にとって最もプライベートなものであり、プライベートなままにしておく権利が私にはあるのです。

すべてのチャクラが開くとき、あなたは泣き出したいほどのエネルギーのほとばしりを感じるでしょう!!

患者とアファメーションを書いているとき、あるいはその人が本当に欲しいものは何なのかを探っているとき、私はときどきその人たちの思考に波長を合わせ、アファメーションがその人にぴったり合うようになったのが見え、感じられるまで、言葉のそこここを変えて意味を微妙に調整するように言います。すると何かがカチッと音を立て、突然すべてのチャクラが一度に開き、バランスが取れ、まっすぐきれいに揃うのです。目に変化が見えます。それはその人が、霊感を受けた（インスパイアされた）、つまりin-spirit　霊とともにある、という状態になったということです。高い次元にあるエネルギーと繋がり、一度そういう感覚を味わうと、それは決して忘れられません。言葉で説明するのは難しいのですが、それを一度感じれば、あなたには自分がどこに向かっているかがわかるのです。

私はそれを、高揚感とエネルギーの迸《ほとばし》りとして感じます。突然何もかもがはっきりと明快になり、私にはそれが正しいとわかるのです。私はゆっくりと空中に浮遊したように感じ、束の間、息をすることさえためらわれます。それから私はその感覚の中でリラックスします。するとどうでしょう——霊的エネルギーが私の中に流れ込み、エネルギーは迸る流れとなり、私がしていること、言っていることの正しさについての疑いはすべて消え去るのです。これは第3章で説明した、私が霊的エネルギーをどう体験するかということと似ています。

ここまで来ると、私たちは内面で何かが変化したのを感じます。その変化は、それが自分にとって何を意味するにしろ、「神」との全く新しい、そして啓発的な関係を与えてくれます。この地点に近づくにつれ、新たな畏敬《いけい》の念、高揚感を伴う、ほとんど泣きたいほどの喜びを感じるのです。私たちはここブラウ・チャクラで、無条件の献身愛を感じることができるようになります。

神に意識を集中させていると、ときに私たちは息をすることさえできず、また息をする必要すらないように感じます。決して尽きることのない愛が押し寄せ、自分の中を流れ、自分の周りで渦巻いているような、最高に素晴らしい感覚です。そのパワーと絶対的な喜びにほとんど圧倒されて、私はお腹のあたりに、不思議な、ワクワクするような、でもほんの少し不快な感覚を覚えます。これが無条件の献身愛です。

それは、パートナーや子供や両親に対する、深く情熱的な愛情とは違います。質的に違うのです。そしてそれは驚くほど強烈です。これが私の、神に対する愛です。これ以上言葉で説明することはできません。ただあなたがあなた自身でそれを感じることができるよう願います。なぜなら、それを感じたとき、この世であなたが何を必要としていようと、どんな困難に直面していようと、すべては解決できるということがあなたにわかるからです。もはや何一つ、あなたを邪魔するものはありません。あなたの行く手の障害物は取り除かれ、あなたは神に直接アクセスすることができるのです。

あなたはあなたの周りにいる偉大な魂に気づくかもしれません。それはあなたを歓迎し、あなたが出会うすべての人に、あなたが愛を届けるのを助けてくれる素晴らしい存在です。あなたには泉のようにアイデア、エネルギー、知恵や知識があふれ出るかもしれませんし、それともただ愛と平安に抱かれてじっと立ち尽くすかもしれません。私にとってこの素晴らしい状態は様々な形をとって現れますが、どんな形を取るにしろ、それが同じことであるのは否定のしようがありません。そして私はあらゆるものに対する感謝で満たされます。

この場所から私には無制限の愛とヒーリングを送り出すことができます。病気の人、助けを必要としている人だけでなく、全宇宙に向かってです。パワフルな愛のメッセージを送り、それが最も必要とされているところに届けと祈ります。すべてのチャクラが開き、遮るものがないこの状態にいるとき、私は全身全霊で愛を発散することができるのです。必要なところへはどこへでも、強力な無条件の愛を送ることができます。またこの惑星の隅々まで、穏やかだけれどパワフルなヒーリングを届けることができます。この惑星にある愛をすべての生命体が感じられるよう、この惑星から宇宙に向かって、精神的な愛のメッセージを送り出すことができます。時間をさかのぼって愛を送り過去を癒すことも、未来に愛を送って未来を癒すこともできます。連続した時間軸に沿って愛を送り出し、百万もの星のように空中に爆発させることもできます。愛とヒーリングを、光の矢のように、小川のせせらぎや激流のように送り出すのです。パワーと優しさを込め、ときにはさやかな一条の光として、ときにはどんな闇も貫く強いレーザー光線として送り出します。世界を癒す愛を送り出します。私が送り出すこの無条件の献身愛が、あらゆる可能性を引き出し、私の命、私の魂、私の愛を終わりのないものにしてくれます。そして私は神に感謝します。

私たちがここまでしてきたことは一種の祈りです。それは実用的な愛であり、許しであり、自分や他の人の人生をよりよいものにしようとする努力です。それこそが祈りなのです。

見てきたように、精神的な、あるいは宗教的な信仰を持つ人は、そうでない人よりもはるかに病気や手術から順調に回復します。一人で、または信徒のグループとともに捧げる改まった祈りは、参加する人の慰めになるばかりでなく、その人たちの人生のクオリティを高めるのに役立ちます。

そんな改まったものでなくても、祈りはまた人生に全く別の次元を加えてくれます。言葉で祈る代わりに、あなたの祈りの中身をすべてヴィジュアライズしたら何が起こると思いますか？ 欲しいものばかりではなく、すでにもう持っているものへの感謝も含めてヴィジュアライズするのです。リストを作る代わりに、完璧な人生、完璧な状況に自分がいるところを見、感じ、触れ、匂いを嗅ぎ、そのものになるのです。あなたは健康とエネルギーに満ちて輝き、愛に恵まれ、体は強健でスタミナにあふれ、必要なときにはそこにいてくれるけれども束縛はしない友人がおり、落ち着いて平和な家庭があり、大好きなことをやりながら経済的にも安定している……。想像し、ヴィジュアライズし、それを肌で感じ、感謝を捧げましょう。あなたにはまだ見えなくても、そういうものがみな、今、あなたの生活に入ってこようとしています。ただ時間と空間の壁に遮られているだけなのです。

あなたを助けてくれるカラーとチャクラの関係について

見ることを司るこのチャクラの章を終える前に、色彩についてお話ししないわけにはいきません。私はかつてはこれを無視していました。でも、大切な友人であり仕事仲間でもある、英国のストラウド近郊のハイジェイア・カレッジ・オブ・カラーセラピーに勤めるセオ・ギンベルのセッションを一度経験しただけで、そのセラピーとしての効能ばかりでなく、専門家がこれを使えば診断にも大きな可能性を持っているということを確信したのです。

とてもシンプルで効果的な自己診断テストがルッシャー・カラーテストです。もちろん専門家の診断やセラピーにとって代わるものではありませんが、あなたの性格について、そしてあなたが人生のどういう地点に立っているかをいかに正確に言い当てるか、あなたは驚くかもしれません。それがあなたの興味をよりそそってくれることを願います。

ここまでのチャクラを巡る旅の中で、それぞれのチャクラと関係のある色について触れましたが、あるチャクラの色のものを身につけるだけで、そのチャクラの詰まりを取り除くのに役立ちます。たとえばあなたがコミュニケーションに問題を感じているとしたら、きれいなブルーのスカーフが助けてくれるでしょう。もしも人生に喜びを感じられず、昔の恨みや怒りに縛られているなら、黄色のものを何か身につけてごらんなさい。赤は自分のパワーに気づき、意志を主張するのを助けてくれますし、緑またはピンクのものは、あなたを優しく、愛情深くしてくれます。紫色はヒーラーが身につけるのに向いていて、私が最も好きな色の一つですし、ブラウ・チャクラを開いて直感力、ヒーリング、透視能力を高めてくれる、明るくかつ深いブルーもそうです。自分のセクシュアリティや恋愛関係について問題を感じているならば、何かオレンジ色のものを周りに置くといいでしょう。また家の中の配色を変えると、自分の気分から恋愛関係、成功の度合いまで、あらゆるものに大きな影響を与えることに気づくと思います。

ブラウ・チャクラがブロックされたときに起こる出来事

ブラウ・チャクラは、たとえ未発達だったりブロックされていたりしても、ある面ではきちんと機能します。ただしその場合、理性的で頭脳明晰、活発で非常に分析的な頭脳の持ち主でありながら、叡智や正しい自己認識に欠け、理性的思考を超越することができないのです。伝統的な教育法は直感力や創造力を鈍くすることが多く、ブラウ・チャクラの感受性がない場合、科学的に証明できること以外を過小評価する知的傲慢に繋がりかねません。

　私の知っている男性に、非常に知的で学術的な優秀さは他の追随を許さない人がいます。鋭い記憶力を持ち、そのユーモアのセンスには人を小馬鹿にしたようなところがあり、ときに残酷ですらあります。機嫌が悪くなければ協力的で愛想がよく、優しく振る舞うことができるのですが、本当は競争心と金銭欲に取り憑《つ》かれ、内面的な安定を欠いています。その知的傲慢さによって彼は、他の人の視点からものを見、自分とは異なる信条を受け入れ尊重するために必要な感受性を、持つことができないのです。彼は自分が主導権を失うかもしれないという可能性をひどく恐れます。しばらくの間は人に尊敬されるのですが、最終的には彼の周りの人は、彼におべっか

叶えられない願い

ガース・ブルックスの歌に、「神様、願いを叶えてくれなくてありがとう」というリフレインがあります。叶えられなくてよかったという願い事を私たちはみな持っているはずです。最初にアフリカから英国に戻ったとき、私は途方に暮れていました。家を失い、生活を奪われ、大切にしていたものの多くを失ってショック状態にあったのです。私は家のすぐ近くに給料のいいパートタイムの仕事を見つけて応募しました。そのときの私のニーズをすべて満たしているように思われたその仕事が、私は本当に欲しかったのですが、二度目の面接で落ちてしまい、非常な落胆を味わいました。けれどもそれから数ヶ月の間に私の人生は見違えるほどに変化し、初恋だった外科の仕事とは全くかけ離れた精神科医としての新しいキャリアを進み始めていたのです。私はよくそのときのことを思い出し、自分が必死に求めたものが手に入らなかったことに感謝します。あのときそれが手に入っていたら、それは究極的には私のためにならなかったでしょうから！

を使うか彼を怖がるかのどちらかです。

この男性はブラウ・チャクラがブロックされている典型的な例です。もちろん問題はそれだけではありません。でも多くの面で彼は優秀であり、自分が周囲に与えているダメージに気づいていないため、彼の人生を一変させることが可能な精神的鍛錬を行うことに、恐らく決して同意しないと思います。繁栄についてお話ししたときに、一見裕福に見えるけれども真の意味では豊かでない人がいると言いましたが、彼もそういう人の一人です。そういう人は、お金をたくさん持っているだけなのです。

このチャクラがブロックされている人は、自分が思いついた創造的なアイデアを実現させることができなくなります。たくさんの計画に囲まれ、そのどれも今一歩完成しないのです。本人はそのことがわかっていない様子で、自分がやると言ったことを忘れ、周りの人に与えたフラストレーションに気づきません。あるいは、中途半端に実現しかかった計画の数々で身動きが取れなくなったことによる、自分のフラストレーションを周囲にまき散らします。そして自分の至らないところを人のせいにしがちです。

こういう人は優秀かもしれませんが、広い意味で、自分の可能性を最大限に生かすことはできません。ものの考え方が矮小《わいしょう》、あるいはネガティブであり、自分が主導権を握れる環境でないと力を発揮できないからです。この章でお話ししたような喜びを感じることは決してできず、それができる人を馬鹿にしたがります。他の人を残酷なまでにこき下ろし、繊細な感情を踏みにじって、世界に対して自分が持つネガティブな見方が正しいということを証明したがります。ときに、愛する人が病気になったり亡くなったりして自分の世界が脅かされると、そういう人たちはあっという間にブラウ・チャクラの障害を克服し、新しく見つけた「信仰」の熱心な信者になったりします。でもそういうときですら、その人の生き方を完全に変えるのに本当に必要なヒーリング・ワークに身を委ねることは難しいかもしれません。こういう場合、たいがいはクラウン・チャクラにも問題があり、霊的、精神的なことを話しても、その人には一体何のことだかまったく理解できないのです。

このような人を知っている場合は、自分をしっかり守ってください。こういう人は往々にしてとてもパワフルで頭が切れ、取っ付きやすく、自分の考えを明快に述べるので、あなたは最初惹かれるかもしれません。けれども彼らは、合意されたはずのことを否定し、約束を守らず、いずれあなたは自分の正気を疑う羽目になります。

体の中でブラウ・チャクラのブロックによって最も影響を受けるのは視力であり、眼精疲労、結膜炎、弱視、失明などが起こるかもしれません。頭痛、片頭痛や記憶力に問題が起きたりもします。このチャクラの問題は身体的な問題となって現れることが他のどのチャクラよりも少ないのですが、ときに悪夢となって現れたりもします。

エクササイズ――
ブラウ・チャクラのワークに役立つエッセンシャルオイルとパワーストーン

ブラウ・チャクラのワークに役立つエッセンシャルオイルはヴァイオレットとローズゼラニウムです。エクササイズをする間、どちらかをベポライザーで焚《た》いてみてはどうですか？

ブラウ・チャクラを開き浄化するためにふさわしいパワーストーンは四種類あります。私が一番好きで毎日身につけているのはアメジストです。ブラウ・チャクラを浄化し、強め、活発にし、守ってくれるだけでなく、アメジストは霊的な発達を促し、間違った思い込みを消し去り、インスピレーション、神聖な愛、そして直感力を強めてくれます。想像してみてください。それなしでいることなど耐えられますか？

二つ目のパワーストーン、セレスタイト（天青石）は美しい石で、ブラウ・チャクラ、スロート・チャクラの両方に役立ちます。インスピレーションを強め、霊的成長を加速させ、神の存在をよりはっきりと意識させ、同時に創造的な表現力を高めてくれるのです。

アレキサンドライトはなかなか手に入れにくく、小さなものでも値が張りますが、パワフルでありながら穏やかで、頭と体と精神のバランスをとり、大きなトラウマを体験したあとに、再び愛と喜びを感じることができるようになるのを、助けてくれる石です。ブラウ・チャクラでは、私たちの内面のヴィジョンを開き、明確にしてくれます。同じ効果があるのが四つ目の石、ハーキマーダイヤモンドです。透明に輝くこの水晶は高そうに聞こえますが、そうでもありません。

選んだエッセンシャルオイルとパワーストーン、それがなければ深い青色をした花、あるいは深い青か紫の布、それにノートを持って、あなたの「安全な場所」へ行き、誰にも邪魔されない時間をたっぷり取ってください。いつものように呼吸に意識を集中することから始め、体をリラックスさせ、ネガティブなものをすべて手放してしまってください。

*エクササイズ【1】

理想の世界をヴィジュアライズ

目を閉じ、透明な水晶でできたスクリーンを想像してください。そこには何のイメージも浮かんでいません。あなたの準備が整う前にスクリーン上に何かイメージが現れたら、そっとそれをどかしてください。

では、スクリーンの上にあなたの理想の世界を映し出しましょう。これは映画のスクリーンのように、映像はいつでもあなたが望むままに変化させることができます。まず、家、仕事、恋愛関係など、何でもいいですからあなたの生活の一部をとって、それを詳細にヴィジュアライズしてください。あなたが望むままの全体像が見えますね。イメージの中でそれを発展させて、完璧になるまで好きなだけ変更を加えてください。どんな色をしていますか？　ディテールが見えますか？　もしその中に鳥がいたらそのさえずりが聞こえますか？　音楽は流れていますか？　太陽は照っていますか？　空に雲はありますか？　あなたの理想の家には庭がありますか？　ペットはいますか？　あなたは裕福ですか？　大きな家ですか、それとも小さくてこぢんまりと居心地のいい家ですか？　明るい、風通しのいい家ですか、それとも柔らかな光に包まれどこか神秘的な雰囲気が漂っていますか？

理想の仕事はどうでしょう。どこで働いていますか？　何をする仕事ですか？　オフィスワークですか、それとも屋外での仕事でしょうか？　人と一緒にする仕事ですか、それとも仕事場で一人でする仕事ですか？　あなたは何を着ていますか？　何を感じていますか？　あなたの理想像を作り上げながらそれを眺めてください。

では理想の恋愛関係はどうでしょうか？　結婚していますか、それとも誰かと同棲していますか、あるいは、会いたいときに会える大事な人がいる独身生活を楽しんでいるでしょうか？　性的な関係ですか、それとも、親密でお互いに支え合いながらも性交渉を必要としない関係ですか？　相手は異性ですか、同性ですか？　あなたに合っているのはどういう関係でしょう？　それを目で確かめ、感覚で確かめ、覚えてください。

どういう形でもいいですから、絶対の確信を持って、本当の意味であなたの益になり、他の誰も傷つけない限り、その理想、あるいはそれ以上のものが手に入る、と祈ってください。

そして感謝しましょう。

好きなだけ水晶のスクリーンの前にいてください。気が済んだら、今見たことは全部、細かいところまで忘れない、もっと詳しいことを知りたくなったらそこに戻ってもっと見てみる、と自分に言い聞かせましょう。そうしたらグラウンディングし、この部屋に戻ります。さあ、ノートに、あなたの理想の世界を書き留めてください。

書きながら、内容をしっかりと確認してください。もうクセになっているのであなたは気づかないうちにアファメーションを作り始めているかもしれません。書き終わったらどこでもあなたの望むところに感謝を捧げてください。

何度でもあなたのヴィジョンに立ち戻り、それを現実にし、あなたが本当に自分の人生の中に欲しいものを、アファメーションを続けて作り出してください。霊的成長のワークを始めた頃からヴィジョンが変化していたり、今もまだ変化し続けているとしても驚かなくて結構です。しばらく前に欲しいと思ったものが、今ではさして重要に思えないかもしれません。理想のパートナーはハンサムで茶色の瞳をしていると思っていたのに、今では大切なのは誠実であること、信頼できること、そしてユーモアのセンスがあることであって、他のことはどうでもよくなったかもしれません。あるいは銀行にたくさん貯金があることよりも、十分な収入を得る能力があることのほうが大事になり、必要以上のお金は価値のある運動に寄付したいと思うようになったかもしれません。

　また、あなたはすでに理想とする世界の多くのものを手にしていることに気づくかもしれません。あなたの現実は、あなたがこの旅路を進み、毎日のアファメーションを続けていくうちに変化してきているのです。アファメーションは毎日続けていますね？　アファメーションのリストを見直して、すでに現実となったものを消してみてはどうでしょうか。そしていつものように、感謝を捧げてください。

＊エクササイズ〔2〕
霊視能力の試運転

　霊視能力を試してみたかったら、こういう方法があります。これはほんのちょっとしたお楽しみにすぎませんが、この能力を開発したいと思ったら、霊能力開発の訓練のための査定を受け、きちんとしたトレーニングを受けることをお勧めします。

　なくしたまま見つからないものはありませんか？　そこから始めましょう。持っていたら透明な水晶を手元に用意しますが、持っていなくても問題ありません。水晶玉が使われる理由は、意識を集中させ頭の中をスッキリさせる助けになってくれるからですが、あなたにはもうそのやり方がわかっているはずです。

　目を閉じ、雑念を追い払ってください。前のエクササイズで使った水晶のスクリーンを使っても結構です。では、なくしたものを思い浮かべてください。できる限りのディテールを思い出し、水晶のスクリーンに映し出しましょう。そこに注意を集中したまま、その周りに光景が浮かぶに任せてください。その光景に見覚えはありますか？　注意深く見てみてください。時間をかけて、意識してそれについて考えたり、無理に情景を思い浮かべようとせず、ただそれが自然に思い浮かぶに任せてください。よく観察しましょう。見ているうちに突然、そこに浮かんだ別のものやそれがある場所などに見覚えがあることに気づくかもしれません。それがどこにあるかわかりますか？　一度目で成功しなくてもがっかりしないでください。しばらく試してみれば、自分で自

カラー・セラピー

このへんでちょっと楽しいことをして自分を少し甘やかしてあげましょう。電話帳でカラーコンサルタントを見つけて予約をし、自分の色を読んでもらってはどうでしょうか？　きっと面白い経験になることと思いますし、あなたのエネルギーを変化させ、気分を高揚させ、あなたの生まれつきの血色を補って顔色をよくし、ずっと若く見えるようになるでしょう。女性だけでなく、男性もぜひやってみてください。

　とんでもなくお金のかかることではありませんし、洋服ダンスの中の、あなたに合わない色のものを全部捨てなくてはいけなくなるわけでもありません。友人や家族に話して、あなたが着るものの色を少々方向転換するのを手伝ってもらいましょう。そして新しいものを買うたびに少しずつ、あなたにより似合う色のものでこれまでの服を置き換えていけばいいのです。でもあなたは今ご褒美をもらう権利があります。ですから、シルクのハンカチとか、新しいスカーフとか、何かささやかなものを買うといいですね。楽しんでください！

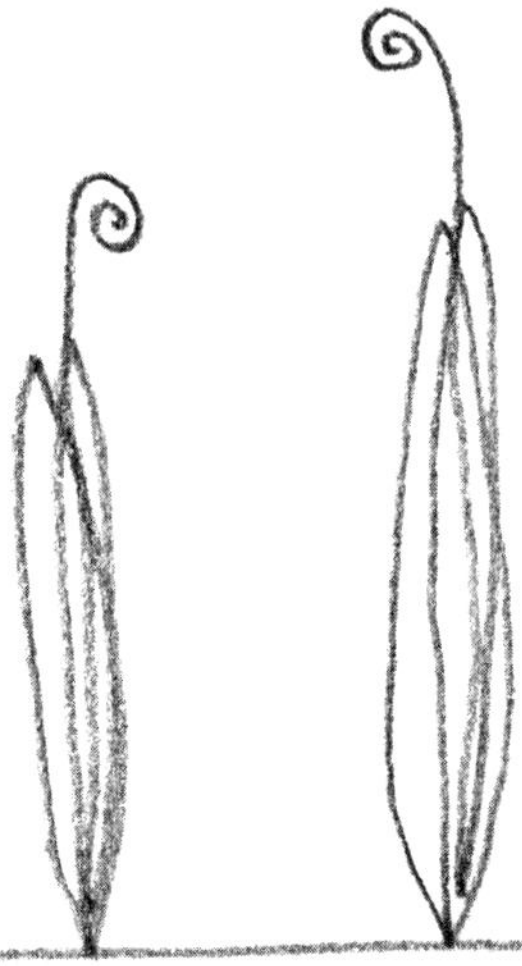

分にできると言い聞かせるほど容易に、これができるようになることがわかるはずです。

いつものように、意識を部屋に戻す前には感謝を捧げ、グラウンディングしてください。

メディテーション――
ブラウ・チャクラを通して、あなたにこれから起きることのヴィジョンを受け取りましょう

＊メディテーション［1］

私たちは今、ヴィジョン、叡智、指揮能力を司るポイントにいます。私たちの旅もずいぶん進み、始めた頃と比べてあなたははるかに問題の少ない、健康な状態になっています。けれども、私たちの魂が故郷に帰るそのときまで、そこには常に、もっとできることがあります。ですから、続けましょう。

花、エッセンシャルオイル、パワーストーン、その他何でも、持っていきたいものを持ってあなたの「安全な場所」へ行きましょう。しばらくの間同じ姿勢でいられるように、必要なものを必要なだけ使って体をサポートしてください。

呼吸に意識を集中し、体をリラックスさせます。ネガティブなものはすべて、ルート・チャクラと足の裏から外に出してしまいましょう。同時に、ほとんど自動的にあなたが愛で満たされていくのを感じてください。ここにこうしているだけで癒されていきます。その感覚を楽しんでください。自分がこれほど簡単に宇宙と繋がり、エネルギーの流れを感じることができるようになったという事実に気づいてください。平安と喜びを感じてください。愛を感じてください。あなたの霊性を感じてください。

では、あなた自身を愛しつつ、二十一歳の頃のあなたに戻り、その頃のあなた自身、周りの人たち、その頃起きたことに愛と許しを送りましょう。頭の中でそのまま二十六歳くらいまで進み、あなたからあふれ出る愛で、その期間全部を浄化し、癒し、許してあげてください。

さあ、これまで何度もしてきたように、より高い霊性の次元に進みましょう。あの頃あなたを傷つけた人は、自分なりのプロセスの途中にいたのだということを理解し、許してあげましょう。そして愛を

送ってください。

心の準備ができたら、一番高い次元に昇りましょう。ここであなたは許すだけでなく、あなたの経験があなたに教えてくれたことに感謝することができます。急がなくて結構です。感謝しましょう。

準備ができたらグラウンディングしてください。あなたの肉体に意識を戻し始めます。足と手の指を動かしてください。伸びをし、ゆっくりとこの部屋に戻ってきましょう。水を飲み、ノートに何でも書きたいことを書いてください。次のメディテーションに移る前に、好きなだけ時間をとってください。

＊メディテーション【2】

あなたの「安全な場所」に行き、いつもの方法でリラックスした状態になってください。ネガティブなものはすべて、足の裏とルート・チャクラから捨ててしまってください。

眉間《みけん》のちょっと上、ブラウ・チャクラのある場所に意識を持っていきましょう。そのスポットを意識し、そこが、深く明るいブルーの光で美しく輝くのを想像してください。さあ、愛を込めた思いの力で、その部分を光で浄化しましょう。光がますます明るくなったのがわかりますね。深く豊かで、ちょっと紫がかった濃いブルーです。

では、額にあるその輝く点の後ろから、その点の真ん中を通して明るい白い光を放ってください。明るく力強いその光は、時間と空間の壁を越えてはるか彼方へと届きます。

今あなたの人生の中に存在する人、存在するものはみな、遠くからやってきました。今はあなたのすぐそばにいる人も以前はあなたには見えていませんでした。その人たちは、別の時間、別の場所にいたのです。彼らはあなたの人生に近づいてきていたのですが、あなたにはまだそれが見えませんでした。その人たちはあなたに向かって、あなたは彼らに向かって近づき続け、時間と空間のある一点に来たとき、あなたたちの間には距離がほとんどなくなり、そしてあなたたちは出会ったのです。そして同じように今この瞬間、あなたに向かって近づいている人たちがいます。

さあ、では、あなたのヴィジョンをクリアにして、あなたの眉間から外に向かって放たれている美しい光の射す先に目をやってください。それは時間と空間の壁を越えて放たれるスポットライトです。それはあなたにはまだ見ることのできない時間と場所を照らしています。その時間、その場所には、これからあなたの人生に登場する人たちがいます。そしてあなたもやがて彼らの人生に登場するのです。その人たちはあなたに、愛と喜び、希望と美、仕事と機会を運んできてくれます。彼らはあなたの未来に存在し、そしてあなたも彼らの未来に存在します。

その人たちにあなたのほうに来てもらいましょう。あなたの視野の中に入ってもらってください。顔は見えないかもしれませんが、輪郭はわかります。素晴らしい贈り物を持ってきてくれていますね。そしてあなたも彼らへの贈り物を持っているのです。

愛の光を送って彼らを包み込んでください。喜びと希望を送ってください。歓迎の気持ちを送りましょう。あなたと彼らの間の距離と時間が小さくなっていって、やがてあなたは彼らを迎え入れ、彼らもまたあなたを迎え入れるということを忘れないでください。

彼らは、あなたがずっと昔から知っている魂かもしれません。あるいはまた、一度も会ったことのない魂かもしれません。でも、その人たちがあなたの人生に近づいてきているということはつまり、あなたが霊的な成長の旅路を続けるために必要な愛、成長、経験という形の贈り物を持ってきてくれるのだということを意味します。あなたたちにはお互いに、与え、受け取るレッスンがあるのです。それはすべて愛をもって行うことが可能です。

しばらくそのままでいましょう。あなたたちの間にある素晴らしいエネルギーを感じてください。あなたから愛が溢れ出て、その人たちを愛で包み込む感覚を楽しんでください。

でも、今あなたがいる場所はここであり、その人たちはまだあなたから少し離れたところにいます。ですから、最後に一条の愛の光を送りましょう。そして、そのときが来たらその人たちを愛と喜びを持って迎えること、心を開き、兄弟、姉妹として、対等な相手として迎えることを約束してください。

ではそろそろ、彼らに行ってもらいましょう。その人たちがそれぞれの人生で今いるべき場所に戻ってもらってください。

感謝を捧げ、愛の光を元のところに納め、部屋に戻ってくる準備を始めます。ブラウ・チャクラを意識し、一番気持ちのよい状態まで閉じてください。あなたはそれをいつでも望むときにまた開くことができます。

体を意識しましょう。グラウンディングしてください。ゆっくりと手足の指を動かし、準備ができたら目を開けてください。急がなくて結構です。水を飲みましょう。そして、書きたいことを何でもノートに書いてください。終わったら、電話を元に戻すのを忘れないように。

第10章

Crown Chakra : Crowning Our Spirituality

クラウン・チャクラ

ついに霊性の頂点に立つ

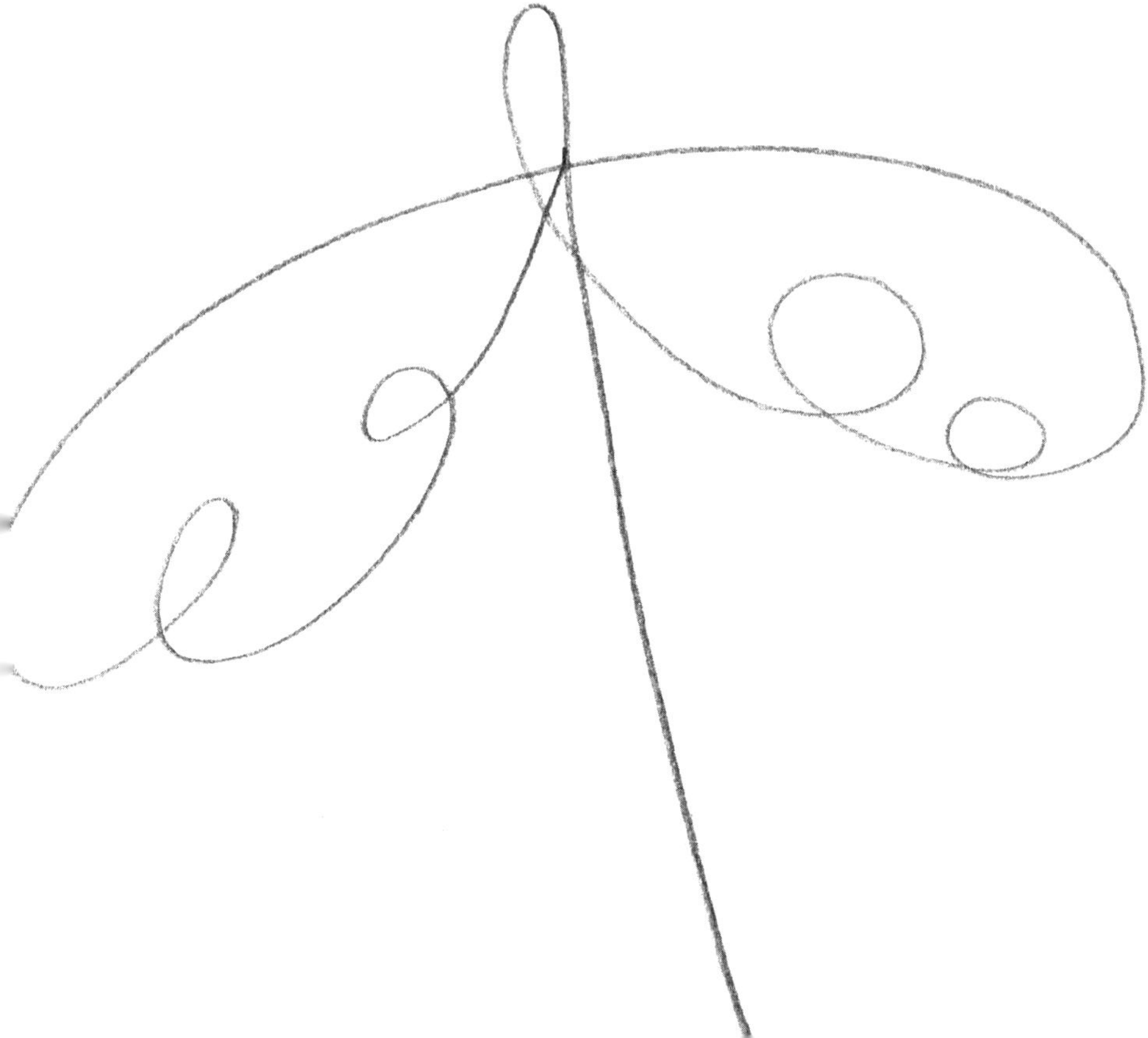

見よ、東の空を染める柔らかな光。
天と地は賛美をもって一つとなりぬ。
そしてこの世の四つの力から
愛の詠唱は生まれぬ
燃える炎と流れる水、
甘く香る大地とざわめく風。
勝者の浴する金色の光
その深く底知れぬ渦の中から
世界を持たぬ自然の声は幾千もの音色となって湧き上がり
宣言せり……
汝に喜びあれ、おお地上の者よ
巡礼はかの岸より戻れり。
覚醒者は生まれぬ。

ヴェーダ伝統

旅路の頂点クラウン・チャクラ——この世にいながらにして味わう天国の喜び……

『レインボウ・ジャーニー』を書いている間、私はときどき先走ってこのクラウン・チャクラの章をどうしたものかと考えました。その素晴らしさを言葉で表すことなど到底できないからです。長い時間をかけてこの本で一番長い章を書くことはできても、私が言おうとしていることをあなたが本当に実感するには、それを体験するしか方法がないのです。

そこには限界や境界が存在せず、物質的な実体を全く持たないにもかかわらず、一瞬のうちにすべてを包括します。ここから一瞥《いちべつ》するだけで私は一瞬にしてアトランティスに、そして次の瞬間には未来に存在することが可能です。物質的な変化は何一つないまま、今ここと別の場所へ行き、感じ、聞き、目で見ることができるのです。自分の内側から、果てしない詳細にわたり、止まるところを知らない速さで創造し、理解し、体験することができます。私は終わりのないサイクルであり、そこにはただ意識だけがあります。それはあらゆることを可能にし、私の中に内在するものすべてを顕在化させ、目に見えない存在でありながら、存在するすべてものの中に映し出されています。

カリール・ジブランが素晴らしい比喩を使っています。彼は言うのです。「労働、それは目に見えるようになった愛」（佐久間彪訳）私たちはそれをさらに拡大してこう言えるかもしれません——存在とは形になった意識である、と。私たちは今ついにクラウン・チャクラの開放を迎え入れます。それは私たちの旅路の頂点であり、この瞬間のために私たちはこれまで努力をしてきたのです。古代の王たちは手の込んだ頭飾りで、現代の王族は王冠で、このチャクラを念入りに保護しています。王冠を身につける風習は、その昔、王が神と見なされていた時代の名残《なごり》なのです。

何十メートルという高さでそびえ立ち、今日でも私たちに畏怖の念を起こさせる古代エジプトの神王たちの石像は、その石に刻まれた服装がチャクラを守っています。チャクラはほとんどの古代文化の芸術や工芸品、また宗教芸術において見ることができますが、他のチャクラの表現が失われている場合でさえ、クラウン・チャクラの存在だけは、多くは光輪や後光の形を取って残っています。

私たちはここで、理解、普遍的な真実と知識を手に入れます。そして、これまで知っていたことのすべてを超越する術《すべ》を学ぶことができるのです。不可能を可能にし、初めは一瞬でも、何もかもが調和し私たちが完全な気づきを持つ絶対的平安を見出すことができるよう、自分で自分をプログラムすることができます。それは恍惚の境地です。

この状態をだんだん長く保てるようになり、最終的には人間としての日常生活と平行してこの状態でいられるようになれば、私たちは永遠に変化を遂げたこととなり、ほぼ恒常的に平静で落ち着いた状態でいることができます。素晴らしいことが私たちに起こります。私たちは天国を垣間見、至福を味わったのです。

私たちは変容し、以前と同じではいられません。そしてクラウン・チャクラのエネルギーが私たちのものになったとき、私たちは愛と平和を周りの人すべてに注ぎます。そうなるには時間、情熱、そして忍耐を必要としますが、それだけの価値はあります。けれども、この境地に達したのちも私たちは普通の人間であり、大地に足をつけて普通のことをしているのだということは忘れないでください。

この最終ステップは私たちを、鬱病、無気力、恐れ、混乱といったものから完全に解放し、気づきを与え、明晰な意識状態へと導いてくれます。

最も重要なゴール――真実と知識のメッカで神（愛）と一つになる……

スロート・チャクラのところで真実についてお話ししましたが、それがここで再び登場します。

普遍的な真実というのは、唯一の、他の何ものでもあり得ない状態でそこに存在します。

これまでに存在したあらゆる真実、そしてこれから存在するあらゆる真実、そのすべてが、ただ一つの一瞬の中に存在するのです。

すでに見てきたように、私たちは誰もが普遍的真実に至る道を辿っており、ただその道をどこまで進んだか、どんな方向から真実に近づいているかが、それぞれに異なっているだけです。

それはまるで、真実と知識のメッカに向かって巡礼者が集まっていくかのようです。

そう、叡智と悟りを得、再び神と一つになる――それが私たちの最も重要なゴールなのです。

真実が存在するように、知識もまた存在します。これまでに得られたあらゆる知識、これから得られるあらゆる知識、そのすべてがすでに存在するのです。ちょうど、一粒の種がその中にその植物の全体像を包含し、一筋のDNAがその人全体を形作るように、すべての真実は今この瞬間に含まれています。私たちはただそれを見つけるだけでよいのです。

通常私たちは、知識のある特定の一面に焦点を当て、真実のわずかな一片を齧《かじ》りとります。それを消化したら、次の一片を齧ります。成長するにつれ私たちは、知っていることを調整・精緻化し、以前持っていた単純な知識を破棄してより洗練されたディテールを取り込みます。

でもここクラウン・チャクラで私たちは、突如として人間の脳が持つ制限から解放され、日常から脱却して神と繋《つな》がることによって、真実の中に全身でどっぷりと浸かることができます。

ここで初めて私たちは、私たちよりはるかに偉大な存在、と同時に私たちがその大切な一部である存在に身を委ねます。そしてついに理解に至るのです。

成長の過程がここまで来ると、私たちは再度、自分の命を、自分が一番大切に思うものに捧げることを求められます。

それはたとえば愛であったり、平和、教えること、ヒーリング、自分の霊的成長、あるいは他の人の霊的成長であるかもしれません。

ちょっとここで、あなたはなぜここにいるのか、そしてあなたは何に自分を捧げているかを考えてみてください。

では、クラウン・チャクラを開く前に他に私たちが知っておかなければならないことは何でしょうか？

フリースタイル・メディテーション――自分に起こるすべての出来事から学び、それを強みに変える

私のコンピュータにはハードディスクをスキャンするプログラムがインストールされていて、コンピュータを立ち上げるたびに私はそのプログラムを走らせます。それはエラーや重複した情報、あちこちにちらばったデータを発見する機能を持っており、要らないものを削除し、同類の情報をまとめてディスクを整理してくれます。

おかげで私のコンピュータはより速く、よりすっきりと作動し、長い目で見ると時間の節約にもなり、フラストレーションも感じずに済むのです。

同じように、私の家のプールには、水の中を旋回して落ちた木の葉などを回収する器械があり、プールの水をいつもゴミのない清潔な状態に保ってくれます。

私にとってメディテーションとはこの両方を頭のためにするようなものです。私が解決できずにいたゴタゴタを定期的に掃除し、それを持ち歩く負担を取り除いて、結果的にストレスを解消してくれるのです。そして驚くべきことに、私はそのために何をする必要もなく、ただプログラムをオンにして、そしてリラックスするだけでいいのです。

考えることも、計画も、心配も不要です。ただ目を閉じ、束の間呼吸に意識を集中して瞑想状態に入れば、あとはすべてがまるで魔法のように起こります。

何よりも素晴らしいのは、頭の中がクリアになり、今日の情報や要求に応えてより効率的に考えられるようになるだけでなく、ただ座っている間に蓄積される肉体的なメリットがあるということです。

脳は完全にリラックスして、脳波の形は睡眠中のそれに近いのですが意識ははっきりしています。血圧と心拍数は若干遅くなり、呼吸はゆっくり、浅くなって、やがて私の周りで時間と空間が停止し、何の燃料補給も要らないように感じられるようになります。

私は自然と気分がよくなり、持っていた肉体的な痛みは消えてしまいます。メディテーションのあとは私は反応時間が短くなり、記憶はよりシャープに

なり、思考が明晰になって驚くほど集中力が高まるのです。

これまでこの本でずっと行ってきたガイド付きのメディテーションは、いつでも好きなときに続けることをお勧めします。

これまでやってきた方法でチャクラを浄化し、バランスを取るのを続けることは、特に何らかの理由でイライラしたり傷ついたりしたときには役に立ちます。

どうか必要以上の重荷を背負わないでください。私たちのゴールは、どんなにつらいことだろうと、自分の身に起きるすべてのことから学び、それを私たちの強みに変えることであるということを忘れないでください。そこにはいつも必ず学ぶことがあるのです。

もしこれまでやったことがなかったら、今ここで説明したガイダンスなしのメディテーションをあなたにも体験してみていただきたいと思います。

これは1960年代にビートルズがメディテーションを一般的なものにして以来、何百万人もの人が使っている方法です。

金色のエネルギーと天からの白い光――七つのチャクラ・システムの全体像とは？

これまで私たちはチャクラを一つずつ取り上げ、その機能、それが私たちに与えてくれるもの、そしてなぜそれがうまく機能しないのかについて、見てきました。

今度はチャクラ・システム全体を見てみることにしましょう（図10）。この図の七つのチャクラは遮るものが何もない、一連の輪です。これらを通して、エネルギーの風が上へ下へと流れるのが、どんなに易しいことかはすぐにおわかりだと思います。地球からのエネルギーが上昇し、霊的なエネルギーが上から入ってくるのを体験することができます。それがチャクラ・システムの中を通過するにつれ、そしてまたそこから外に光となって流れ出て、私たちの全身にあふれ、そこからもっと先まで輝くにつれて、あなたにはそのエネルギーが持つ栄養の驚くべき豊かさが感じられるはずです。

そのイメージを頭に描いたまま、意識の超越（トランセンダンス）を試みてみましょう。ちょっと目を閉じて、先ほど見た体の中心線を想像してくださ い。まるであなたの中心を空っぽの空間が貫いている感じです。あなたの努力の結果、そこに邪魔なものは一切なくなっています。自分に満足して、この辺で一休みしましょう。その空っぽの空間を頭に思い浮かべて、楽な気持ちのまま、その空間を地球からの金色のエネルギーと天からの白い光でいっぱいにしてください。あなたが用意したその空間にエネルギーが続々と流れ込みます。心の中でにっこり微笑《ほほえ》みましょう。穏やかな夏のそよ風のようにエネルギーが暖かく輝き、あなたを満たし、あなたはこれまでに感じたことのない充足感に満たされます。エネルギーはその空間から滲《し》み出してあなたの細胞に流れ込みます。それがすべてを癒し、すべてを浄化していくのを感じてください。あなたは気分が軽くなり、気持ちが高揚してきます。ソーラー・プレクサス・チャクラが何となくムズムズしますね。さあ、始まりました。あなたの霊的エネルギーを感じてください。あなたはほとんど宙に浮かんだように感じます。あなたを地上に繋ぎ止めているのはルート・チャクラだけです。あなたはその繋がりを守る必要がありますが、今、あなたは意識を超越しようとしています。

この経験は言葉では言い表せません。ただなるがままに任せてください。あなたは自分がクラウン・チャクラを通過して上昇し、そこから外の何もない空間へ、そして空間のその先へと出ていくのを感じるでしょう。そこは無、絶対の無です。あるのはただ、あなたとあなたの魂の融合です。あなたは上昇し、魂という大きな存在とゆっくりと一つになるにつれて、肉体の感覚はすべて失われていきます。その至福感を感じてください。無の境地を感じてください。ただあるがままでいてください。あるがままに。呼吸すらほとんど無用です。物質的な意味であなたにはほとんど何も必要ありません。あなたの肉体は停止し、あなたの魂は自由だからです。あなたは超越（トランセンド）したのです。

好きなだけその状態でいて構いませんが、気の済むまでそうしたら、あなたは肉体に戻らなくてはいけません。あなたはこの地上に属しており、戻って

図－10

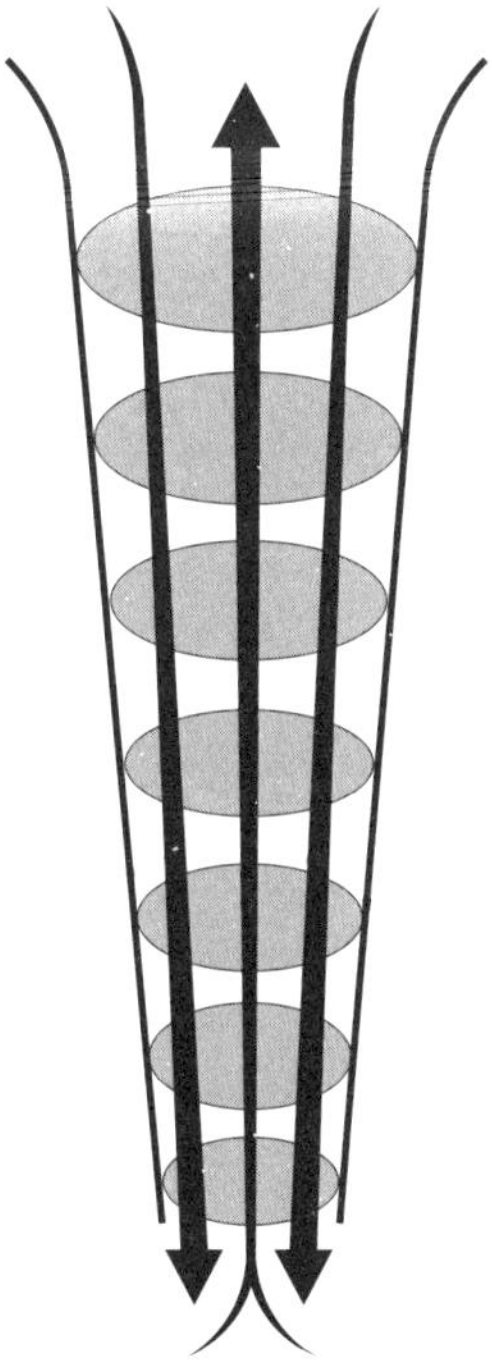

滞りのないチャクラが一列に並ぶと、体の中央に大きなエネルギーの通り道ができる。天から与えられる霊的エネルギーと地球がくれる大地のエネルギーは、この通り道を自由に流れ、行き交いながら私たちを癒す。

きてあなたの肉体ともう一度きちんと繋がらなくてはいけません。クラウン・チャクラを通って戻ってきてください。体の中にいるのを感じましょう。椅子にかかったあなたの体重を感じましょう。着ている服が肌に触れるのを感じましょう。つま先を意識し、動かしてみましょう。手の指を意識し、動かしてみます。完全に肉体に意識が戻り、完全にここに戻ってきたら、目を開けてください。

次に進む前にちょっと時間を取りましょう。頭がぼーっとしているようなら、グラウンディングしてください。水を飲み、ビスケットなど軽いスナックをつまんで、あなたの体に仕事をあげてください。

今した経験は、あなたがどうしても書き留めたければ別ですが、記録する必要はありません。それは普通、言葉にするのがとても難しい体験です。もしもあなたが超越に成功しなかったとしても、気にしないでください。今度試すときはガイダンスを録音したテープを使ってみるといいでしょう。超越のためには静寂が何よりも役に立ちますが、初めのうちはガイダンスが必要なこともあります。これは練習すれば、あなたにもできるようになります。これまで私のワークショップでこれができなかった人はいません。

ただ、試してみる心の準備ができていなかった人はいますし、それはそれで構いません。もしあなたがそう感じるなら、いつでもあなたの心の準備ができたときにここに戻ってくればいいのです。

もし超越に成功したならば、あなたはハート・チャクラの周りやソーラー・プレクサス・チャクラの中、または別の場所に、奇妙な感覚を感じているかもしれません。感情的になり、笑ったり泣きたくなったりするかもしれません。キツネにつままれたような感じで聞きたいことがたくさんあるかもしれません。驚きと畏怖の念でいっぱいかもしれません。

何か他のことを始める前に、しばらく時間を取ってください。

十分間くらいは、日常生活に戻らないほうがいいでしょう。今の感覚を楽しんで、それから日常に戻る準備をしましょう。あなたは自分がより敏感で愛情に満ち、いろいろなことをよりよくこなしたいと願い、またそれが可能であることに気づくでしょう。

チャネリングの練習——
正しいメッセージの受け取り方

もう一度図10を見てください。全部のチャクラが開いた状態で一列に並んでいると、中が空のチューブ、あるいは通路があなたの中にあることがわかりますね。そのてっぺんから何かを招き入れることも可能です。それが入ってこられる空間があるのです。でも気をつけてください。それをするのはよく準備を整えてからにしましょう。急がないでください。

そこに何かを招き入れたいとき、私は始める前に、それができる限り最も純粋で愛情にあふれ、癒しの力があり、最も崇高なエネルギーであることを神に求めます。私の中に入ってくるものは何でもいいわけではありません。

自分のためにそうするときも、誰かのリーディングを行うため、あるいはその人を癒すためにそうするときも、チャネリングはできる限り的確でなくてはなりません。また、私が用意したチャネルに入ってくるものを、私の思考が邪魔しないよう、ブレンダという人格をどけておくことも必要です。そこで私はブレンダを優しく脇にどかします。するとたいてい、地上で肉体を持つブレンダは、私の左側わずか前方に立つのを感じます。

これは不思議な話ですし、あなたの経験はこれとは非常に違うかもしれません。でもちょっとの間、これから起ころうとすることから自分を切り離して、あなたの人生や考えがそれと混ざらないようにすることに注意を集中してご覧なさい。あなた自身を脇にどかせばどかせるほど、リーディングは正確になります。

可能な限り最高の叡智、最も純粋なヒーリング、最も正確な情報をください、というメッセージを送ったら、あとは脇に避《よ》けて待つのです。これに熟達してくると、エネルギーはあっという間に流れ始めるようになります。でも最初のうちは時間がかかるかもしれません。チャネリングが起きればわかります。なぜならそのときあなたはほとんど傍観者であって、それが自分とは何の関係もないことなのがわかるからです。

私の初めてのチャネリング経験は偶発的なもので、ここで説明する方法で起きたのではありませんでした。私はある会議に出席していて、数枚のメモを手に壇上に上がり、いつものように神に向かって、どうか聴衆が私から最も必要としているものを与えることができますように、と祈り、そして口を開きました。すると突然、私とも私が用意したメモとも何の関係もない、とても説得力のある講演が聞こえてきたのです。私はいつも自分のメモを使わないのですが、用意だけはします。そしてそのとき私の口から出た言葉は、自分が用意したものとは違っていただけでなく、私に用意できるものよりはるかに優れていたのです。私はただそこに立って耳を傾け、終わったときの聴衆の拍手を、少々申し訳ないような気持ちで味わったのでした。

幼い頃、ヒーリングの力が私の意志とは無関係にあふれ出たときにもそんなふうに感じたものでした。今ではその力にアクセスしたいときにアクセスし、自分が望まないときにはその力が突然現れないようにすることができます。また、診療しながら同時にチャネリングし、次に自分が何をすればよいか、患者が今知るべきことは何かについてのメッセージを受け取ることもできます。患者と対話をしながら、同時にその情報を「聞き」、それに基づいて行動することができるのです。ごく稀《まれ》にそれが少々混乱を招くことがあります。そういうときは治療の手をちょっと休めてメッセージを「聞き」、それからまた治療を続けます。

チャネリングを行う人の多くは特定の霊を「ガイド」に持っていると言います。第8章で、中でも公に知られている霊の名前をいくつか挙げました。私自身はそうした霊は持ちません。いつかそういうことが起きるのかもしれませんし、私に課せられた仕事はそうした霊を必要としないものなのかもしれません。それは私にもわかりません。どういう形であれ、チャネリングが起きること、そして完璧な形での知識が途切れなく私の中を通り過ぎること、それ自体に感謝しています。私の口からその情報が語られる間、私はただ脇に立っているだけです。その内容を覚えているときもありますし、覚えていないときもあります。それはどちらでもいいことなのです。

チャネリングを試してみるならば、何か記録でき

解脱

解脱《げだつ》――それは決して終わることなく、拡大を続けたまま、完成されることのない、驚くばかりに素晴らしい状態です。私たちはそれを垣間見、模索することはできますが、今生でそこに達することのできる人はごくわずかです。いえ、これから先、人生を何度繰り返しても到達することはないかもしれません。それでも私たちは、自分がそうしていることに気づく以前から常にその状態を目指しているのです。

　こう言うと、あなたは私があなたを（正確に言えばあなたがあなたを）騙《だま》してここまで連れてきたように感じるかもしれません。ここ「レインボウ・ジャーニー」の最終地点に、結局宝物の詰まった壺はありません。けれどもここまでの旅の間中、宝物はそこにあったのです。

今のあなたは以前よりもより完全で、より健康であり、より本物で、より愛され、そしてより愛にあふれています。前よりも開かれた心を持ち、新しい（実は昔持っていたのを再発見した）能力を身につけ、あなたを悩ませていたものの多くを捨て去りました。昔の苦悩、痛み、恨みは手放し、人間としての愛と神の愛が中心にある、よりよい生き方を見つけ、そしてこうしたことを学んだあなたにはもう二度と、以前いた場所に戻ることはできません。

　でも私たちにはまだ、知らないこと、探索し、発見するべきことがたくさんあります。そして、そうでなくてはならないのです。

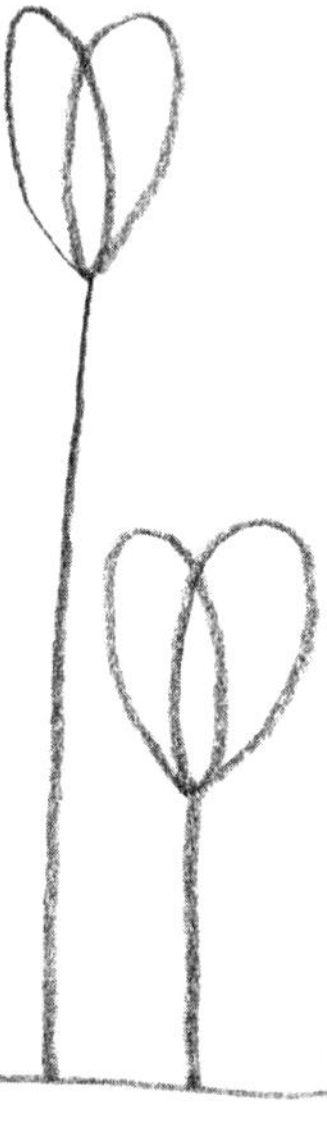

るものを用意してください。ノートと鉛筆でもいいですし、テープレコーダーでも結構です。あるいはあなたが言ったことを、意見を差し挟《はさ》まず、もちろん笑い出したりせずに書き留めてくれる、信頼できる友人にそばにいてもらってもいいでしょう。

必ず、まずグラウンディングし、最良のものだけが送られることを願い、そして自分の自我を脇によける努力をすることから始めてください。きっとできるようになると思います。それから自分を解放して、何でも起こるがままに任せてください。あなたの中を思考が次から次へとあふれるように流れるのがわかるでしょう。それがふと止まって、あなたはコネクションを失ったかのように感じることがあるかもしれません。それはあなたの自意識が顔を出して、そこで起きていることにあなた自身が巻き込まれるからです。それが起きればあなたにはすぐにわかります。まるで、地面にドスンと落ちてきて、自分が言っていることが理解できずちょっと間抜けに感じる、そんな感じです。大丈夫、気にしないでください。もう一度意識を集中し、続けてください。

今回のチャネリングは終了した、と感じたり、疲れてもう止めたかったら、ただ心の中でそう言って元の場所に戻ってくるだけでいいのです。感謝を捧げ、グラウンディングしてください。自分の肉体を確認し、いつものように、水を飲んで、他のことをする前にちょっと休んでください。

一つアドバイスします。チャネリングが起こっている間は、自分が何を言っているか、何が起きているか、それがどの程度正確か、自分が馬鹿げて見えないか、といったことは気にしないでください。気にしてしまうと、チャネリングのプロセスはすぐに邪魔され、あなたはコネクションをなくしてしまいます。でも、チャネリングを完全に習得するまでは、どうかあなた以外の人のために使おうとはしないでください。あなたの言うことをその人は信じるかもしれませんが、あなたのチャネリングは正確ではないかもしれないからです。どうか謙虚な気持ちでチャネリングを扱ってください。

もう一つ大事なことは、与えられるままに情報を伝えることです。ときに、与えられた情報を自分なりに解釈したいという欲求に駆られることがありますが、それをしてしまうと、相手にとってとても重要だったエッセンスが失われてしまうのです。

エンゼル・カード（第2章参照）を使っていて私はよく「従順」というカードを引きますが、それは私に、聞いたことをそのまま伝えるようにと言っているのだと思います。

私がチャネリングをしている相手はそれをその通りに聞く必要があるのです。与えられた情報に手を加えたり、耳触りをよくしたり、変更したりするのは私の仕事ではありません。

そして、正しいとわかっていることをしなければ、あなたはきっとあなたの良心に苦しめられることでしょう。

ファイナル・メディテーション——王冠（クラウン）のチャクラを開き、その素晴らしさを味わいましょう

クラウン・チャクラの色は白、紫、そして金色です。このメディテーションを行うのに必要なものはみなあなた自身の中にありますが、もしも何か威厳のある紫色のもの、無垢《むく》な白、あるいは金色の衣服があれば、それを着るか、またはそれを持って、あなたの「安全な場所」へ行きましょう。

ここで特に役に立つパワーストーンはヒーリングの達人であるダイヤモンドです。女性の方は、今こそお持ちのダイヤモンドのアクセサリーを身につけるとよいでしょう。

ダイヤモンドには魂を清め、最高次元の気づき、純潔さと心の平安をもたらす力があり、金色はすべてにバランスをもたらし、悟りに達するのを助けてくれます。ですから、ダイヤモンドと金を組み合わせた指輪その他のアクセサリーがあれば、きれいに掃除をして、身につけてください。

ブラウ・チャクラのところで紹介した、神への意識を高めてくれるセレスタイトや、これも最高次元の気づきをもたらすホワイト・トルマリンもこのチャクラに相応《ふさわ》しい石です。また、お馴染みの水晶は、メディテーション、コミュニケーション、ヒーリングを助けてくれます。

ベポライザーでエッセンシャルオイルを焚く場合は、アンバーがよいでしょう。

さあ、では好きなものを持ってあなたの「安全な場所」へ行きましょう。

音楽をかけたいかもしれませんが、クラウン・チャクラに最も相応しいのは静寂です。

このファイナル・メディテーションを今あなたの「安全な場所」で行うのは大事なことですが、別の機会に、日常から離れた自然の中の、どこか霊感を刺激される場所に行くのもいいかもしれません。

私は浜辺や湿原、森などが好きです。ただし必ず、安全な場所であることを確認してください。すでに私たちはかなりしっかりと守られてはいますが、自分の行動には責任を取り、向こう見ずなことはしないようにしてください。

いつものように呼吸に意識を集中し、体をリラックスさせて、ネガティブなものはすべて外に出してしまいましょう。あなたの内側に意識を集中してください。次に、尊敬と畏怖の念を持って意識をクラウン・チャクラに持っていき、愛情を込めた一念とともに、あなたの頭上に美しく輝く光の王冠を思い描いてクラウン・チャクラを開きます。

王冠はさらに開き、その輪が大きくなっていきます。その素晴らしさ、美しさを味わってください。できる限り一番高いところまで愛を送り出し、そしてその光線と愛が戻ってきて、あなたのクラウン・チャクラからあなたの中に流れ込むのを喜んで迎え入れましょう。その輝き、その素晴らしさを味わってください。

次にその光はあなたのブラウ・チャクラまで降りてきて、そこで紺あるいはスミレ色に変化します。叡智と理解があなたを満たします。今度はスロート・チャクラに流れ落ちて、光は美しい空色、あるいはターコイズ色に変化します。あなたはクリエイティビティ、真実、尊厳に満たされるのを感じます。次はハート・チャクラです。光は再び、美しい緑色に変わります。自分自身と宇宙のすべてのものに対する無条件の愛があなたを満たし、あふれ出るのがわかります。そのまま光はソーラー・プレクサス・チャクラに流れ降り、鮮やかな黄色に変化します。

あなたの意志が強化され、あなたという素晴らしい存在に対する責任を受け入れるとともに、あなたはパワーに満たされます。光はさらに進んでセイクラル・チャクラに達し、明るいオレンジ色に変わります。あなたはパワフルな、性的な存在であり、いかなるレベルにおいても人と対等に接することができます。最後に光はルート・チャクラを満たし、ルビーの赤に変化します。光はあなたの骨盤を満たし、あなたの肉体がそこから生まれ、やがてはそこに戻っていく大地とあなたをしっかりと結びます。

さあ、輝いているあなたを見てください。これが本当のあなたです。あなたは素晴らしい存在へと成長し、同時にこの素晴らしい世界全体のごく小さな一部です。誇りと謙虚さを同時に感じてください。

息を吸い込みましょう。パワーと尊厳を吸い込みましょう。あなた自身でいてください。何から何まで、完全に生きているあなた自身を感じてください。ただあなたでいてください。

エネルギーをあなたの中、あなたの周りに感じてください。あなたは完全に癒されます。それをあなたから奪うことは誰にもできません。これがあなたです。味わってください。ただあなたでいてください。好きなだけこの状態でいましょう。そして心の準備ができたら、慎重にチャクラを閉じ、プロテクション・エクササイズのときに使った濃いダークブルーのマント（90頁参照）であなたを覆い、すべてのチャクラを守ります。

では肉体に意識を戻しましょう。足と手の指をゆっくり動かしてください。そして準備ができたら、この部屋に戻ってきてください。

水を飲み、日常生活に戻る前に必ず、グラウンディングされていることを確かめてください。

最後のメッセージ――私たちは常に旅の途中にいることを忘れないで……

さあ、私たちはともに旅路の最終地点にいます。でも本当にそうでしょうか？　この先も旅路は続きます。そしてもしかしたら私とあなたはまたその途中で一緒になるかもしれません。ここまであなたとご一緒できたことを嬉しく思います。

愛と喜び、笑顔と幸せ、そして旅路をともにするよき伴侶があなたとともにありますように。そして、安全で素晴らしい家路が待っていますように。

付録A・付録B

と

用語解説

付録A　内分泌系統と神経系統との関係

チャクラと肉体の接点は主要内分泌腺にあります。以下は簡単な参考資料として示すもので、内分泌腺に関する論文ではありません。以下の内容について、より詳しく知りたい方は、医師に相談するか、専門書を購入することをお勧めします。

以下に挙げる部位のどこかに問題がある場合、関連するチャクラのヒーリングを行えば症状の改善にはなりますが、現在受けている診療を止める、あるいは無視するのは、よくよく考えてからにしてください。チャクラのヒーリングは従来の治療の補助的役割は果たしますが、それに取って代わるものではありません。

セックスをする、眠る、泣く、怒る、性的嗜好、人生の伴侶の選択、恐れを感じて逃げる、子供を守るため身を盾にする——私たちの行為のほとんどはホルモンが根底にあります。排尿、体温調節、体内塩分の調節、運動時の心拍数の増加といった、ほとんどの生理学的機能は言うまでもありません。恒常性と呼ばれる機能を用いて内臓器官のコントロールがきちんとできなければ、私たちの肉体は問題を抱えることとなり、死ぬこともあります。

*ルート・チャクラ

［関連器官］——副腎。

［機能］——骨髄と皮質の二つ。骨髄は、心臓、血管、肺、筋肉に対し、逃走・闘争反応と呼ばれる形で直接働きかけるアドレナリンを分泌します。皮質は肉体と感情のエネルギーレベルのバランス調整、またショックやストレスへの対応に欠くことのできないステロイドを分泌します。皮質はまた、水分調整及び、ナトリウムとカリウムのバランスを調整するアルドステロンを分泌します。

［機能不全］——働きが弱すぎるとアジソン病や低アルドステロン症を発症し、強すぎるとクッシング病、高アルドステロン症や性ホルモン分泌過多の原因となります。後者は生殖器官の未発達や、乳房の発達、体格の変化、体毛の発育といった思春期にお

ける第二次性徴の発現に影響し、また月経や生殖機能に問題を起こします。

＊セイクラル・チャクラ

［関連器官］――女性では卵巣、男性では睾丸とリンパ系。

［機能］――卵巣と精巣（性腺）は、思春期、受胎能力、月経、妊娠、閉経、性欲と密接に関連するホルモンを分泌します。

リンパ系は内分泌器官ではありませんが、このチャクラとの関連が非常に深いためここで言及しておきましょう。その機能には、リンパ液、バクテリア等の感染性因子、癌細胞等の細胞の輸送が含まれます。体中に散らばるリンパ腺は感染すると腫《は》れ上がり、病因が体全体に広がるのを防ぐダム、水門の役割を果たします。体の防御システムの重要な一部です。

［機能不全］――生殖腺に問題があると、先述した機能すべてに問題を生じる他、骨端（本来思春期を過ぎると骨の成長を止める骨の成長板）の閉鎖が困難だったり、骨粗鬆《こつそしょう》症の原因となります。

リンパ系の機能不全は体の抵抗力を弱め、感染症を頻発し、リンパ腺の腫れやむくみの原因となります。

＊ソーラー・プレクサス・チャクラ

［関連器官］――膵臓。

［機能］――膵臓はインシュリンとグルカゴンという、どちらも炭水化物の消化に欠かせない二つの主要なホルモンを分泌します。この二つには相反する効果があり、両者のバランスが血糖値の維持にとって重要です。ブドウ糖は脳が活用する唯一の食物ですから、インシュリンとグルカゴンは脳の機能に非常に大きな影響を与えます。

［機能不全］――膵臓に関係する主要な病症は糖尿病ですが、より軽微な、けれども身体的エネルギーのレベルに影響する重要な血糖値の変動も起こり得ます。

＊ハート・チャクラ

［関連器官］――胸腺。

［機能］――これはまだ完全にその仕組みが解明さ

れていませんが、胸腺は胎児の成長と身体の免疫反応、特にT細胞の生成に重要な役割を果たします。
［機能不全］——これも完全には理解されていません（あるいは私が完全に理解できないだけかもしれません！）が、自己免疫不全による病症——現在最もよく知られるのはエイズですが——は胸腺の影響を受けます。一部の癌も同様です。成人になると胸腺は萎縮しますが、それは普通思春期の頃から、明らかにその時期に分泌が増える性ホルモンに反応して始まります。胸腺は妊娠中にさらに退化し、一生退化を続けます。

*スロート・チャクラ

［関連器官］——甲状腺と副甲状腺。
［機能］——甲状腺が新陳代謝に与える影響は、成長、体温調整、エネルギー生産、炭水化物と脂肪の代謝等、いくつかの種類があります。乳児ではまた知性の発達にも関係しています。
　四つの副甲状腺はカルシウムの代謝に欠かせませんが、これは骨・歯の健康や心筋を含む筋肉の正しい機能に関係しています。副甲状腺はまた、ビタミンDの代謝にも必要ですし、腎臓、消化管にも作用します。
［機能不全］——甲状腺機能亢進症（甲状腺中毒症）の主な症状には、速脈、発汗、暑さへの不耐性、不眠症、興奮性、緊張、短気、体重減少、月経不順等があります。甲状腺機能低下症の主症状には鬱病、体重増加、髪や肌の結晶粒粗大化、倦怠感、睡眠過剰（過剰に眠りたがる）、寒さへの不耐性、記憶力・集中力の低下などが挙げられます。
　副甲状腺機能亢進症の主な症状は、頭痛、精神的混乱、過度の口乾《こうかん》と頻尿《ひんにょう》、腎臓結石、胆石、角膜の石灰化などがあり、副甲状腺機能低下症は骨、歯、爪の退行性変化や白内障が主な症状です。

*ブラウ・チャクラとクラウン・チャクラ

　この二つに関しては、どちらがどの内分泌腺と関係しているかについていまだに議論の余地があります。解剖学的に言ってこの二つは脳の中で非常に密接に関連しているので、二つを一緒にして説明するのがよいと思われます。私に個人的に与えられる情報によれば下垂体《かすいたい》と視床下部《ししょうかぶ》と関係があるのがブラウ・チャクラで、松果体《しょうかたい》と関係しているのがクラウン・チャクラですが、その逆であるとする情報源もあり、その意見も尊重したいと思います。

［関連器官］――下垂体、視床下部、松果体。

［機能］――脳の一部である視床下部はホルモンを分泌し、それが今度は下垂体から分泌されるホルモンの分泌を調整します。下垂体は内分泌腺全体を調整する役割があります。下垂体は前葉と後葉の二つの葉から成っています。前葉は内分泌系統のすべてを刺激するホルモンを分泌し、後葉は妊娠後期の子宮の収縮、及び母乳を分泌させる役割があります。

松果体の分泌するメラトニンは睡眠を促進し、動物の場合は季節による移動のパターンと冬眠を司ります。私たちの体内時計と毎日の生体リズムを制御しているようです。また、性欲、母性、そしてもしかしたら老化にも影響を持っているかもしれません。時差ボケにも関係があります。

［機能不全］――下垂体は内分泌系全体をある程度制御しているので、下垂体の機能不全は体中のほとんどすべての器官に影響し、その結果となる症状はここには挙げきれないほどです。松果体の機能不全は性行動に影響し、同時に睡眠に関する問題の原因となります。

以上は内分泌腺に関する論文ではなく、チャクラ・システムとそれが体にどんな影響を与えるかについての理解を助けるための簡単な参考資料にすぎません。

主要な内分泌腺と密接な繋がりを持つだけでなく、それぞれのチャクラはまた、神経節とも呼ばれ、その身体部位のための多数の神経がまとまった神経叢《そう》とも繋がりがあり、ブラウ・チャクラ、クラウン・チャクラの場合は脳と直接繋がっています。ブラウ・チャクラは同時に頸動脈神経叢とも繋がっています。

ルート・チャクラ――肛門と生殖器周辺の尾骨神経叢。

セイクラル・チャクラ――臀部、大腿部、下肢の仙骨神経叢。仙骨神経叢は肛門括約筋にも分岐しています。

ソーラー・プレクサス・チャクラ――消化器官に伸

びる胃神経叢と下腹神経叢。

ハート・チャクラ——肺神経叢と心臓神経叢。この二つはある意味でお互いがお互いの延長であり、気道、心臓、大動脈、肺静脈に広がっています。

スロート・チャクラ——喉、咽頭、舌、口蓋《こうがい》に広がる咽頭神経叢。腕に伸びる上腕神経叢とも関係があります。

ブラウ・チャクラ——頭、首、耳に伸びる頚動脈神経叢。

クラウン・チャクラ——大脳皮質。ご存じの通り、すべてを司る部分です。

付録B　オーラ体存在の証拠

過去何百年にわたり、多くの文化や宗教の文献が、肉体の外側に広がり、通常は光として表現されるエネルギー・フィールドの存在について述べてきました。

神秘主義者やヒーラーがオーラをどう感知したかを述べている古い教典もありますし、世界各地の遺跡から、はっきりとチャクラの位置を示した人形が発見されています。

古代エジプト、インド、そして南アメリカの文献やアートはみなオーラの存在を表現していますし、中にはチャクラの存在に触れているものもあります。カバラはその輝きを星の光と呼んでいますし、初期キリスト教の文献とアートでは、聖人の頭部、ときには体全体を包む光の存在を証言しています。ヴェーダ語で書かれたヒンドゥー教の文献、神知学、仏教、そしてネイティブアメリカンの教えの中にも、体から発する光の存在についての言及があります。

古代エジプトの王がチャクラを守るための特別な服装を身につけていたという事実は、その存在の目に見える証拠です。偽のあご髭はスロート・チャクラを守り、背が高く手の込んだ頭飾りは額に蛇を配し、クラウン・チャクラとブラウ・チャクラを守っているのです。

けれども時代が古代から現代へと移行するにつれ、人々は次第に疑り深くなり、動かぬ証拠がなくてはオーラやチャクラの存在を信じなくなっていきました。

　二十世紀になってようやく、このエネルギーの神秘を解明するためにきちんと設計され、制御された研究を行えるだけの技術を私たちは身につけました。それによりエネルギー・フィールドは濃度、組成、特性が徹底的に検証されてきています。電磁的、静電気的性質は量的に測定され、キルリアン写真という方法でそのエネルギーが撮影されています。三十年以上にわたってこの分野を専門にしている米国のヴァレリー・ハント博士は、多数の被験者の体から放射される電磁波を記録しています。現在では、撮影の対象となった被験者がいろいろな活動をするにつれてそのオーラの色と質感が変化するさまが見られるビデオも存在しています。これは、とうとうオーラが科学的に計量された、という意味で面白い結果ですが、より重要なのは、それによって長年その信憑性《しんぴょう》が疑われ、からかいの対象になってきた神秘主義者やヒーラーの主張がついに立証された、という点です。バーバラ・ブレナンの『光の手』、C.W.リードビーターの『チャクラ』（原題『The Chakras』平河出版社、１９７８年）、アノデア・ジュディスの『命の輪』（原題『Wheels of Life』、邦訳未出版）などをお勧めします。いずれもオーラ体に関する研究や科学的証明の優れた解説となっています。

用語解説

▼**アストラル界**――オーラの層の中で恐らくは最も一般的に知られており、人はこれを夢の中、臨死体験、精神疾患、ドラッグ（麻薬）の影響下で体験することがある。中には、ショックを受けたり窮状に陥ったりしたときに、肉体から離脱したもののまだ完全には離れず、傍観者として自分を見ている状態で、アストラル界に抜け出す人もいる（精神医学用語ではこれを離人症という）。死後、より高い次元へと自分を解放する前にしばらくここに留まる魂もある。トランセンダンス（超越）の過程においては、私たちはアストラル界を通過してその上へと上昇し、グラウンディングによってまたここを通過して戻っ

てくる。

▼**アファメーション**――現在形で作る肯定文。新しい現実をヴィジュアライズし、最終的に実現するのに役立つ。アファメーションは、私たちが自分の世界を形作り、変化させるのを助けてくれる。（第８章２４４頁参照のこと。）

▼**イダー**――ヘルメスの杖（第４章１０５頁）で表される、身体の中央を貫くエネルギーの通り道に絡み合うエネルギーの経路の一つ。女性性を象徴する。

▼**エーテル**――第８章２３９頁参照のこと。

▼**カタルシス**――自分の中で押し殺されてきたいわゆるネガティブな感情（悲しみ、怒り、悲嘆など）が表面化し、表出すること。

▼**カルマ**――因果関係の循環を指し、人は最終的にはその中で正負の釣り合った状態に至る。単純に言えば、私たちは与えるものを受け取り、蒔《ま》いたものを収穫するのである。カルマは私たちが人間として生きるすべての生涯を貫いて連続している。

▼**カルマによる絆**――過去生で一緒に生きたことがあり、今も未完結な関係を持ったままの相手との間にあるつながり。私たちは、互いに教えあい、学びあうことが完結するまで、何度も繰り返し同じ魂と一緒に転生することがある。

▼**カルマとしての借金**――ある生涯が終わる時点で正と負のバランスがとれず、完結する必要がある関係を次の生涯に持ち越すこと。

▼**クンダリーニ**――しばしば象徴的に蛇として表現される、ルート・チャクラに蓄えられたエネルギー。このエネルギーが解放されると、チャクラ・システム全体が開き、調整され、強烈なクリエイティブ・エネルギーが刺激される。

▼**自律訓練法**――例えば血圧や脈拍など、通常不随意と思われている機能を制御し、変化させる方法。またそれを可能にする訓練。

▼**スシュムナ**――エネルギーの中央経路。背骨に沿って縦に走り、各チャクラを結んでいる。クンダリーニはこの経路を通って覚醒する。

▼**ソウルメイト**――その特徴やゴールに自分と共通点が多く、いくつもの生涯を通じて知っている魂のこと。ソウルメイトに出会っても、必ずしもその後ずっと一緒にいることになるとは限らない。非常に深く素晴らしいコネクションを持っているからこそ、

双方ともに未完だった多くのことを完結し、次の段階に進めることもある。一生に二人以上のソウルメイトと出会うことも可能である。
▼T細胞——Tリンパ球。特殊な白血球で、免疫反応に不可欠。様々な種類があり、癌細胞を殺す助けをするもの、自分の身体が自細胞を攻撃するのを防ぐもの、情報を伝えるものなどがある。
▼DNA——デオキシリボ核酸。螺旋《らせん》構造を持ち、人間の一人一人が持つ固有の遺伝情報がその中にコード化されている。
▼透聴力——通常人間の耳には聞こえない波長レベルの音を聞くことができる霊的能力。スロート・チャクラで活性化される。
▼透視力——通常人間が認識できる範囲を超えたものが見える霊的能力。ブラウ・チャクラで活性化される。
▼ハンズ・オン・ヒーリング——ヒーラーが直接患者の身体に手を触れて行うヒーリングの方法(着衣のまま)。「按手《あんしゅ》」と呼ばれることもある。また、手を患者のオーラの中に置き、身体には直接触れないヒーラーも多い。これはある程度はヒーラー個人の好みによるが、著者の場合は、オーラ・ヒーリングのほうがより効果がある場合も、身体に触れるより導かれる場合もある。
▼ピンガラ——三つの主要なエネルギーの経路の一つで、男性性を象徴する。中央の経路に絡まるもう一つの通り道と一緒に「ナディス」と呼ばれることもある。
▼マントラ——繰り返し唱えることで意識を変化させ、瞑想状態に入るのを助ける言葉、文言、または音。声を出しても出さなくてもよい。

あとがき

私がこの本に出会ったのは、英国人の友人を通してのことである。当時の私はチャクラというものについてほとんど何も知らなかったし、特に関心があるわけでもなかった。とりたてて癒される必要を感じるような問題に直面もしていなかった。読んで、これはまた不思議な世界もあるものだ、というのが感想だった。疑い深い私には、人間の身体の中に（あるいは周囲に）こんなものが存在し、それを見ることができる人がいる、ということ自体、正直なところにわかには信じ難かったのである。

その後、ある個人的な問題で悩んだとき、暗中に手探りで答えを求める気持ちで私はブレンダのワークショップに出席するためオーストラリアに飛んだ。週末二日間のワークショップは『レインボウ・ジャーニー』と題され、まさにこの本の実践ワークショップだった。参加したのは女性ばかり十三人。二日間かけて、ブレンダは下からひとつひとつのチャクラについて講義をし、グループディスカッション、エクササイズ、メディテーションが続いた。ブレンダがリードするディスカッションは優しさと深い洞察に満ち、そうしてワークショップが進むうち、一人、また一人と参加者のトラウマ、深い心の傷が明らかになっていき、ある人は涙を流し、ある人は大声を上げ、そうやって傷付いたチャクラが癒されていくのを、私は目を見張る思いで見つめていた。確かに何かが彼女たちの中で変化している、と認めざるを得なかった。

ブレンダのヒーリング・パワーを私自身が実際に体験したのは、ワークショップ終了後の個人セッションでのことである。精神科医でもあるブレンダは、いわゆる心理カウンセリングと「ハンズ・オン・ヒーリング」を必要に応じてミックスする。私のセッションでも、カウンセリングの後、横たわった私の身体の上にブレンダが手をかざし、触れるか触れないかの位置で私のチャクラを調整していった。彼女が私の額の上に手をかざして頭頂部に向かって動かすようにしたとき、私は自分の頭の中で何かが流れるように動くのを感じたのである。それは何とも不思議な感触だった。セッションが終わったとき、私は体中が、それまで経験したことがないほど深くリラックスしているのを感じた。身体も、心も、何もかもが、しんと静まりかえったような、そんな感覚は、帰国後もしばらく続いた。

２００１年10月、日本で初めてのブレンダのワークショップが長野の「水輪」で開かれた。このときのワークショップでも、愛する人を亡くした女性の、文字どおり「破れて」しまったハート・チャクラが、他の参加者が見守る中、ブレンダによって修復されるのを目撃した。その後、２００２年には5月にバリ島で、10月には再び東京と長野でワークショップを行った。どれも小規模ではあったが、ワークショップは参加者の一人一人に深い感銘を与えた。ワークショップとは別に個人セッションを受けた方々も、口々に感謝の言葉を下さった。こうした皆さんの反応によって私は、彼女の力を必要としている人が日本にたくさんいることを改めて感じたのである。そしてブレンダもまたこの経験をもとに、今後も日本でより広く活動を展開していきたいと願っている。

残念なことに、日本で彼女を知る人はまだ少ない。今後、この本を通じてより多くの日本人が彼女のことを知り、その癒しの力を体験できることを願って止まない。

代替医療、ホリスティック医学、スピリチュアル・ヒーリング、チャクラ――日本でもこうした概念は年々広まり、浸透しつつある。私の周囲の人間だけを見てもその傾向ははっきりと見てとれる。それだけ現代人の心が病んでいるのかもしれないし、大きな大きなスケールでの人間の変化が起こっているのかもしれない。いずれにしろ、人は何か、自分の心を癒す手段を求めている。『レインボウ・ジャーニー』はそういう人々にとって、非常に有用な手引きとなることだろう。

最後に、この本の出版を快諾してくださった徳間書店の石井健資さん、慣れない翻訳作業をフォローしながら素敵な本に仕上げてくださった小林久美子さんに心からお礼を申し上げます。

２００５年1月　三木直子

■参考文献■

Benor, Dr. Daniel, *Healing Research Holistic Energy Medicine and Spirituality.* Helix Editions, 1993.

Brennan, Barbara, *Hands of Light.* Bantam Books, 1988.
(『光の手―自己変革への旅』河出書房新社刊)

Gawain, Shakti, *Creative Visualization.* Bantam Books, 1987.
(『理想の自分になれる法』広済堂出版刊)

Jampolsky, Gerald, *Love is Letting Go of Fear.* Celestial Arts, 1982.
(『愛と怖れ　愛は怖れをサバ折りにする』ヴォイス刊)

Judith, Anodea, *Wheels of Life.* Llewellyn Publications, 1987.

Karagulla, Shafica and van Gelder Kunz, Dora, *The Chakras and the Human Energy Field.* Theosophical Publishing House, 1989.

Krystal, Phyllis, *Cutting the Ties That Bind.* Samuel Weiser, Inc., 1993.

Leadbeater, C. W., *The Chakras.* Theosophical Publishing House.
(『チャクラ』平河出版社刊)

van der Post, Laurens, *A Story Like the Wind.* Hogarth Press, 1972.
(『風のような物語』サンリオ刊)

van der Post, Laurens, *A Far Off Place.* Hogarth Press, 1974.
(『はるかに遠い場所』サンリオ刊)

Roberts, Jane, *The Seth Material.* Buccaneer Books, 1993.

Roman, Sanaya and Pacher, Duane, *Living with Joy.* H. J. Kramer, 1986.

White, Ruth, *Gildas Communicates.* Beekman Publishers.

著者 = 医学博士　ブレンダ・デーヴィス　Brenda Davies

英国人。薬剤師、外科医を経て臨床精神科医となる。通常の西欧医学と代替医療、そして生来のスピリチュアル・ヒーラーとしての能力を融合させた独自のアプローチで数多くの患者の治療にあたるほか、ドクター・ヒーラー・ネットワークの設立にも尽力している。アフリカ、ザンビア在住。世界各地で講演、ヒーリング・ワークショップを行いながら、ザンビアに孤児院とヒーリング・リトリートの建設を計画している。
http://www.brendadavies-collection.com

訳者 = 三木直子　みき・なおこ

東京生まれ。国際基督教大学教養学部語学科卒業。外資系広告代理店のテレビコマーシャル・プロデューサーを経て1997年に独立。海外のアーティストと日本の企業を結ぶ窓口としての仕事のほか、テレビ番組の企画、クリエイティブ・ワークショップ、スピリチュアル・ワークショップのオーガナイズなどを手掛ける。訳書に『ロフト』『グローバル・スタイル』『モダン・ナチュラル』(エディシオン・トレヴィル)。
◆ 本著のメディテーションCDをご希望の方は、下記までご連絡下さい。
email: info@officemiki.com　fax: 03-5548-7076

[魂からの癒し] チャクラ・ヒーリング

第1刷　2005年2月28日
第7刷　2008年2月15日

著　者　ブレンダ・デーヴィス
訳　者　三木直子
発行者　松下武義
発行所　株式会社徳間書店
〒105-8055　東京都港区芝大門2-2-1
電話　編集(03)5403-4344　販売(048)451-5960
振替00140-0-44392
編集担当　石井健資
印　刷　本郷印刷(株)
カバー印刷　真生印刷(株)
製　本　(株)宮本製本所

ISBN978-4-19-861985-5